# 公路情·航道梦

## ——交通科技创新与实践选集

张玉恒 著

哈尔滨工业大学出版社

## 内 容 简 介

本书由序言、前言、第一~六部分及附录组成。第一部分为公路论文,内容包括公路路基、路面施工方法的创新研究与应用,公路中央分隔带防水创新研究与应用,公路半刚性基层反射裂缝的防治试验,公路设计新理念的应用,城市快速路与周边路网的衔接思考,国外公路交通学习报告等;第二部分为桥梁论文,内容包括桥梁结构创新研究,桥梁伸缩缝结构创新研究与应用,桥梁施工方法创新研究,装配式公路钢桥的应用创新与研究;第三部分为航道与船闸论文,内容包括水上立交创新研究,船舶过闸管理的探索与思考,内河集装箱水运调研报告;第四部分为发明专利,共有 8 项,其中授权公开 6 项、申请公开 2 项,主要涉及路面、桥梁及船闸等结构创新研究等;第五部分为实用新型专利,共有 9 项,均获授权,主要涉及桥梁伸缩缝伸缩装置等;第六部分为专利应用实例,共选 6 项应用实例;附录中选入 8 个获奖创新项目和两篇新闻报道。

本书是交通科技创新与实践的一个范例,希望能够为交通行业公路、桥梁、航道、船闸等交通工程设计、施工、监理单位的有关专业技术人员,相关科研人员和院校师生等提供有益的参考和借鉴。

## 图书在版编目(CIP)数据

公路情·航道梦:交通科技创新与实践选集 / 张玉恒著. — 哈尔滨:哈尔滨工业大学出版社,2021.9

ISBN 978-7-5603-4335-8

Ⅰ.①公… Ⅱ.①张… Ⅲ.① 交通运输-文集 Ⅳ.① U-53

中国版本图书馆 CIP 数据核字(2021)第 163497 号

| | |
|---|---|
| 策划编辑 | 王桂芝 |
| 责任编辑 | 陈雪巍 林均豫 |
| 出版发行 | 哈尔滨工业大学出版社 |
| 社　　址 | 哈尔滨市南岗区复华四道街 10 号 邮编 150006 |
| 传　　真 | 0451-86414749 |
| 网　　址 | http://hitpress.hit.edu.cn |
| 印　　刷 | 哈尔滨博奇印刷有限公司 |
| 开　　本 | 720mm×1000mm　1/16　印张 17.5　字数 315 千字 |
| 版　　次 | 2021 年 9 月第 1 版　2021 年 9 月第 1 次印刷 |
| 书　　号 | ISBN 978-7-5603-4335-8 |
| 定　　价 | 98.00 元 |

(如因印装质量问题影响阅读,我社负责调换)

# 序 一

这是一本我国一线交通人员技术人生的成果汇编,是一本能体现一线技术专家、技术达人科技成果的专著,值得阅读、借鉴和思考。

1949年中华人民共和国成立以来,尤其是改革开放40多年以来,我国的交通运输基础设施取得了极大的进步,建设成果和技术水平从跟跑世界,到与世界并跑,再发展到领跑世界。如今,我们正在朝着建设交通强国、发展"一带一路"交通事业、实现中华民族伟大复兴的中国梦的伟大事业而不断努力着。

交通基础设施中的公路、航道两大业务领域,吸纳了千千万万的专业技术人才,他们中的大多数都默默地、长期地坚守在交通事业的一线,从事着最基础的公路、航道设施建设管理、设计、施工和养管服务工作,日日夜夜和路桥、航道、场站、码头为伍,服务于车辆、船舶和行人,解决在千差万别、复杂烦琐的实际工作中出现的困难和问题,贡献和奉献着自己的技术才华和青春年华,从黑发到白头,无怨无悔。其中也涌现出一批在交通领域技术一线发挥重要作用的技术能人、技术专家、大国工匠等,江苏省交通工程研究员级高级工程师张玉恒就是其中的一位。

张玉恒工程师长期致力于对公路、航道等交通工程相关技术的科技探索、研究和创新,紧密结合工程实践需求、聚焦淮安交通发展、践行交通发展新理念,在研发基础上先后申请获得多项专利,并致力于成果转化应用。其中《公路地基表层处理的隔离防水填筑法》《双拼式矮塔斜拉桥》《自锚式斜拉系杆拱桥》和《公路路面的装配式建造与维修及其快速施工方法》《内河"下桥涵上双槽"组合式水上立交》和《十字形立体船闸暨水运互通立交》等专利成果取得了显著的经济、社会效益,也值得进一步深入研究、分享、探讨并结合工程实践大力推广应用。

该书是一本个人科技专著汇编,它围绕"学术探索、技术创新"的主旨,汇编了作者40年来结合淮安公路与航道等交通工作实践而撰写的学术论文、申报的发明专利和实用新型专利,以及专利推广应用取得的良好经济、社会效益证明,展示了作者不断探索交通科学技术的辛勤历程和所取得的丰硕成果。这是一份宝贵的、凝聚着个人学术探索精神、技术创新智慧、实践经验总结的技术创新财富,可以为我国交通同行提供有益的借鉴与参考。

"创新决胜未来""创新从来都是九死一生,但我们必须有'亦余心之所善兮,虽九死其犹未悔'的豪情""自主创新是我们攀登世界科技高峰的必由之路""中国要强盛、要复兴,就一定要大力发展科学技术,努力成为世界主要科学中心和创新高地"……像张玉恒工程师一样的众多一线工程师正是在这些座右铭的鼓励和支持下,为加快推进我国交通运输事业现代化、促进交通强国建设、实现中华民族伟大复兴的中国梦而贡献着自己的力量。

向张玉恒工程师学习、致敬,希望更多的工程师能总结、提炼自己的技术成果,不忘初心、牢记使命、不负人生、乐业有为。

中国公路学会桥梁和结构工程分会秘书长
中交公路规划设计院有限公司副总工程师
2021 年 8 月

# 序 二

科学技术自主创新的源头正是科学向未知领域推进时的新发现，科学前沿探索的新成果。学术著作是科研人员研究成果的总结，其价值在于其原创性。

科学研究具有系统性、长期性、继承性和连续性等特点，科学发现的取得需要好奇心和想象力，也需要有长期的、系统的研究成果的积淀。因此，学术著作的编著与出版需要有长远的安排和持续的酝酿，来不得半点的虚浮，更不能急功近利。张玉恒同志从事交通建设与管理工作40年，其中在交通公路系统工作33年，在交通航道系统工作7年，期间，他还参加了地方民航机场扩建工作3年，在多年的交通工作实践中积累了丰富的经验，取得了可喜的成果，汇编成书，真实可鉴。本书内容主要涉及公路地基、路基、路面，桥梁，航道船闸，航槽，以及水利水运大型枢纽工程等方面技术创新及其推广应用的专业论文、专利和应用成果。本书不仅是作者多年来参与交通工作的创新经验总结和科技成果汇编，更是我国改革开放以来地方交通发展的一个缩影和写照。

著书立说，乃是科学研究工作不可缺少的一个组成部分，其既是丰富人类知识宝库的需要，也是探索未知领域、开拓人类知识新疆界的需要。科技与学术著作的出版不仅是为了积累、总结，更是为了交流、传播；交流传播了，积累、总结的效果和作用才能发挥出来。张玉恒同志将其多年来的专业学术论文和发明专利成果在这里与大家分享，希望能够为交通行业相关的技术人员、科研人员和院校师生等读者提供有益的参考和帮助。

江苏省淮安市人大常委会常务副主任
江苏省淮安市综合交通运输学会理事长
2021年9月

# 前　言

本书的内容包括3个方面：一是作者多年来撰写的部分专业论文；二是自1996年以来作者所获得的国家发明专利和实用新型专利；三是作者在交通科技创新方面所取得的应用成果。作者1981年7月参加交通工作，于2006年12月获得高级工程师以后，逐渐地开始了学术探索与研究，2017年12月获评研究员级高级工程师，2022年即将退休。为了总结过去40年的学术研究成果，故策划出版这本选集。40年弹指一挥间，社会在发展，科技在进步，交通在变化，作者的工作轨迹也从公路行业变换到航道行业又回归公路行业而画了一个圆圈。公路有情，航道有梦。此本专著将是作者人生中一个新的转折（起）点。路还在继续，梦还在期许。

本书收录作者的国家发明专利8项、实用新型专利9项，其中，《自锚式斜拉系杆拱桥》《十字形立体船闸暨水运互通立交》是交通基础设施领域中的重要创新成果，有待进一步深入研究并希望早日得到实际应用；公路桥梁桥面伸缩缝系列伸缩装置专利应用实例证明，双缝、单缝桥面伸缩缝伸缩装置实际使用寿命已达10年、19年之久，且多数仍在服役中，使用状况良好，这些伸缩装置有效地解决了公路桥面伸缩缝破损的难题；《公路地基表层处理的隔离防水填筑法》应用于国省干线公路建设工程并取得了显著的经济社会效益；《装配式卷（板）材结构的高黏度改性沥青薄层路面》《公路路面的装配式建造与维修及其快速施工方法》则探索了装配式道路的可行性，给人以启迪和展望，更待加快研究与实践试验。

本书收录作者的专业学术论文18篇，总结出了"基于公路骨架嵌挤型路面结构层的连续铺筑施工法"等5种公路与桥梁的施工方法，对公路设计新理念、公路路面防水、预防公路半刚性基层路面反射裂缝、创新型桥梁、桥梁伸缩缝系列伸缩装置、拆除旧桥改建新桥、"321"贝雷钢桥等方面进行了总结与探讨；此外，还涉及航道与船闸系统的专业技术论文。

本书包含作者在公路、桥梁、航道与船闸等专业领域的学术研究论文、专利技术以及专利推广应用成果等。出版本书旨在与交通同行分享和交流，并为交通公路、桥梁、船闸等专业院校的师生提供一定的借鉴和参考。

由于作者能力有限，书中疏漏之处在所难免，望读者斧正。特此感谢！

作　者

2021 年 7 月

# 目 录

## 第一部分 公路论文 ... 1

一、公路地基表层处理新方法——隔离防水填筑法 ... 1

二、基于公路骨架嵌挤型路面结构层的连续铺筑施工法 ... 7

三、高等级公路的封闭防水型中央分隔带技术 ... 17

四、ISAC 防治半刚性基层反射裂缝的力学分析及试验 ... 24

五、工程设计新理念在干线公路建设工程中的应用 ... 35

六、新思路 新理念 新机制 新模式干线公路建设实现"四轮驱动"跨越发展 ... 40

七、淮安城市快速路与周边路网衔接调研分析与思考 ... 45

八、德国综合运输与道路养护学习报告 ... 57

## 第二部分 桥梁论文 ... 64

一、装配式公路钢桥架设新方法 ... 64

二、3×30 m 双曲拱旧桥的改造施工 ... 69

三、一种拆建桥交叉作业的施工方法 ... 74

四、运用冲击成孔技术处理钻孔灌注桩断桩 ... 79

五、双拼式矮塔斜拉桥结构设计与分析 ... 87

六、超限运输车对装配式公路钢桥的影响及改善对策 ... 96

七、钢板组合式桥梁伸缩缝装置……………………………………………100

　　八、实用新型桥梁伸缩缝装置………………………………………………104

　　九、一种拆除桩柱式桥梁墩（台）帽的简捷施工法………………………110

## 第三部分　航道与船闸论文……………………………………………………114

　　一、船舶过闸视频登记与手机缴费系统的创新与应用……………………114

　　二、内河"下桥涵上双槽"组合式水上立交………………………………122

　　三、盐河航道集装箱绿色通道建设调研报告………………………………130

## 第四部分　发明专利……………………………………………………………136

　　一、公路地基表层处理的隔离防水填筑法（ZL 201110049908.8）………136

　　二、双拼式矮塔斜拉桥（ZL 201310079515.0）……………………………143

　　三、装配式卷（板）材结构的高黏度改性沥青薄层路面

　　　　（ZL 201210352474.3）……………………………………………………157

　　四、全预制装配式围墙（ZL 201410571973.0）……………………………159

　　五、十字形立体船闸暨水运互通立交（ZL 201610194865.5）……………161

　　六、内河"下桥涵上双槽"组合式水上立交（ZL 201910131212.6）……184

　　七、自锚式斜拉系杆拱桥（202010239704.X）……………………………193

　　八、公路路面的装配式建造与修复结构及其快速施工方法

　　　　（2021101 88682.3）………………………………………………………195

## 第五部分　实用新型专利………………………………………………………197

　　一、适合中小桥梁伸缩缝单缝伸缩装置（ZL 96247207.7）………………197

　　二、新型桥面伸缩缝伸缩装置（ZL 96231641.5）…………………………201

## 目　录

三、钢板组合式桥梁伸缩缝装置（ZL 98227049.6）..................207

四、叠合式简支钢板桥梁伸缩缝装置（ZL 98227049.6）..............211

五、一种带橡胶支座的装配式公路钢桥（ZL 00221168.8）............216

六、公路封闭防水型中央分隔带（ZL 201020633382.9）..............220

七、公路打入式热镀锌喷塑百米桩（ZL 201220096996.7）............228

八、全预制装配式围墙（ZL 201420617533.X）......................232

九、基于预应力混凝土空心方桩技术的全预制装配式围墙

　　（ZL 201920266712.6）......................................234

## 第六部分　专利应用实例..........................................236

一、《适合中小桥梁伸缩缝单缝伸缩装置》应用实例..................236

二、《钢板组合式桥梁伸缩缝装置》应用实例........................245

三、《实用新型桥梁伸缩缝装置》应用实例..........................246

四、《公路地基表层处理的隔离防水填筑法》应用实例................249

五、《公路封闭防水型中央分隔带》应用实例........................251

六、《双拼式矮塔斜拉桥》应用实例................................254

## 附录..........................................................256

### 附录一　科研获奖项目..........................................256

（一）《公路地基表层处理的隔离防水填筑法》荣获淮安市2011年度

　　　优秀发明专利奖..........................................256

（二）《公路地基表层处理的隔离防水填筑法》荣获2012年度淮安市

科技进步二等奖 ...................................................... 259

(三)《ISAC 防治半刚性基层沥青路面反射裂缝应用技术研究》荣获

淮安市 2012 年度科技进步三等奖 ........................ 259

(四)《公路封闭防水型中央分隔带的开发与应用》荣获淮安市 2013 年

度科技进步三等奖 .................................................. 260

(五)《双拼式矮塔斜拉桥的研发与应用》荣获淮安市 2015 年度科技

进步三等奖 .............................................................. 260

(六)《新型桥梁伸缩缝伸缩装置》荣获 1996 中国专利及新产品

博览会金奖 .............................................................. 261

(七)《钢板组合式桥梁伸缩缝伸缩装置》荣获第六届中国专利新技术

新产品博览会金奖 .................................................. 262

(八)《双拼式矮塔斜拉桥》荣获第九届国际发明展览会"发明创业·项目

奖"银奖 .................................................................. 263

**附录二 新闻报道** .................................................................. 264

一、从工作中捕获创新灵感 .......................................... 264

二、勇立潮头竞风流 ...................................................... 266

# 第一部分 公 路 论 文

## 一、公路地基表层处理新方法——隔离防水填筑法

张玉恒[1]　王文成[2]　丁长文[3]　汪小红[3]

(1.淮安市公路管理处，江苏 淮安 223001；2.涟水县交通局，江苏 淮安 223400；
3.江苏捷达交通工程集团有限公司，江苏 淮安 223001)

**摘　要**：文章首先阐述公路地基表层处治采用隔离防水填筑法的理论依据，然后介绍该方法的具体内容及其优点，最后以327省道涟水涟城至石湖段一级公路建设工程为例分析其经济效益和社会效益。

**关键词**：地基处理；表层处治；隔离防水填筑法；土工合成材料；排水固结

当在地下水位较高的粉性土地基上填筑路基时，路基清表或沟塘清淤后，一般采用质量分数为6%的石灰土对路基进行填前处治。由于地下水在毛细作用下向上渗透，使得填筑的石灰土含水量变大，往往无法达到设计要求的基底压实度，而采用50~60 cm厚的石灰土（或黏土）或碎砖石类建筑垃圾对粉性土地基或沟塘进行路基填前处治，以达到设计要求的基底压实度。采用石灰土（或黏土）对粉性土地基或沟塘进行路基填前处治的"压稳"效果是比较好的，但其成本较高，其造价为90~130元/m³。采用碎砖石类建筑垃圾对粉性土地基或沟塘进行路基填前处治，因其透水致使所形成的路基底层的整体性较差，对路基起不到封水防水的作用，效果较差，且碎砖石类建筑垃圾料源有限，其造价也是比较高的，为80~100元/m³。

所以，在地下水位较高的粉性土地基上或沟塘上填筑路基时，其填前处治难以达到工程设计要求的基底压实度的问题成为一大工程难题。

本文刊于2012年6月29日出版的《现代交通技术》（ISSN 1672-9889/CN 32-1736/U）第9卷2012年第3期。

## 1　工程概述

327 省道涟水涟城至石湖段建设工程位于江苏省淮安市涟水县境内，全长 34.973 km，按照一级公路标准进行改扩建。该公路穿越古黄河北、古盐河南的黄泛冲积平原，路基下面的地基土为粉性土或砂性土，且地下水位较高。

路基施工期处于夏季，路基两侧多为水田。该工程施工图设计对原地面进行清表或者对沟塘处进行清淤后的路基采用 40 cm 厚的碎石土进行换填处理，约计 50 189 m³[1]。该填前处治方案不仅工程数量大、造价高，施工难控制，同时有可能由于换填碎石处理粒径控制不当，导致粗粒填料挤入下卧层，或换填时对原状高含水率粉性土进行扰动，破坏原有结构强度，造成工程失败。

## 2　隔离防水填筑法的理论分析

### 2.1　石灰稳定土加固原理

大量试验证明，石灰稳定土是一种水硬性材料，其强度是在一系列复杂的物理化学反应过程中逐渐形成的。根据有关资料介绍，石灰反应过程及水泥正常水化所需要的水量约为石灰用量的 20%[2]。

### 2.2　石灰土固结条件

石灰土固结成型应具备适宜的含水量、一定的压实度和必要的养护时间等前提条件。要使石灰土固结成型，应将其含水量控制在适当的范围内，对其作用一定的压实功，并保证必须的养护时间才能实现[3]。

### 2.3　粉性土特点及处理方法

粉性土包括粉质土、粉土和低液限（$w_L$<50%）黏土。粉性土粉粒含量多，毛细现象严重，干时易被风蚀，浸水后很快被湿透，饱和性粉质土还存在振动液化问题，特别是粉土，其是稳定性差的填料，应掺固化材料，并加强排水和采取隔离措施[4]。

针对粉性土作为路基填料具有水稳定性差、冻稳定性差、液化性、触变性、填筑和碾压难等缺陷，最好采取无机料对其改性处理，即掺石灰并加掺水泥。石灰加水泥稳定粉性土的初始强度很大，但其水稳定性比较差。且水泥具有水密性的缺点，降低其固化效果[5]。

## 2.4 排水降水可加速土体固结、沉降

利用粉砂性土的透水性，通过抽排天然地基中的水，降低地下水位，可以使原地下水位内土的浸水重度变为饱和重度，因而产生附加荷载，土体有效应力增加，起到预压作用，加快土体固结、沉降，使土的性质得到改善。

## 2.5 土工材料的加筋作用

土工合成材料是近年来随着化学合成工业的发展而迅速发展起来的一种新型土工材料，主要由涤纶、尼龙、腈纶、丙纶等高分子化合物，根据工程需要，加工成具有弹性、柔性、高抗拉、低伸长率、透水、隔水、反滤、抗腐蚀、抗老化的各种类型的产品，由于其优异性能及广泛适用性，受到公路界的重视，取得了良好的工程效果和经济效益。

用于基底处理的土工合成材料，主要作用在于加筋，提高地基土的抗拉和抗剪强度、防止基底被拉断和剪坏、保持基底的完整性、提高其抗弯刚度。因此由于土工合成材料的加筋作用，有效地改变了天然地基的性状，增大了压力扩散角，降低了下卧天然地基表面的压力，约束了地基侧向变形，调整了地基不均匀变形，增大地基的稳定性并提高地基承载力。土工合成材料的加筋作用可以概括为：扩散应力；调整不均匀沉降；增大地基稳定性。

基于上述分析及工程实践，根据327省道涟水涟城至石湖段干线公路建设工程的需要，创新地提出了一种公路地基表层处理新方法——隔离防水填筑法，较好地解决了这一工程难题。经工程实践证明，该方法简易可行，快速有效，效益显著，值得推广。该方法已获得国家知识产权局发明专利授权。

# 3 隔离防水填筑法的技术方案及施工控制

## 3.1 隔离防水填筑法的技术方案

（1）排水降水。

通常在施工前沿公路用地两侧筑埝，在埝内挖纵、横向排水沟，沟底应保持不小于0.5%的纵坡并接通出水口，沟深应保证排除地面水以疏干表土。

当地下水过高，通过自重排水无法将积水排出时，可通过轻型井点降水来达到降低地下水位的目的。井点降水法的原理是在路基两侧埋设一定数量的滤水管，利用抽水设备持续抽取地下水，在井点周围形成一个稳定的漏斗形状的水面，使地下水位降至路基基底以下，并保持不间断抽水。井点降水可使边坡得到稳定，有效地防止流砂、管涌现象的发生，利于机械化施工中保证工程质量与安全。

（2）防水、加筋。

为减少地下水毛细作用侵入路基，在清表后或清淤后并抽去表面水的粉土地基上或沟塘上铺设防水土工布，防水布接头处采用1.00 m宽度搭接法。应选用抗拉强度高、受力时伸长率不大于4%~5%、耐久性好、抗腐蚀的防水土工布。

（3）厚填碾压成型。

在铺设防水布之后，紧接着摊铺1层拌和均匀、含水量适中的60 cm左右厚的质量分数为6%的石灰土，并用履带机械（履带推土机或履带挖掘机等）初压3~4遍，静置4~5 d后，待石灰土稍微板结成型时，可以用稍大吨位压路机碾压，达到"压稳"的效果。

## 3.2 隔离防水填筑法的施工控制

（1）根据推表后地面标高、石灰土松铺厚度及范围确定各施工段的材料用量，严格按材料选用标准进料、摊铺，保证松铺厚度压实后达到60 cm。

（2）采用履带机械（履带推土机或履带挖掘机等）碾压时，应初压3~4遍，静置4~5 d后，待质量分数为6%的石灰土稍微板结成型时，方可用稍大吨位压路机碾压，达到"压稳"的效果。

（3）按规范要求密度布置沉降观测点，对最后一遍碾压进行沉降观测，沉降最大值小于等于 3 mm 即达到要求，可以进行路基土方填筑施工。

## 4 隔离防水填筑法的优点

传统的碎石土或建筑垃圾表层填筑属于换填法[6]，即其基底处理的本质是换填强度高、压缩性低、稳定性好的填料提高地基承载力，减少地基沉降，对于浅层软黏土处理效果较好，但当地基土为较深厚高含水率的粉性土时，换填厚度浅处理效果并不明显，加大换填厚度则很不经济，同时由于换填碎石处理时，如果粒径控制不当，粗粒填料易挤入下卧层，或施工极易对原状高含水率粉性土进行扰动，破坏原有结构强度，从而造成工程失败。

相比之下，本文论述的隔离防水填筑法，突破传统采用原位排水加筋固结并进行厚填石灰土，既避免了超挖换填对原状土结构性的扰动破坏，又形成了稳定性好、强度高、压缩性小的路基本体，施工简单，节约造价，对于处理高含水率粉性土地基取得了较好效果。

（1）工艺简单。

由于该方法采用原位排水加筋固结并进行厚填石灰土处理，省去了碎石或建筑垃圾换填法对地基的超挖处理，具有一定的经济优势。该方法采用公路工程常用的路基排水及土方施工机械即可实施，不需专用的施工机械，施工工艺简单。

（2）处治效果好。

该方法采用在清表后或清淤后并抽去表面水的粉土地基上或沟塘上铺设防水土工布，其上摊铺质量分数为6%的石灰土初压后并静置使其板结成型，易于达到基底压实度的"压稳"要求。而板结成型的基底石灰土其整体性好、防水性能优。

（3）工期短。

采用该方法对于清表后的地下水位较高的粉土地基或清淤后的沟塘进行填前处治施工，仅需 5 个有效工作日即可有效完成。

（4）造价低。

采用该方法对粉土路基或沟塘进行填前处治的工程成本约为 26 元 $m^2$，低于采用碎砖石类建筑垃圾（35~40 元/$m^2$）和碎石灰（黏）土（40~50 元/$m^2$）的造价。

327 省道涟水涟城至石湖段一级公路建设工程，对 0K+000～3K+200 老路单侧拓宽路段路侧原边沟、5K+000～8K+000新建路段全幅路基宽度范围内的较高地下水位的粉性土地基和12K+800～13K+000新建路段内的老盐河等部位有效地进行了路基的填前处治，处治地基面积为141 000 m²，比原施工图设计使用碎石土处治方案的单价降低24元/m²，不仅加快了工程进度，而且节约了工程投资338.4万元，取得了显著的经济效益和社会效益。

## 5 结语

公路地基表层处理的隔离防水填筑法与传统的公路地基处治技术方法相比，具有施工工艺简单、施工工期短、工程造价低、提高地基的整体性和防水性能等特点，其推广应用潜力巨大，可广泛地应用于高速公路、国省干线公路、农村公路等道路工程特殊路段在路基填筑前的地基处治。

## 参 考 文 献

[1] 江苏省涟水县交通运输局. 327省道涟水涟城至石湖段工程施工图设计[R]. 淮安：江苏淮安交通勘察设计研究院，2009.

[2] 龚晓南. 地基处理手册[M]. 3版. 北京：中国建筑工业出版社，2008.

[3] 中交第一公路工程局有限公司，中华人民共和国交通部. 公路路基施工技术规范：JTG F10—2006[S]. 北京：人民交通出版社，2006.

[4] 黄金荣，黄健，徐永福. 新型路堤填筑技术[M]. 上海：上海交通大学出版社，2010.

[5] 黄金荣，黄健，徐永福. 新型路堤填筑技术[M]. 上海：上海交通大学出版社，2010.

[6] 中国建筑科学研究院，中华人民共和国建设部. 建筑地基处理技术规范：JGJ 79—2002[S]. 北京：中国建筑工业出版社，2002.

# 二、基于公路骨架嵌挤型路面结构层的连续铺筑施工法

张玉恒

（淮安市航道管理处，江苏 淮安 223001）

**摘 要**：文章介绍了一种基于公路骨架嵌挤型路面结构层的连续铺筑施工法，工程实践证明，该方法在冬季 0 ℃及以上的环境温度下是可以连续施工的，其特点在于对整个路面结构层"先逐层连续快速施工，后整体覆盖养生形成强度"，有效地拓展了公路路面结构层的施工工期，值得进一步推广应用。

**关键词**：骨架嵌挤型；路面结构层；连续铺筑施工法；机理分析；技术方案

## 1 概述

众所周知，要修建一条公路，建设工期一般为 3 年，施工期少则 18 个月。填土路基采用分层填筑、逐层压实的连续施工法，而路面结构层则采用分层填筑、逐层压实、逐层养生的间断施工法，路基和路面的每层压实厚度一般均为 20 cm。路面底基层、基层的养生期按照《公路路面基层施工技术规范》（JTJ 034—2000）[1]的相关规定（表 1）执行。路面底基层、基层的工程质量检验评定应该按照《公路工程质量检验评定标准》（JTG F80/1—2004）[2]的有关标准执行，即：对石灰稳定粒料基层和底基层、水泥稳定粒料基层和底基层、石灰粉煤灰稳定粒料基层和底基层等路面工程的基层和底基层的工程质量均须按照"基本要求、实测项目、外观鉴定"三部分进行检验评定；基本要求是对原材料、混合料及施工工艺等方面的要求；实测项目则是对工程实体的检查要求，规定的检查项目的内容包括压实度、平整度、纵断高程、宽度、厚度、横坡、强度；外观鉴定是对工程表观质量的要求。

《公路路面基层施工技术规范》（JTJ 034—2000）[1]对路面底基层、基层、面层规定的施工程序如下：底基层铺筑施工—覆盖保湿养生—基层铺筑施工—覆盖保湿养生—面层铺筑施工。这种传统的工艺流程中施工的养生期相对较长，各层间的

---

本文刊于 2015 年 10 月 20 日出版的《江苏交通科技》2015 年第 5 期（双月刊 总第 147 期）；并于 2015 年 12 月入选《江苏省公路学会学术年会论文集》（2015 年）。

不连续施工易造成层间污染或表层破损而影响层间结合，逐层覆盖保湿养生不仅工序多而且成本高。目前，随着公路机械化施工水平和施工管理水平的不断提高，公路工程施工的质量保证率更趋稳定。因此，为了提高路面结构层的使用品质，延长路面结构层的使用寿命，在研究新型沥青路面的新材料、新结构的同时，对传统的路面结构层的施工方法、铺筑工艺进行总结研究和探索创新也是很有必要的。

表1 公路路面结构层之现行施工规范与本工法的施工养生期对比表

| 施工阶段 | 《公路路面基层施工技术规范》（JTJ 034—2000）分层养生期规定 | 本工法连续施工之养生期 | 本工法施工与规范养生期比较 |
| --- | --- | --- | --- |
| 交付使用 | 开放交通 | 开放交通 | — |
| 安保工程施工 | 安保设施砼基础浇筑 1 d 及养生 7 d，安装安保工程设施需 2 d | 封闭交通整体养生 7～10 d（水泥稳定基层）或 20～28 d（二灰稳定基层），并同步完成安保工程可分期或可连铺 | 缩短 3 d（水泥稳定基层）或 10～18 d（二灰稳定基层） |
| 路面上面层 | 无养生期要求 | 连续铺筑 | 缩短 7～10 d 或 20～28 d |
| 路面下面层 | 无养生期要求 | 连续铺筑 | 缩短 7 d |
| 路面基层 | 应为 7～10 d（水泥稳定基层）或 20～28 d（二灰稳定基层） | 连续铺筑 | |
| 路面底基层 | 不宜少于 7 d（石灰稳定土） | — | |
| 填土路基 | 无养生期要求 | — | |
| 累计 | 24～27 d（石灰稳定土底基层+水泥稳定基层）或 37～45 d（石灰稳定土底基层+二灰稳定基层） | 7～10 d（水泥稳定基层）或 20～28 d（二灰稳定基层） | 缩短 17 d |

注：1.《公路路面基层施工技术规范》（JTJ 034—2000）第 4.7.1 款中规定"石灰稳定土在养生期间应保持一定的湿度，不应过湿或忽干忽湿。养生期不宜少于7 d。"

2.《公路路面基层施工技术规范》（JTJ 034—2000）第 9.4.4 款中规定"对于无机结合料稳定基层，应取钻件（俗称路面芯样）检验其整体性。水泥稳定基层的龄期7～10 d时，应能取出完整的钻件。二灰稳定基层的龄期20～28 d时，应能取出完整的钻件。"

为了增强半刚性基层沥青路面的路面结构层整体性能，加强路面结构层的层间联结，探索防治半刚性基层的干缩裂缝，减缓半刚性基层的收缩裂缝的技术途径，结合市干线公路建设工程实践，针对半刚性基层沥青路面结构层提出了一种新的施工方法，即基于公路骨架嵌挤型路面结构层的连续铺筑施工法。该工法有利于路面底基层、基层的加速养生成型，能够有效缩短路面底基层、基层的施工工期，提高施工工效，降低施工成本，节省路面底基层、基层的养生费用，冬季采用该工法可以保护路面底基层、基层免于受冻，从而保障冬季工程质量，为冬季工程或紧急抢险工程提供了一种新的技术途径和方法。

## 2 技术背景

目前，我国的公路路面结构层多采用半刚性基层加沥青面层的结构。半刚性基层、沥青面层的分类、应用及其连续铺筑技术的研究概况简单地归纳如下。

### 2.1 矿料的骨架与嵌挤

王旭东等人总结认为[3]，理想的骨架嵌挤型矿料结构是指由混合料中的粗集料形成骨架，细集料、矿粉以及沥青（胶结料）作为填充料逐一填充于粗集料骨架之间的空隙，且不撑开粗集料的原本骨架，形成具有一定力学性能的多级体系。当捣实试验测定的粗集料捣实矿料间隙率 $VCA_{DRC}$ 大于等于试件成型后混合料的粗集料矿料间隙率 $VCA_{MIX}$ 时，则判定这种矿料结构属于骨架嵌挤型结构。

### 2.2 半刚性基层分类及应用

李彦伟等人总结认为[4]：据统计，由于半刚性基层具有强度高、稳定性好、刚度大等特点，我国高等级公路路面基层 90%以上采用半刚性基层。半刚性基层材料可分为悬浮密实结构、骨架密实结构、骨架空隙结构、均匀密实结构[6] 4 种类型。高等级公路交通量大，车辆组成复杂，宜采用骨架密实结构类型半刚性材料做基层。其他等级公路在条件允许的情况也应尽量采用骨架密实结构材料做基层。从结构层位来看，高速公路、一级公路上基层可以采用骨架密实结构类型半刚性材料，底基层可以采用悬浮密实结构类型半刚性基层材料。

沙庆林院士指出[5]：半刚性基层和半刚性底基层是路面不产生结构性破坏的关

键，必须十分重视。半刚性基层是主要承重层，半刚性底基层是辅助承重层，两层一起形成半刚性路面的承载能力。由于半刚性材料的强度形成后，基层和底基层都成为坚固的板体，不再是一种松散性材料，所以国内习惯上又称其为整体性材料。半刚性材料层应是一块强固的板。实践证明，二灰稳定类半刚性基层混合料与水泥稳定类半刚性基层混合料相比，有如下优越性：粗集料不易被压碎、强度增长幅度大且增长期长、可操作时间长、整体性优、经济性好。

李岩军等人认为[6]：半刚性基层材料包括水泥稳定土、石灰稳定土和石灰工业废渣稳定土（如石灰粉煤灰类及石灰炉渣土）等。热胀冷缩和湿胀干缩是材料的属性，半刚性基层材料的收缩开裂可以减小或避免；及时的保湿养生可以避免干燥收缩裂缝；控制细料含量，尤其是 0.075 mm 以下细颗粒含量可以显著减小温度收缩裂缝。合适的材料组成可以显著提高半刚性基层的抗冲刷性能，具体的途径是减少细料含量、增加结合强度等。

## 2.3 沥青面层分类

李岩军等人[6]对半刚性基层沥青面层进行了分类：按强度构成原理可分为密实类和嵌挤类两大类。按施工工艺可分为层铺法、路拌法（冷拌法）和厂拌法（热拌法）三类。按沥青路面的技术特性可分为沥青混凝土、沥青玛蹄脂碎石、热拌沥青碎石、乳化沥青碎石混合料、沥青贯入式路面、沥青表面处治路面等类型。

## 2.4 沥青面层强度形成机理

沙庆林院士给出的沥青混凝土的强度形成机理[5]是：主要靠粗集料形成骨架，而且骨架愈紧密抗变形能力愈强。其次是沥青膜愈薄，黏结力愈强。因为夏季高温时，沥青终究会变软，在此情况下，只能主要靠粗集料形成的紧密骨架抵抗行车荷载；细集料、填料和沥青形成的沥青胶砂恰好能填充在骨架的空隙中。由此产生了崭新的 SAC 系列及其不同结构，即紧密骨架密实结构、一般骨架密实结构和疏松骨架密实结构。

## 2.5 基层分层连续铺筑

范仲国等人[7]总结提出了二灰碎石连续铺筑法：基层设计为 2 层二灰碎石，在施工中,前一个工作时间内铺筑某路段下基层二灰碎石,压实成型;后一个工作时间铺筑前一个工作时间所铺筑路段的上基层二灰碎石,压实成型,养生;然后进行下一路段的基层铺筑。

### 2.6 面层与早强基层连续铺筑

张超等人[8]通过技术上的可行性分析和理论上的探讨,认为石灰粉煤灰类基层与沥青面层在一定条件下可以采取连续施工的方法进行路面施工建设,从而实现省略养生过程、加快工程施工进度的目的。而采取连续施工的条件可以充分利用夏季较高的环境温度,或者采用加入化学外掺剂的方法,后一种方式更为有效。

## 3 工程概况

江苏省 327 省道滨海至涟水公路西延段建设工程[9],全长为 36.889 km,为双向 4 车道一级公路,路基宽 26.00 m,采用沥青混凝土路面,设计速度为 100 km/h。2005年 12 月 6 日开工建设,2008 年 6 月 28 日通过交工验收并正式交付使用。2007年 11~12 月,在该工程 K10+579.375~K13+900 右半幅路段,采用本工法铺筑了一个试验观测路段;2008 年 10~12 月,又在该工程 K31+920~K33+020 全幅路段,采用本工法铺筑了另一试验观测路段(表 2)。这两个试验观测路段使用至今,目前其路面反射裂缝较少,路面结构层整体性能好,工程质量优良。

**表 2 公路骨架嵌挤型路面结构层连续铺筑冬季施工试验路段**

**(江苏省 327 省道滨海至涟水公路西延段建设工程)**

| 项目 | K10+579.375~K13+900 右半幅试验观测路段 | K31+920~K33+020 全幅试验观测路段 |
|---|---|---|
| 挖除老路填筑路基 | 2007 年 11 月 28 日~12 月 5 日,挖除原二级公路路面结构层,并向下挖除部分土路基;现场温度 4~15 ℃。2007 年 12 月 5 日~12 月 8 日,填筑石灰碎石土至路基顶;现场温度 2~13 ℃ | 2008 年 10 月 15 日~11 月 20 日进行了老路挖除及土方路基填筑 |
| 连铺底基层 | 2007 年 12 月 10 日~12 日,连续铺筑 20 cm 厚石灰碎石土底基层;现场温度为 2~12 ℃ | 2008 年 11 月 21 日~30 日进行了 20 cm 厚石灰碎石土底基层铺筑 |

**续表 2**

| 项目 | K10+579.375～K13+900 右半幅试验观测路段 | K31+920～K33+020 全幅试验观测路段 |
|---|---|---|
| 连铺基层 | 2007年12月14日～21日，连续铺筑 34 cm 厚二灰碎石基层；现场温度为 2～12 ℃ | 2008年12月8日～18日 进行了 34 cm 厚二灰碎石基层铺筑 |
| 连铺面层 | 2007年12月15日～26日，连续铺筑 8 cm 厚 AC-20 沥青混凝土下面层；现场温度为 2～10 ℃ | 2008年12月20日～21日 进行了 8 cm 厚 AC-20 沥青混凝土下面层铺筑 |
| 整体养生 | 2007年12月～2008年4月，整个路段封闭交通自然养生；现场最低温度范围为-8～2 ℃，最高温度范围为 12～26 ℃ | 2008年12月21日～2009年6月22日 整个路段封闭交通，自然养生 |
| 开放交通 | 2008年4月28日，铺筑 4 cm 厚 AC-13 沥青混凝土上面层；现场温度为 12～26 ℃；次日开放交通 | 2009年6月22日进行了 4 cm 厚 AC-16 沥青混凝土上面层铺筑并开放交通通车使用 |
| 使用情况 | 该路段通车使用至今，路面反射裂缝较少，工程质量优良 | 该路段通车使用至今，路面反射裂缝较少，工程质量优良 |

注：1.二灰碎石级配为石灰:粉煤灰:碎石=5.5:12.5:82。

2.AC-20 目标配比为 1 号:2 号:3 号:4 号:矿粉=20:42:10:26:2，油石比为 4.5%，AC-20 生产配比为 1 号:2 号:3 号:4 号:矿粉=22:40:10:25:3，油石比为 4.4%。

3.AC-16 目标配比为 1 号:2 号:3 号:4 号:矿粉=22:27:11:36:4，油石比为 5.1%，AC-16 生产配比为 1 号:2 号:3 号:4 号:5 号:矿粉=10:30:10:9:38:3，油石比为 5.1%。

## 4 技术方案

该工法的技术方案如下：公路从下向上由填土路基和路面组成，而路面由底基层（本工法特指骨架嵌挤型石灰碎石土底基层，下同）、基层（本工法特指骨架嵌挤型二灰碎石或水泥稳定碎石基层，下同）和面层（本工法特指骨架嵌挤型沥青混凝土面层，下同）组成；该工法先逐层连续铺筑快速施工、后整体养生形成强度，即将路面结构层先逐层连续施工，上一层整体覆盖下一层，其上一层连续铺筑的机械碾压与振动使下一层得到进一步的密实，并有效地加强上、下层的层间结合，多层连续铺筑成型后，对其整体封闭交通使其自然养生，直至经取芯检验各层强度指标达到工程质量标准要求即可开放交通，它适用于冬季 0 ℃及以上的任何季节的环境温度条件下使用。

该工法的技术途径主要是基于路面结构层中的上、下相邻两层所使用的骨架嵌挤型混合料的嵌挤与咬合作用所形成的物理强度来实现相邻两层连续施工；整个路面结构层采取"先逐层连续快速施工，后整体养生形成强度"的施工方法，从而实现整个路面结构层的连续施工；在保障骨架嵌挤型的路面结构层不因冻胀而造成结构破坏的原则下，将路面结构层的施工期拓展到冬季 0 ℃及以上的环境温度。

该技术方案具体步骤如下：（1）填土路基采用分层填筑、逐层压实，待全部施工完成经质量检验合格后，连续进行路面底基层的摊铺施工；（2）路面底基层采用石灰碎石土分层填筑、逐层压实，待全部施工完成，同时按照《公路工程质量检验评定标准》（JTG F80/1—2004）对底基层的原材料、混合料、外形尺寸、质量控制进行工程质量检验（强度指标推迟到整体养生完成后再进行检查）合格后，接着连续进行路面基层的摊铺施工；（3）路面基层全部施工完成同时按照《公路工程质量检验评定标准》（JTG F80/1—2004）对基层的原材料、混合料、外形尺寸、质量控制进行工程质量检验（强度指标推迟到整体养生完成后再进行检查）合格后，紧接着连续进行路面面层的摊铺施工；（4）路面面层全部施工完成后，严格封闭交通，面层的沥青混凝土自然吸收太阳能对位于其下的基层、底基层形成整体覆盖、加温养生，直至对路面的基层、底基层钻芯取样检验且其强度指标达到工程质量标准要求，并同步完成安保设施工程时，开放交通交付使用。

## 5  机理分析

该工法基于两个前提条件：其一是采用骨架嵌挤型的路面结构层适用该工法；其二是采用该工法必须确保路面结构层施工质量的优良保证率。依此分析其作用机理如下：

（1）受到碾压的骨架嵌挤型混合料中的粗粒料之间发生嵌挤和咬合作用，就形成了路面各结构层的初期结构强度，主要是物理强度，以粗集料形成的紧密骨架来满足其上层连续施工时对机械作业的支撑需求。

（2）上一层连续铺筑的机械碾压与振动则是对下一层的骨架嵌挤型结构层次的进一步密实和上、下层间结合的再加强。

（3）由于骨架嵌挤型的路面各结构层次的初期结构强度以物理强度为主，若以保证其结构强度不因受到冻胀而造成破坏为前提，则其施工和养生时的环境温度条件可以拓展到冬季 0 ℃及以上。

（4）分层碾压施工能够保证路面结构层的密实度，而"先逐层连续快速施工，后整体养生形成强度"可以加强路面结构层的整体性能。

（5）采取机械化作业的梯队摊铺、紧跟碾压、逐层连续的快速施工法，使得施工时间合理最优，这对冬季施工更为重要。

（6）湿涨干缩是材料的属性，及时的保湿养生可以避免干燥收缩裂缝。逐层覆盖下一层使其混合料水分不会损失而用于自身保湿养生，从而有效地避免底基层和基层产生干缩裂缝。

（7）黑色的沥青面层能够保护其下的基层免于受冻，同时吸收太阳能在路面结构层内部蓄热并加速其养生成型。

（8）路面结构层施工质量的优良保证率是连续施工的根本保证。

这种"粗粒料间的嵌挤和咬合作用"与"连续铺筑的碾压与振动的进一步密实及再加强"不仅形成了路面结构层的初期结构强度，而且更有效地加强了路面结构层各层之间的层间结合。而"先逐层连续快速施工，后整体养生形成强度"更增强了道路路面结构层的整体性和抗裂性。早期结构形成的物理强度有效地提供了连续快施工的条件，后期的封闭交通对结构层整体的保湿养生使其化学强度不断增长至期望值。在保障骨架嵌挤型的路面结构层不因冻胀而造成结构破坏的原则下，则将路面结构层的施工工期拓展到 0 ℃及以上任何季节的环境温度。上、下层连续快速施工，后续铺筑的上一层迅速覆盖下一层，且利用沥青混凝土面层吸收太阳能的性能，从而使整个路面结构层可以保湿，避免其干燥产生收缩裂缝，保温防冻，蓄热加速养生并整体成型。

# 6 技术特点

## 6.1 增强层间黏结性

路面结构层各层之间的连续施工，减少了层间处理环节，使得层间粒料能够相互嵌挤、相互融合，有利于加强层间连接的连续性，提高层间黏结能力，增强路面的整体结构性能。

## 6.2 缩短养生周期

沥青混凝土面层不仅对路面基层、底基层起到整体覆盖、保湿养生的作用，而且它自然吸收太阳能，能够对路面基层、底基层进行加温养生，加速其整体成型，有效缩短整个工程的养生期，从而加快工程进度。

## 6.3 提高施工效率

路面结构层各层之间的连续施工，可以减少间断施工所造成的机械停置台班，提高施工工效，降低施工成本。

## 6.4 环保与经济性

沥青混凝土面层吸收太阳能对路面基层、底基层加速养生，不仅节能环保，而且节省了对路面基层、底基层进行覆盖、保湿养生的养生费用，具有较好的经济性。

## 6.5 防冻效果显著

在 0 ℃及以上环境温度下，采用该方法进行路面结构层施工，可以有效地保护路面底基层、基层免于受冻，从而保障冬季施工的工程质量。

## 6.6 创新路面结构冬季施工

该方法为冬季公路路面结构层工程施工提供了一种有效的技术途径，它拓展了公路路面结构层可以在冬季进行施工的时间与空间，突破了现行行业施工技术规范标准，同时也为紧急抢险工程创造了技术条件。

# 7 结论

公路骨架嵌挤型路面结构层连续铺筑的施工方法特点在于对整个路面结构层"先逐层连续快速施工，后覆盖养生形成整体强度"，它是基于骨架嵌挤型路面结构层（石灰碎石土底基层、骨架嵌挤型二灰碎石基层或水泥稳定碎石基层）的粗粒料之间的嵌挤和咬合作用，形成路面各结构层次的结构强度（初期物理强度为主），满足其上层连续施工时对机械作业的支撑需求，并覆盖下层保湿保温养生，逐层快速叠加、最终整体成型；其特征还在于上一层连续铺筑的机械碾压与振动是对下一层的骨架嵌挤型结构层的进一步密实和上、下层间结合的再加强。它有效地加强了路面结构层各层之间的层间结合，增强了道路路面结构层的整体性和抗裂性。特别是该工法使得作为路面主要承重层的半刚性基层与作为辅助承重层的半刚性底基层这两层整体形成强度，基层和底基层成为一块坚固的整体板体，而不再是两块板体的松散叠加，从而进一步加强了半刚性路面的整体承载能力。工程实践证明，基于骨架嵌挤型的路面结构层在 0 ℃及以上的施工环境温度下是可以连续施工的，值得进一步推广应用。

# 参 考 文 献

[1] 交通部公路科学研究所. 公路路面基层施工技术规范：JTJ 034—2000[S]. 北京：人民交通出版社，2000.

[2] 交通部公路科学研究所. 公路工程质量检验评定标准：JTG F80/1—2004[S]. 北京：人民交通出版社，2004.

[3] 王旭东，张蕾. 基于骨架嵌挤型原理的沥青混合料均衡设计方法[M]. 北京：人民交通出版社，2014.

[4] 李彦伟，檀宗斌. 高等级公路半刚性基层沥青路面实用新技术[M]. 北京：人民交通出版社，2009.

[5] 沙庆林. 重载交通长寿命半刚性路面设计与施工[M]. 北京：人民交通出版社，2011.

[6] 李岩军，石鑫. 高等级公路半刚性基层沥青路面机械化施工质量控制新技术[M]. 北京：人民交通出版社，2010.

[7] 范仲国，彭凤琴. 浅谈两层二灰碎石的连铺工艺在公路中的应用[J]. 科技向导，2010（29）：266.

[8] 张超，刘晓军. 二灰基层材料与沥青面层连续施工可行性研究[J]. 中外公路，2009（10）：52-56.

[9] 江苏省淮安市公路管理处.江苏省327省道西延段(涟水至淮安公路)施工图设计[R].淮安：淮安市交通规划设计研究院有限公司，2006.

# 三、高等级公路的封闭防水型中央分隔带技术

张玉恒[1]　许家国[2]

（1. 江苏省淮安市公路管理处，江苏 淮安 223001；

2. 江苏捷达交通工程集团有限公司，江苏 淮安 223001）

**摘　要**：针对目前高等级公路中央分隔带防（排）水设计施工中存在的问题，从对中央分隔带统筹考虑优化设计出发，提出了一种实用新型封闭防水的技术方案，经对比分析，该技术实用可行、经济合理，具有工程实际应用价值。

**关键词**：高等级公路；中央分隔带；封闭防水技术；经济；实用

## 1　概述

高等级公路的路基横断面多采用整体式断面。《公路工程技术标准》（JTG B01—2003）第 3.0.4 条规定："高速公路、一级公路整体式断面必须设置中间带。中间带由两条左侧路缘带和中央分隔带组成"[1]。中央分隔带由两侧路缘石、波形梁防撞护栏、防水排水系统及其中间填土组成，通常采用凸起形或浅蝶形，其表面种草绿化并植树防眩[2]。

中央分隔带在构造上起到分隔对向交通的作用。路缘带提供了安全行车所必需的侧向余宽，并能引导驾驶员的视线。如不设中间带无法保证行车安全，也难以达到相应公路等级的技术要求。防水排水系统则是减少路面水损害、避免或减轻路基水毁、保护沿线环境的重要技术措施。

### 1.1　凸起形中央分隔带

凸起形中央分隔带其表面设置倾向两侧的横坡，以使表面水通过漫流到路面排除。同时，为减免雨水及绿化灌溉水下渗，阻止渗入其内的水进一步渗入路面结构层及路基内，通常根据其宽度和实际条件采用不同的防水排水方式[3]。中央分隔带防水排水的技术原则为"以排为主，防排结合"，可分别采用盲沟排水系统或封闭

防水系统或防排相结合[4]。

分隔带宽度较大、雨量丰富的地区或设置凹型竖曲线的路段多采用盲沟排水系统，即在中央分隔带底部设置纵向盲沟和按一定距离设置横向排水管，将水及时排出路基，以防止水流下渗危害路基、路面（图1）。

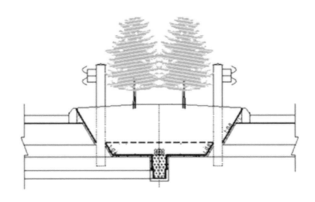

图 1 采用盲沟排水系统的中央分隔带断面图

分隔带宽度较小、雨量不大的地区或直接在旧路面上设置分隔带的路段常采用封闭防水系统，即在中央分隔带底部及路面结构层边部，采用整体现浇 2.00 cm 厚 10 号水泥砂浆作为防水层，然后再在其上喷（涂）一层乳化沥青，并铺设一层防水土工布，以阻止水流下渗危害路基、路面（图2）。

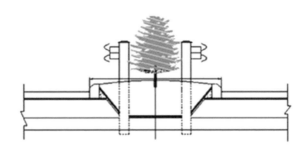

图 2 采用封闭防水系统的中央分隔带断面图

## 1.2 浅蝶形中央分隔带

浅蝶形中央分隔带宽度大于 3.00 m、雨量丰富的地区宜采用浅蝶形中央分隔带,一般是通过在中央分隔带内按一定的纵向距离设置集水井及横向排水管将水排出路基,以防止水流下渗危害路基、路面。

## 1.3 传统中央分隔带施工中存在的问题

采用盲沟排水系统的中央分隔带的施工工序较为复杂,若施工不当容易产生漏(渗)水问题,而且工程造价相对较高,排水系统年久易于淤塞,会逐渐失去排水作用。对于封闭防水系统的中央分隔带的施工工序也较多,特别是防水土工布的接头部位和防撞护栏立柱的接缝难以完全封闭,容易导致漏(渗)水问题[5]。为此,可以通过设计新型的中央分隔带,并改进施工工艺,从而达到良好的封闭防水效果。

# 2 封闭防水的新型实用中央分隔带技术

## 2.1 中分带封闭防水技术思路

将中分带两侧的水泥混凝土路缘石向下加深至路面底基层顶,在路面基层、面层与中分带中的填土之间纵向形成两道防水混凝土隔水墙;再在两道防水混凝土隔水墙之间的路面底基层顶现浇 3.00 cm 厚的 C20 小石子水泥混凝土作为防渗层;最后,在两道防水混凝土隔水墙内侧面和小石子水泥混凝土防渗层表面喷(涂)乳化沥青形成防水层(图3)。

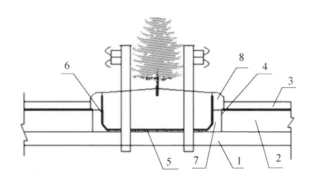

图 3　实用新型封闭防水系统的中央分隔带断面图

1—底基层；2—基层；3—面层；4—隔水墙；5—防渗层；6—防水层；7—下半部分路缘石；
8—上半部分路缘石

## 2.2　封闭防水中分带技术的实施

封闭防水是该新型中央分隔带的核心，在施工中要严格按照以下施工步骤：

（1）在路面底基层上，按照施工图设计先施打中分带防撞护栏立柱。

（2）利用立柱作为支撑点立模板，采用立模现浇法，首次现浇防水水泥混凝土路缘石至基层顶高度并完成其养生（同步设置缩缝）。

（3）完成基层施工。

（4）采用滑模现浇法，二次压缝（水泥混凝土路缘石与基层之间的接缝）现浇完成防水水泥混凝土路缘石并养生（与底层路缘石对应的设置缩缝）。

（5）在中分带两边的现浇水泥混凝土路缘石之间的路面底基层顶现浇 3.00 cm 厚的 C20 小石子防水水泥混凝土作为防渗层（与两侧的路缘石对应设置缩缝）。

（6）在中分带两边的现浇水泥混凝土路缘石内侧面和小石子水泥混凝土防渗层表面喷（涂）乳化沥青形成防水层。

（7）在中分带中填土并种草和植树，以绿化、防眩。

（8）完成面层施工。

## 2.3　封闭防水中分带技术与传统技术的经济性比较

为便于比较盲沟排水方案、封闭防水方案及实用新型方案 3 种方案，中央分隔带宽度均以 2.00 m 计,沥青混凝土路面面层厚度以 12.00 cm 计,水稳碎石基层厚度以 34.00 cm 计,石灰土底基层厚度以 20.00 cm 计,路缘石宽度以 20.00 cm 且高于路面 13.00 cm 计,三种方案的经济性分析对比见表1。

表 1 每延米中央分隔带工程数量及造价对比表

| 序号 | 工程项目 | 单位 | 盲沟排水方案数量 | 封闭防水方案数量 | 实用新型方案数量 |
| --- | --- | --- | --- | --- | --- |
| 1 | C20 分隔带缘石防水混凝土 | m³/m | 0.094 | 0.094 | 0.198 |
| 2 | C10 水泥防渗砂浆 | m³/m | 1.75 | 1.69 | — |
| 3 | C20 小石子防水混凝土 | m²/m | — | — | 1.24 |
| 4 | 乳化沥青 | kg/m | — | 1.98 | — |
| 5 | 防水土工布 | m²/m | — | 1.98 | — |
| 6 | 缘石下基层边部水稳碎石 | m³/m | 0.346 | 0.346 | — |
| 7 | 填种植土 | m³/m | 0.744 | 0.758 | 0.937 |
| 8 | 铺草皮 | m²/m | 1.61 | 1.61 | 1.61 |
| 9 | 透水土工布 | m²/m | 0.50 | — | — |
| 10 | 盲沟碎石 | m³/m | 0.06 | — | — |
| 11 | 塑料排水管 | m/m | 0.28 | — | — |
| 12 | 中(粗)砂 | m³/m | 0.136 | — | — |
| 13 | 每延米造价 | 元/m | 240.85 | 198.57 | 203.57 |

从表1可以看出,盲沟排水方案的工程材料用量最大,施工工序也最为复杂;封闭防水方案次之,乳化沥青和防水土工布会随着时间的增长逐渐老化,容易出现渗漏;而实用新型方案的材料用量少,施工也较为便利,长期封闭防水效果也好。

而且从工程造价看,封闭防水实用新型方案的工程造价大大低于盲沟排水方案,仅略高于封闭防水方案。因此,从工程实用性及造价角度看,封闭防水型中央分隔带具有最佳的工程应用价值。

## 3 新型封闭防水中央分隔带技术分析

### 3.1 技术创新性

(1)优化了中央分隔带的施工顺序,先打防撞护栏立柱后浇防水(渗)混凝土,有效地解决了后打防撞护栏立柱破坏防水(渗)混凝土层而存在的漏(渗)水问题。

(2)统筹考虑中央分隔带横断面设计,加深路缘石至路面基层底面,不仅加强了中央分隔带横向防水效能,而且解决了中央分隔带中路面基层边部的松散问题。

(3)先施工加深的路缘石,再施工基层,不仅为后续基层的施工节省了内侧支挡模板,为保证基层内侧边部的压实质量创造了有利条件,也为中央分隔带拓展了绿化填土空间。

(4)采用现浇 3.00 cm 厚的 C20 小石子防水混凝土取代现浇 2.00 cm 厚 10 号水泥砂浆作为防水层,提高了防水层的整体强度及防渗性能。同时,取消了在中央分隔带中通常采用的防水土工布,节省了一道施工工序及材料,从而可以缩短工程工期、降低工程成本。

(5)采用滑模现浇法,二次现浇上部防水混凝土路缘石,可有效提高水泥混凝土路缘石的外观质量,提升公路使用品质。

### 3.2 技术优势

(1)结构合理。统筹考虑中央分隔带横断面设计,既增加了中央分隔带横向防水效能,又解决了路中基层边部的松散问题,还为中央分隔带拓展了绿化填土空间。采用 3.00 cm 厚 C20 小石子水泥混凝土作为中央分隔带底板防水层,提高了结构强度和工程防渗质量水平。

(2)技术先进。先行施打中央分隔带防撞护栏立柱,施工工序合理;立模现浇的底部路缘石有利于路面基层防水,技术方案合理;采用滑模施工工艺二次压缝(水泥混凝土路缘石与基层之间的接缝）现浇顶部路缘石，施工工艺先进。中央分隔带顶部已绿化，不会造成顶部溢流污染路面。

（3）经济可行。各方案比较结果表明，该方案技术可靠、工艺可行、造价合理，值得推广。

## 4 结语

封闭防水型中央分隔带技术方法与传统的公路中央分隔带技术方法相比，具有结构合理、技术先进、经济可行等方面的显著特点，其推广应用潜力较大，可广泛地应用于高速公路、国省干线公路等道路工程的中央分隔带，必将取得巨大的经济效益和社会效益。

## 参 考 文 献

[1] 交通部公路司. 公路工程技术标准：JTG B01—2003[S]. 北京：人民交通出版社，2003.

[2] 中交第二公路勘察设计院. 公路工程路基设计规范：JTG D30—2004[S]. 北京：人民交通出版社，2004.

[3] 吴华金，陈加洪. 山区高速公路中央分隔带排水[J]. 公路，2002(6)：63-68.

[4] 左文根，沈训龙，吴黎明. 高速公路中央分隔带排水设计研究[J]. 合肥工业大学学报(自然科学版)，2002，25(3)：443-446.

[5] 张林洪，陈加洪，吴华金，等. 路面及中央分隔带排水设施施工存在的一些问题及解决方法[J]. 华东公路，2005(6)：37-40.

# 四、ISAC 防治半刚性基层反射裂缝的力学分析及试验

朱华明[1]　张玉衡[2]　左炬[2]　于勤海[2]

（1. 江苏东南交通工程咨询监理有限公司，江苏 南京 210018；

2. 淮安市公路管理处，江苏 淮安 223001）

**摘　要**：通过力学分析与室内试验研究了各种夹层用于半刚性基层反射裂缝的防裂情况，结果表明 ISAC 复合层有着较好的防裂效果。采取复合层下面的基层埋设位移计和测缝计，上面的沥青混合料面层埋设应变计的方法对试验路段复合夹层的防裂情况进行了测试。振弦式测缝计的试验测定结果的线性关系稳定，能较好地反映路面基层预切缝在温度变化情况下的实际变化规律。铺设聚酯玻纤布 ISAC 复合夹层的预切缝 2 和采用玻纤格栅作为上层应变吸收层的预切缝 4 的测试结果表明，两者具有基本一致的缝隙张开量变化规律，两者都有着较好的抗裂效果。在较高温度下，采用玻纤格栅 ISAC 复合夹层的防裂效果优于聚酯玻纤布 ISAC 复合夹层，但低温情况下的防裂效果还有待于后续的测试。

**关键词**：半刚性基层；ISAC 复合夹层；反射裂缝；试验

半刚性基层沥青路面强度高、平整性好且抗疲劳性能好，现为我国高等级公路路面结构的主要形式[1]，但其在建成后极易产生裂缝。在界面铺设夹层材料减少半刚性路面裂缝的主要方法是铺设级配碎石层、SAMI 应力吸收层、土工合成材料等夹层材料。目前国内将级配碎石作为半刚性基层与沥青面层之间的中间层的设计尚不多见。SAMI 应力吸收层可以从结构的角度延缓裂缝尖端的应力集中，起到较为明显的防裂效果，但中间夹层通常需要具有较低的弹性模量且能承受很大的应变，在实际工程施工中有一定的难度，而且其使用效果也褒贬不一。用土工合成材料来防治反射裂缝也是近年来研究和应用得比较多的防裂措施，使用最多的是具有较高经济性的土工织物和玻纤格栅的单一夹层。国内外的使用结果表明，对基层引起的反射裂缝，这些单一夹层的防治效果较好，而在荷载作用以及综合影响情况下，这

---

本文发表于 2010 年 12 月 20 日出版的《现代交通技术》（ISSN 1672-9889/CN 32-1736/U）2010 年第 7 卷增刊 2（江苏公路交通"十一五"建设、养护、管理论文专辑）。

些单一夹层的使用效果却差强人意[2-4]。而复合夹层则是防治反射裂缝的一种比较有效的方法,伊利诺斯州对采用 SAC 的水泥混凝土加铺路面的使用性能进行了调查,结果表明,即使在最恶劣的环境下,采用 ISAC 的加铺层比采用单一夹层的加铺路面仍然显示出无可比拟的优越性[5]。本文拟采用疲劳断裂力学方法分析多种夹层的疲劳寿命,并通过室内试验和试验路段实测结果来验证 ISAC 复合夹层的防裂效果。

# 1 ISAC 防裂夹层疲劳断裂的力学分析及试验

## 1.1 ISAC 防裂夹层的疲劳断裂力学分析

使用防裂措施的目的在于缓解裂缝尖端的应力集中,延长道路的使用寿命。ISAC 系统一般由低劲度的土工织物、黏弹性膜和高劲土工织物 3 层材料组成,是一种"三明治"式结构[6]。

为评定 ISAC 复合夹层对反射裂缝的影响,采用普遍应用于疲劳寿命预估的 PARIS 公式从疲劳断裂力学的角度来计算半刚性基层沥青路面疲劳寿命。

$$\mathrm{d}a / \mathrm{d}N = C(\Delta K)^n \tag{1}$$

式中,$C$、$n$ 为与材料有关的参数,可由试验确定,本文取 $C=3\times10^{-6}$, $n=238$; $\Delta K$ 为交变应力强度因子的范围;$\mathrm{d}a/\mathrm{d}N$ 为荷载每循环 1 次所对应的裂缝扩展量,在疲劳扩展中,$\mathrm{d}a/\mathrm{d}N$ 是不断变化的。

Paris 和 Eedogen 在总结疲劳试验数据,提出这公式时,指出 $n$ 的取值大约为 4。Majidazadeh 的研究认为,对于沥青混凝土,$n$ 值一般在 3 左右,且 $n$ 值取值与温度有关和加载条件有关[7]。影响疲劳断裂参数 $C$ 的因素很多,相关文献提出了足够精确的公式:

$$\lg C = a_0 + C_{1n} \tag{2}$$

对上式进行积分,便可得到裂缝扩展从初始长度到临界裂缝长度 $a_c$ 的疲劳寿命 $N$。

$$N = \int_{a_0}^{a_c} \left[ C(\Delta K)^n \right]^{-1} \mathrm{d}a \tag{3}$$

通过上式计算得到图 1 所示的疲劳作用次数和裂缝尺寸的关系图。分析图 1 可

知:

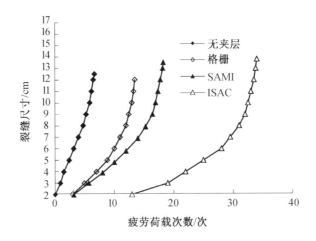

图 1 疲劳作用次数和裂缝尺寸的关系

（1）在裂缝扩展的初期，ISAC 扩展的速度最慢，这是复合夹层各层综合作用的结果。而玻纤格栅只是在初期有一些效果，因为在初期裂缝是张开的。玻纤格栅加筋路面疲劳寿命的提高主要是在裂缝扩展前期裂缝闭合前。裂缝闭合后，加筋结构与未加筋结构以几乎相同的裂缝扩展速率扩展。

（2）在裂缝扩展的后期，格栅加筋结构和没有防裂措施的结构有着近似的斜率，从此也可以看出格栅只能在裂缝扩展初期起作用。SAM 和 ISAC 在裂缝扩展后期的斜率几乎相同。这说明在裂缝闭合后，ISAC 中起作用的主要是应力吸收层。

（3）铺设格栅和 SAMI 后，疲劳寿命比没有防裂措施的路面结构大大增加。但是由于裂缝扩展的复杂性，格栅和 SAMI 高疲劳寿命的效果均不明显；而铺设 ISAC 的结构，疲劳寿命较格栅和 SAMI 防裂的结构有很大的提高。

## 1.2 ISAC 防裂夹层的疲劳性能试验

利用自动沥青路面分析仪测试 ISAC 复合防裂夹层、聚酯玻纤布、玻纤格栅以及布设加筋夹层的不同叠合梁试件受往复疲劳荷载作用的抗裂性能，试验结果见表 1。

表1 不同夹层设置的沥青混合料开裂疲劳荷载作用次数

| 混合料类型 | 荷载作用次数/次 | | | 平均值/次 |
|---|---|---|---|---|
| | 1 | 2 | 3 | |
| 单纯沥青混合料 | 10 050 | 8 005 | 14 195 | 10 750 |
| 玻纤布ISAC复合夹层 | 187 628 | 203 682 | 175 261 | 188 857 |
| 玻纤格栅ISAC复合夹层 | 98 629 | 87 545 | 112 573 | 99 582 |
| 单纯聚酯玻纤布 | 145 203 | 195 602 | 151 627 | 164 144 |
| 单纯玻纤格栅 | 39 012 | 45 235 | 36 953 | 40 400 |

试验结果表明，加铺土工织物加筋层之后可以明显地改善沥青混合料的抗反射裂缝能力，特别是ISAC复合夹层采用聚酯玻纤布后的改善效果非常明显，而聚酯玻纤布与玻纤格栅的抵抗往复荷载作用下的裂缝扩展能力也比较显著，但两种效果有所不同。从试验结果可以看出，聚酯玻纤布的抗反射裂缝能力要明显优于玻纤格栅，而且也明显优于上层采用玻纤格栅的ISAC复合防裂夹层，这与脉冲荷载作用下的反射裂缝模拟试验结果是一致的。但同样如前分析的，实际路面由于是无限长的面状分布结构，如果聚酯玻纤布不能布满整个基层面的话，其改善效果可能并不一定会优于采用玻纤格栅的ISAC复合防裂夹层，尤其对基层采取预切缝防裂处理的工程情况非常值得进行实际工程试验对比，其实践实施的最大优点在于减少防裂材料铺设面积，从而降低工程防裂造价。

## 2 ISAC防裂实体工程试验

反射裂缝的力学分析，能够对各种反射裂缝防治措施进行定量的研究，操作简便、研究周期短、人力、物力投入少。但是力学分析往往对实际路面做太多的简化，而这些简化是力学分析结果与实际路面存在差异的根本原因，而且力学分析时也不可能对实际路面的各种因素进行全面考虑。采用室内试验研究可以比力学分析更接近实际情况，但由于试验条件（如试验温度、试件尺寸、试验周期等）的限制也只能是对实际路面的近似模拟。因此，单纯依赖力学分析和室内试验无法全面把握影响半刚性路面反射裂缝的各种因素和 ISAC 复合夹层的实际效果，铺筑试验路是最为直接、根本的研究方法，也是力学分析、室内试验结论必不可少的验证手段。

### 2.1 工程试验的方案设置

为了研究不同组合的 ISAC 复合夹层的防裂效果，结合实际工程，针对图 2 所示的路面结构，在上基层表面进行预切缝后设置不同防裂措施。试验研究在该路段选取了 12 条连续的预切缝，缝 1 与缝 2 的 ISAC 复合夹层布置如图 3 所示，其余各切缝处防裂夹层的布置方案见表 2。

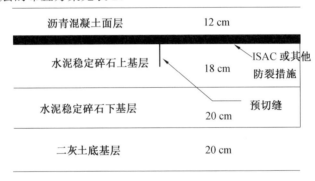

图 2  预切缝处的路面结构图

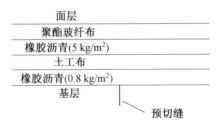

图 3  缝 1 与缝 2 的 ISAC 复合夹层布置

表 2　各切缝防裂夹层的布置方案

| 复合夹层布置 | 面层 | 聚酯玻纤布 | 土工格栅 | 橡胶沥青（5 kg/m²） | 土工布 | 橡胶沥青（0.8 kg/m²） | 基层 |
|---|---|---|---|---|---|---|---|
| 缝1与缝2 | √ | √ | √ | √ | √ | √ | √ |
| 缝3与缝4 | √ |  | √ | √ | √ | √ | √ |
| 缝5与缝6 | √ | √ |  | √ |  |  |  |
| 缝7与缝8 | √ |  | √ | √ |  |  |  |
| 缝9 | √ | √ |  |  |  | √ | √ |
| 缝10与缝11 | √ |  | √ |  |  | √ |  |
| 缝12 | √ |  |  |  |  |  | √ |

为保证 ISAC 复合夹层与道路基层具有良好的联结性，采用橡胶沥青作为联结，而且橡胶沥青黏弹性膜还具有消散应力的能力，可以使路面具有更好的使用性能。

## 2.2　半刚性基层预切缝上变形观测设备埋设情况

为了对预切缝的伸缩情况进行长期观测，选用振弦式应变计来测试道路面层沥青混合料的变形情况；在基层位置采用电阻式位移计和振弦式测缝计跨缝固定在基层开槽内来测定预切缝的开裂变形情况，观测仪器在路面结构内的埋设深度情况如图 4 所示。在该路段的 12 条连续的预切缝均埋设了相应的测试仪器。

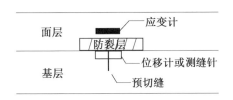

图 4 测试仪器的面设深度位置

在道路水稳基层中埋设缝隙变形测试仪器,需要在基层预切缝位置,跨缝开挖长方体槽,并埋设位移计或测缝计,仪器的引线沿引线槽引至路肩位置,工程试验段实际埋设情况详见现场拍摄的照片(此处省略)。

## 3 ISAC 防裂实体工程的测试结果分析

通过数据采集器获取了采用不同防裂夹层与不采取防裂处理等 7 种方案测试数据,依据试验仪器原理对各仪器测定结果进行变形或应变计算转换,针对转换后的变形或应变结果分别进行绘图分析。

面层与基层间设置聚酯玻纤布 ISAC 复合防裂夹层的缝 2 和设置玻纤格栅 ISAC 复合防裂夹层的缝 4 处的电阻式位移计与振弦式测缝计的结果情况比较分别如图 5 和图 6 所示。由图可见,振弦式测缝计的试验测定结果线性关系稳定,能较好地反映路面基层预切缝在温度变化情况下的实际缝隙变化规律,而同一条缝并行埋设的电阻式位移计的试验测定结果的变化规律则较差,电阻式位移计在不同温度下的测定结果都反映出了相同的情况。同为缝 1 的两电阻式位移计的测定结果反映出两并行位移计的结果相关性较一致,因此可以认为电阻式位移计的实际测定结果受仪器温度变化的影响,其用于缝隙变形观测的结果可信度不足,本试验的电阻式位移计测量的预切缝的缝隙变化量仅作为相对参考值,实际量应以振弦式测缝计的测定结果为准。

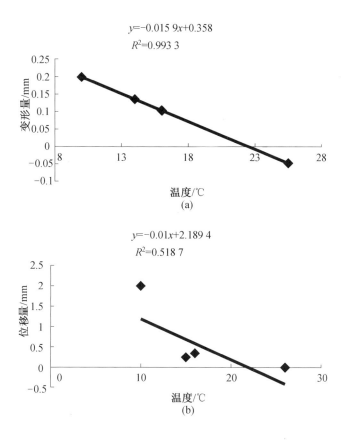

图 5 缝 2 处 JC0223 测缝计与电阻位移计 RD6634 的测试比较

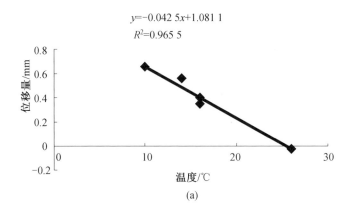

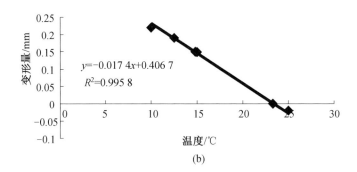

图 6　缝 4 处 JC0215 测缝计与电阻位移计 RD6622 的测试比较

缝 2 和缝 4 为分别采用聚酯玻纤布和玻纤格栅作为上层应变吸收层的 2 条 ISAC 复合夹层试验方案,其缝隙随温度变形的振弦式测缝计的测定结果对比如图 7 所示。由图中比较结果可见,两者具有基本一致的缝隙张开量变化规律,两者都有着较好的抗裂效果。采用聚酯玻纤布 ISAC 复合夹层比采用玻纤格栅 ISAC 复合夹层的缝隙量变化更剧烈些,初步反映出玻纤格栅 ISAC 复合夹层在较高温度下的防裂效果优于聚酯玻纤布 ISAC 复合夹层,但低温情况下的防裂情况还有待于后续的测试。

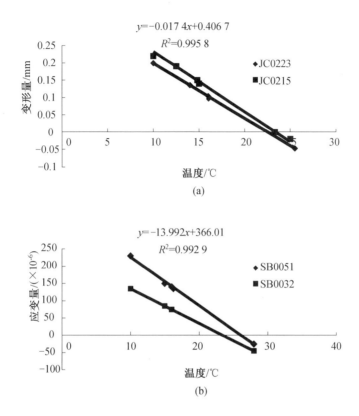

图 7　缝 2（方案 1）和缝 4（方案 2）处缝隙变形量与沥青层底应变量的对比

## 4　结论

（1）ISAC 复合夹层克服了单一夹层在荷载作用以及综合影响情况下容易破坏的缺陷，在试验路段的测试结果表明，ISAC 复合夹层能有效地减轻基层裂缝对面层沥青混凝土的影响，是一种行之有效的防治反射裂缝的方法。

（2）疲劳断裂力学的分析结果表明，玻纤格栅加筋路面疲劳寿命的提高主要是在裂缝扩展前期裂缝闭合前。裂缝闭合后，加筋结构将与未加筋结构以几乎相同的裂缝扩展速率扩展。由于裂缝扩展的复杂性，铺设 ISAC 夹层结构的疲劳寿命较格栅和 SAMI 防裂结构的疲劳寿命有很大的提高。

（3）埋设在试验路中的振弦式测缝计的试验测定结果的线性关系稳定，能较好地反映路面基层预切缝在温度变化情况下的实际缝隙变化规律。

（4）铺设聚酯玻纤布 ISAC 复合夹层的预切缝 2 和采用玻纤格栅作为上层应变吸收层的预切缝 4 的测试结果表明，两者具有基本一致的缝隙张开量变化规律，都有着较好的抗裂效果。在较高温度下，采用玻纤格栅 ISAC 复合夹层的防裂效果优于聚酯玻纤布 ISAC 复合夹层。

# 参 考 文 献

[1] 徐华东，王磊，刘真国. 半刚性基层沥青路面开裂成因及处治措施 [J]. 中外公路，2008，28（5）：84-86.

[2] 张剑. SAC 应力吸收层对加铺层荷载及温度应力的影响分析 [J]. 城市道桥与防洪，2010（4）：32-34.

[3] 吴一峰，朱湘. ISAC 防治半刚性基层沥青路面反射裂缝的应用 [J]. 山西建筑，2007，33（1）：279-280.

[4] 王艳明，郝财国. 半刚性基层沥青路面反射裂缝形成机理及防治措施 [J]. 交通科技，2009，(2)：52-54.

[5] 李春雷，朱湘，林有贵，等. ISAC 复合夹层在旧水泥混凝土平面中的应用 [J]. 中外公路，2008，25（5）：109-112.

[6] 岳福青，杨春风，魏连雨. 半刚性基层沥青路面反射裂缝形成扩展机理与防治 [J]. 河北工业大学学报，2004，33(1)：70-74.

[7] 郑健龙，周至刚，张起森. 沥青路面抗裂设计理论与方法 [M]. 北京：人民交通出版社，2003.

# 五、工程设计新理念在干线公路建设工程中的应用

张玉恒　张祖林

(江苏省淮安市公路管理处，江苏　淮安　223001)

**摘　要**：通过贯彻干线公路建设设计新理念，近年来江苏淮安干线公路建设工程质量与安全得到了有效的保证，同时节约土地，节省投资，工程品质和品位都得到了提升，新理念干线公路示范工程取得了显著的经济效益和社会效益，受到了公众的好评和社会的认同。

**关键词**：干线公路建设；设计新理念；安全；优质；生态；节约

## 1　引言

随着近年来我市经济社会的快速发展，公路交通在助推淮安经济腾飞、社会转型过程中发挥了越来越大的作用，经济社会的发展对公路交通的要求越来越高。在当前全社会高度坚持科学发展观，谋求实现又好又快发展的形势下，公路交通如何适应、满足和谐淮安、生态淮安、绿色淮安、人文淮安、小康淮安的建设新需要，一直以来始终是我们不断思考和探索的课题。公路是交通部门为社会提供的交通资源，其资源优势所能产生的社会效益和经济效益的高低，取决于公路工程品质的优劣，而优质工程首先来源于科学的设计。经过近年来的工程实践我们体会到：只有贯彻工程设计新理念，才能打造优质精品工程。结合工程实际，深入调查研究，我们在干线公路建设中，坚持贯彻"节约资源、安全至上、生态文明、质量优良"的工程设计新理念，不断提升淮安干线公路安全、质量、生态、文化品质，努力为全社会提供优质工程。

## 2　节约资源——推进可持续发展

经济社会发展过程中始终存在着资源需求不断增加与资源不断减少的矛盾。土

---

本文刊于《公路交通科技（应用技术版）》（ISSN/002-0268/CN11-2279/N）2012年第8卷第6期（总第90期），于2008年11月入选《江苏省公路学会2008年学术年会论文集》。

地资源作为共有不可再生的资源,是经济社会可持续发展的重要保证,节约用地关系到整个国民经济发展和社会稳定。但是随着公路交通的迅速扩张,公路建设用地供需矛盾日益突出,如何更加节约、合理地利用土地,成为公路交通可持续发展过程中面临的较为关键的问题之一。为此,在可利用土地不断减少、国家对土地宏观不断控紧的情况下,我们将节约资源,特别是将节约土地资源放在公路交通建设工作首位,力求在提高土地使用效率、少占耕地上做好文章。公路线路的走向往往决定了公路占用土地的多少,为合理规划公路线路、统筹利用线位资源、合理确定建设规模和方案、尽量避免少占用耕地、提高土地的集约利用程度,我们从公路建设设计规划阶段抓起,在全市干线公路建设工程设计过程中,要求设计人员必须增强节约用地意识,切实加强工程前期勘测工作和方案比选工作,特别是205国道淮安北段、328省道楚州至洪泽段、235省道涟水段、325省道淮安段建设工程等最终设计方案都充分利用了老路的路基资源,在原有路基上进行改造,331、332省道金宝南线金湖段从入江水道中取土,减少取土坑用地,既节约了土地资源,也降低了工程造价。近年来共节约土地 354.67 $hm^2$,节省投资 4.8 亿元。

从细微处着手,精细设计,节约每一寸土地,是我们在节约土地方面的又一做法。我们在公路边坡设计上不搞简单设计,生搬硬套,一坡到底(顶),而以满足功能为前提,精心拟定各种断面细部尺寸。尤其在327省道西延(淮安—涟水)段清河区段和331、332省道金宝南线绕城段公路设计中要求路基填土高度基本保持在 1.00~1.20 m,与以往一般高等级公路 1.50~2.00 m 路基填土高度相比降低了许多,在保证工程建设品质的同时,不仅节约了工程用土,而且节省了工程投资。

我们还在研究发挥公路用地潜力的方法和手段上不断下功夫。从综合利用角度出发,不断探索和尝试对路肩、边坡等进行二次开发利用的可能性,通过在路肩上种草,在缓边坡上间植经济植物与观赏植物,既稳固了公路边坡,改善了公路交通环境,又营造了良好的人文景观,美化了自然环境,实现了经济效益和社会效益的双赢。

## 3 安全至上——坚持以人为本

交通行业的核心价值是"用户第一,行者为本"。围绕这一核心,我们把保障公路交通安全放在公路设计和建设需考虑的首位，不断满足人们的出行需求和促进社会的全面发展。国外发展经验也表明，经济快速增长时期交通安全问题表现较为突出，对于淮安这样一个正处于经济迅猛发展时期的地级市来说，分析把握不同因素对公路交通安全的影响，从而制定和采取相应安全措施的公路设计策略显得尤为重要。在全市干线公路建设中，我们坚持"以人为本，安全至上"的原则，全力抓好公路安全保障工程的优化设计工作。委托专业设计单位分别对327省道西延（淮安—涟水）段与331、332省道金宝南线金湖段建设工程安全保障工程单独进行优化设计，组织专项审查。重点抓好6个方面的方案优化，一是放缓路侧边坡，即将路肩向外10～15 m范围的用地设计成坡度为1:3或1:4的缓坡，从而增加了路侧净距，提高了行车安全性能。二是外移道路边沟，并将传统的矩形或梯形浆砌圬工边沟设计为砼预制块浅碟形边沟，一方面能够满足排水要求，另一方面又能兼顾路田分界功能。三是在路堤高度大于3 m的路段或桥梁两端路基路段增设路侧护栏，其长度不小于70 m，增强了对车辆和行人的安全防护性能。四是在夜间及阴雨天存在安全隐患路段设置太阳能反光标志，既利用可再生资源，又提高了安全警示性能。五是优化平交道口设计，将平交等级分类细化，充分体现路权分配原则，提高道路安全通行能力。六是设置人性化标志标牌，设计具有鲜明图案、简明易懂、可视性良好的个性化版面。通过方案优化设计，把公众安全作为干线公路建设的首要因素来考虑，全面提升了公路安全品质。

## 4 生态文明——实现人与自然和谐

在干线公路建设中，我们着力坚持环保优先，路景相融的生态文明理念，努力实现人与自然的和谐共处。坚持"不破坏就是最好的保护"的观念，在工程设计中，在确保公路安全性、功能性的同时，坚持功能高效、系统一体、因地制宜、人文景观、植物多样和经济可行的原则，最大限度维护公路与景观环境，使工程建设顺应自然、融入自然。我们认真落实江苏省绿化委员会、江苏省交通运输厅等联合颁布的交通绿色通道建设规划和实施方案，将327省道西延（淮安—涟水）段与331、332省道金宝南线金湖段等重点建设工程路肩向外10～15 m范围用地设计为绿化用地，实施生态景观绿化，并结合公路线型、路肩宽度等实际情况，充分展示生态公路的地域特色和文化内涵。同时，采用生态植物防护形式代替以往浆砌圬工防护，达到了自然和谐、美观大方，力求将327省道西延（淮安—涟水）段与331、332省道金宝南线金湖段建设成为"安全、生态、文化、环保"的绿色景观大道、生态廊道。并且按照以"经济植物为主，观赏植物为辅，经济与观赏相结合；以乡土植物为主，外来植物为辅，本土与外来相结合；以常绿植物为主，落叶植物为辅，常绿与落叶相结合；以速生植物为主，慢生植物为辅，速生与慢生相结合；以草本植物为主，乔灌藤木为辅，草本与乔灌相结合；以动态观赏为主，静态观赏为辅，动观与静观相结合"6条原则，精心选择绿化植物品种，因地制宜地营造森林型、草灌型、草本型和观赏型等坡面植物群落，使绿化设计不但满足道路交通功能的需要，改善行车条件，而且使公路更为安全、舒适、环保、美观，从而达到了"四季常绿，三季有花"的效果。行驶其上，给人一种"人在景中走，车在画中行"的享受感。同时，通过灵活选择边坡坡率，改折线边坡为曲线边坡，尽可能地恢复自然地貌景观；根据边沟土质情况，因地制宜地选择边沟形式，采用浅碟形土质植被边沟、浅碟形砼预制块边沟等，最大限度地营造自然的公路交通环境。

## 5 质量优良——让社会公众满意

质量是公路的灵魂，是公路的生命。公路建设的质量不仅仅关系到社会主义三个文明建设的大局，而且关系到社会公众对党和政府的评价。我们在全市干线公路建设中，始终坚持"质量优良"的设计理念，认真贯彻执行公路工程技术标准，但不盲目照搬规范，积极进行灵活性创作设计和优化设计。重点抓好三个方面的优化设计：一是优化设计中分带排水设施。纵坡坡度差大于等于1%的凹曲线底部路段采用开放式排水分隔带，设置横向盲沟排水系统；一般路段采用封闭式防水分隔带，其下部可采用小石子混凝土铺砌，并涂刷防水沥青、铺贴防渗土工布等材料，有效提高了道路防水、排水性能。二是采用骨架密实型二灰碎石基层或水稳碎石基层。采用骨架密实型二灰碎石基层或水稳碎石基层代替悬浮密实型二灰碎石基层，减少道路横向收缩裂缝的质量通病。三是增加路面结构层厚度。将基层厚度由以往的20 cm增加到32～36 cm，并采用上下分层、连续摊铺施工工艺，加强其上下层间的黏结；将沥青混凝土面层厚度由以往的7～9 cm增加到10～12 cm，并用AC-13/20C、AC-13/20F型沥青混凝土代替以往的AC-16/20I型沥青混凝土，上面层采用高品质的 SBS 改性沥青和玄武岩石料，下面层采用石灰岩石料，以满足公路运输大型化和重载化的发展需求。

## 6 结论

2010 年以来，淮安市干线公路建设项目 16 个，在建里程达到 515 km，改扩建里程占到全市普通干线公路网的 62%（以 2009 年一级、二级干线公路为基数）。建成通车里程 250 km，其中 2011 年建成 200 km，占全省干线公路年度通车总里程的 39%。全市在建和建成通车的干线公路全部为一级公路，为 2009 年底市一级公路总里程的 1.5 倍。完成干线公路建设投资 52.1 亿元，为省下达计划投资的 2.9 倍、"十五"期间全市干线公路建设投资的 6 倍。全面建成了 327 省道西延（淮安—涟水）段与 331、332 省道金宝南线金湖段两个"贯彻设计新理念"的示范工程，受到了公众的好评和社会的认同，取得了显著的经济效益和社会效益。"十二五"期间，淮安市计划建设干线公路项目 32 个，建设里程 896 km，计划投资约 126 亿元。到"十二五"末期，全市一级公路总里程将达到 800 km，乡镇一级公路通达率将由目前的 28%上升到 70%左右，超过全省平均水平，基本实现"4110"目标（长三角中心城市上海 4 h 通达，淮安市域范围 1 h 通达，市域全部城镇 10 min 进入干线公路网）。继续贯彻设计新理念，将进一步提升干线公路建设的品质和品位，创造更大的经济与社会效益，提供"安全、优质、生态、节约、和谐"的高品质公路产品，将为把淮安建设成为苏北重要中心城市和苏北公路交通枢纽做出应有的贡献。

## 参 考 文 献

[1] 交通部公路司. 新理念公路设计指南[M]. 北京：人民交通出版社，2005.
[2] 江苏省交通厅公路局. 江苏省干线公路勘察设计指南（试行）[M].南京：江苏省交通科学研究院，2006.
[3] 江苏省交通厅公路局.江苏省普通国省干线公路绿色通道建设实施管理暂行规定[Z].南京：江苏省交通厅公路局，2000.

# 六、新思路 新理念 新机制 新模式干线公路建设实现"四轮驱动"跨越发展

张玉恒　罗衍庆　于勤海

（江苏省淮安市公路管理处，江苏 淮安 223001）

**摘　要**：通过对干线公路的发展思路、建设理念、筹资机制、建管模式的创新实践，有效地破解了干线公路建设所遇到的难题，探索形成了较为成熟、贴合实际、切实可行的工作经验，可供同行参考。

**关键词**：干线公路建设；创新实践；跨越发展

干线公路网是构建现代综合交通运输体系的重要组成部分，是淮安市对外连通增强辐射能力的主通道，是主动对接沿海开发扩大开放的有力支撑。2010 年以来，淮安市围绕"构筑大交通，促进大开放"目标，坚持交通率先发展，强化体制机制创新，强抓重推干线公路提档升级工程，取得卓越非凡的发展成就。

## 1　坚持率先发展，干线公路建设呈现"四个前所未有"

### 1.1　建设规模前所未有

实施国省干线公路建设项目 16 个，在建里程达到 515 km，改扩建里程占全市普通干线公路网的 62%（以 2009 年一级、二级干线公路为基数）。建成通车里程 250 km，其中 2011 年建成 200 km，占全省干线公路年度通车总里程的 39%。

### 1.2　建设标准前所未有

全市在建和建成通车的干线公路全部为一级公路，为 2009 年底淮安市一级公路总里程的 1.5 倍。

注：本文荣获淮安市委、市政府颁发的 2011 年度淮安市创新创优一等奖。

## 1.3 投资额度前所未有

完成干线公路建设投资 52.1 亿元，为江苏省下达计划投资的 2.9 倍、"十五"期间全市干线公路建设投资的 6 倍。

## 1.4 工程品质前所未有

坚持"节约资源、安全至上、生态文明、质量优良"的理念，着力提升干线公路安全、质量、生态、文化品质，把干线公路建设成为群众致富康道、安全快速通道、生态旅游大道、绿色景观廊道。

# 2 坚持"四轮驱动"，有效破解干线公路建设难题

针对干线公路建设中的资金筹措难、工程建管难、项目推进难等诸多困难，坚持新思路、新理念、新机制、新模式"四轮驱动"，有效地破解了相关难题。

## 2.1 新思路——发展思路创新

按照"跳出交通办交通"的要求，坚持服务、保障经济社会和千亿元大产业发展的新思路，重点围绕四个方面推进干线公路建设：

（1）围绕策应沿海大开发，建成了 327 省道淮安段、235 省道涟水段，打通了与盐城市、连云港市的一级公路快速通道。

（2）围绕加快融入长三角，建成了 237 省道淮安段，为促进淮安融入长三角经济圈、对接长三角重要城市提供快速通道。

（3）围绕建设苏北重要中心城市，建成了 205 国道淮安北段、325 省道淮安段、332 省道金宝南线金湖段、121 省道马坝至盱眙段等一级公路，增强淮安对沭阳、泗阳、宝应等地区的辐射能力。

（4）围绕助推地方产业发展，建成了淮安至金湖一级公路、326 省道高沟段、机场路二期等工程，并开工建设 205 国道淮安西绕城段一级公路，为打造特钢、电子信息、盐化工新材料三大千亿元主导产业提供公路交通支撑。

## 2.2 新理念——建设理念创新

(1) 坚持节约资源。通过利用老路基、降低路基填土高度、合理选定取土坑和利用水利工程整修、农村沟塘清淤治理、房地产开发取土等措施,节约土地约354.67 hm$^2$,节约投资4.8亿元。

(2) 坚持以人为本。在干线公路沿线增设服务区、观景台等服务设施,通过放缓路侧边坡、外移道路边沟、设置太阳能反光标志等措施,提高车辆行驶安全系数。加大智能公路建设力度,在重要路段设置监控设施,及时发布路网运行信息,监控路网运行状况。

(3) 坚持生态文明。公路绿化工程努力实现人与自然的和谐共处,达到"四季常绿,三季有花"和"人在景中走,车在画中行"的效果。

(4) 坚持科技创新。把创新、创优、创美有机融合,推广应用路基路面拼接技术、SBS沥青路面技术、老路基与面层全深层冷再生等新技术、新材料、新工艺。《ISAC防治半刚性基层沥青路面反射裂缝应用技术研究》经江苏省交通运输厅鉴定,达到国内领先水平;《公路地基处理隔离防水填筑法》获得国家知识产权局发明专利授权;《公路封闭防水型中央分隔带》获得国家知识产权局实用新型专利授权;"江苏省干线公路小修保养策略与施工规程研究"荣获淮安市科技进步二等奖。

(5) 坚持低碳环保。大力推广运用沥青冷(热)再生技术、太阳能技术、温拌沥青技术、不停车通行系统(ETC),既保护了环境又节约了成本。

## 2.3 新机制——筹资机制创新

在国家宏观政策调控从紧和实施税费改革的情况下,资金成为最突出的问题,故应千方百计创新筹资机制,拓宽筹资渠道,保障建设需要。

(1) 向上争取。积极向上争取建设资金累计达13.5亿元。

(2) 带资建设。在10多个公路项目建设中,采取由承包商带资、部分垫资等方式参与干线公路建设。

(3) 信托融资。以公开发行信托资金的方式成功融资6亿元。

(4) 部门联建。在淮金一级公路、327省道淮安段等项目建设中,由交通部门负责道路主体工程建设,园林路灯等专业部门负责绿化、路灯等设施建设,发挥各部门专业优势，提升工程品质。

（5）银行借资。进一步整合交通资源，增强融资能力，向金融部门融资 14.9 亿元。

## 2.4 新模式——建管模式创新

针对干线公路建设战线长、推进难、矛盾多的实际情况，探索并采取了 6 项有效措施。

（1）齐抓共推。提请市政府建立了干线公路建设例会制度，定期召开工程例会，通报工程进展情况，研究解决相关问题。

（2）分类推进。一方面，实行市政府主导、项目所在地县（区）政府作为建设主体、市交通部门负责行业管理的模式，培养锻炼县（区）人才队伍；另一方面，对于事关经济发展大局、施工技术复杂、工程推进难度大的项目，以项目为单位组建指挥部和总监办，分工负责征地拆迁、资金筹措、工程建管等工作。

（3）工程代建。在 237 省道淮安开发区段实行工程代建制，委托有管理资质和能力水平的单位履行工程建设责任。

（4）挂钩服务。建立机关挂钩帮扶重点工程制度，机关人员分别挂钩重点工程，深入一线跟踪服务，协调解决困难矛盾。

（5）督查通报。提请市重大事项督查办、市委督查室、市政府督查室加大督查力度，同时实施工程进度月报、周报和手机短信等形式的日报制度，形成科学的倒逼机制。

（6）建养并重。坚持建设是发展，管养也是发展，对已建成的干线公路推行全面、全周期、全寿命养护，完成国省干线公路养护投资 23 亿元。

# 3 "四轮驱动"跨越发展创新成效突出，意义非凡

通过对新思路、新理念、新机制、新模式积极探索和大胆实践，极大地促进了淮安市公路事业的跨越发展，成效突出，意义非凡。全市路网通行能力得到了大幅提高，2010 年全市公路客运量、客运周转量分别占综合交通运输总量的 98.2%、98.1%，公路货运量、货运周转量分别占综合交通运输总量的 62.1%、45.5%，全市

物流成本与GDP的比率由"十五"末的18.86%下降到"十一五"末的17.0%。干线公路建设的跨越发展，对加快构建现代综合交通运输体系，凸显淮安在全国公路网中的主枢纽地位，对接沿海开发，加快融入长三角，建设苏北重要中心城市，服务产业升级和统筹城乡经济发展起到了重要的支撑和保障作用。

围绕"2015年公路交通率先实现现代化"的目标，"十二五"期间，淮安市计划建设干线公路项目32个，建设里程896 km，计划投资约126亿元。"十二五"末，全市一级公路总里程将达到800 km，乡镇一级公路通达率将由目前的28%上升到70%左右，超过全省平均水平，基本实现"4110"目标（长三角中心城市上海4 h通达，淮安市域范围1 h通达，市域全部城镇10 min进入干线公路网，港站枢纽无绕行、零距离短直连通，和省级以上开发区、服务业聚集区、新兴产业基地、4A级以上旅游风景区均有一级以上公路直接相连，相邻县之间、机场均以一级公路连通）。我们将进一步总结、提炼、发扬创新举措，形成具有淮安特色的制度和模式，放大创新成果效应，使干线公路建设创新创优工作常态化、制度化，进一步巩固公路交通在综合交通运输体系中的主导地位，降低公路出行成本，促进经济社会协调发展。

## 4 淮安市干线公路建设创新举措获社会肯定、效应彰显

经过多年来的探索与实践，淮安市形成了较为成熟、贴合实际、切实可行的干线公路建设管理的创新模式，有力保证了干线公路建设任务的超额完成，在全省范围内起到了积极的示范效应。淮安市在干线公路建设中节约土地、降低成本的做法受到江苏省交通运输厅的充分肯定，并在全省进行推广。江苏省交通运输厅、江苏省交通运输厅公路局等有关部门多次肯定、表扬淮安市干线公路建设管理的创新举措，宿迁、扬州等市前来学习考察。淮安日报、淮海晚报等媒体组织了"大道如虹"系列报道。在全市"千人百单位评议"活动中，社会各界对公路发展的满意度达99.23%。

# 七、淮安城市快速路与周边路网衔接调研分析与思考

张玉恒[1]　李心为[2]　杨艳山[2]　谭仁兵[2]　顾祥峰[3]

（1. 淮安市综合交通运输学会 淮安市公路事业发展中心；2. 江苏交科交通设计研究院有限公司；
3. 淮安市交通工程建设管理服务中心　江苏 淮安 223001）

**摘　要**：本文通过对淮安城市快速路一期工程的调研与分析，针对其规划与建设中存在的有关问题提出了相应对策与建议，旨在探索如何有效地解决城市快速路与周边路网的衔接问题，以充分发挥城市快速路"快进快出"的交通特性，供后期建设与运营参考，使其经济社会效益最大化。

**关键词**：城市快速路；路网衔接；分析与思考

## 1　前言

快速路作为城市道路系统的最高等级道路，不仅需要与城区道路实现有效衔接，而且更重要的是快速路系统要与城区外围周边路网的更加有效衔接，这样才能使城市对外出入交通更加通畅，才能适应城市社会与经济的发展、加强城市与乡村的运输联系、增强城市经济辐射作用。如何使这种衔接平顺、快速、有效，本文结合淮安城市快速路一期工程的规划与建设情况进行探索、分析与思考。公路、城市快速路与城区道路的衔接关系示意图如图 1 所示。

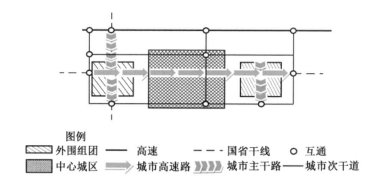

图 1　公路、城市快速路与城区道路的衔接关系示意图

## 2 淮安城市快速路一期建设工程

### 2.1 工程概况

2016年淮安市启动了城市快速路一期建设工程[1]，于2016年10月26日正式开工，于2019年12月15日建成通车。一期工程全长48 km，由"一环、两射、一联"组成，其中，"一环"为黄河路—西安路—延安路—宁连路—黄河路；"两射"为连接开发区互通和淮安南枢纽的射线；"一联"为往高铁站的连接线。共设置6个枢纽互通、35对上下匝道、1座双层钢拱桥、2次跨越新长铁路、93条相交城市道路。淮安城市快速路一期建设工程平面图如图2(a)所示、一期工程高架桥标准横断面示意图如图2(b)所示，桥面为双向6车道，地面为双向6车道+（5.00 m非机动车道+3.00 m人行道）×2，全宽50～74 m。一期工程完成投资约165亿元。

图2(a) 一期工程高架桥标准横断面示意图（单位：cm）

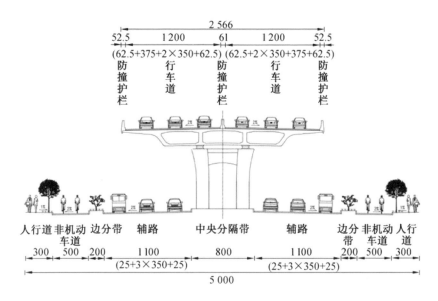

图 2(b)　一期工程高架桥标准横断面示意图（单位：cm）

## 2.2　一期建设工程建成对城市交通的改善

### 2.2.1　一次建成高架内环，提高城区出行时效

构建核心城区的交通保护壳，避免跨组团的中长距离出行穿越核心城区，缓解了健康东西路、淮海南北路、淮海东西路等贯穿核心区道路的交通拥堵。快速路西安路高架路段实景图如图3所示。

### 2.2.2　连线对接高铁东站，无缝衔接高铁出行

建成了与淮安东站无缝衔接的连接线，保障了市民便利地乘坐高铁出行。快速路东站高架与淮安东站进出匝道连接实景图如图4所示。

### 2.2.3　射线对接高速互通，加快内外交通转换

建成了联系东互通的射线，基本建成了连接南互通的射线，城区对外交通转换效率大大提高。图5所示为快速路与京沪高速淮安出入口连接路段实景图。

图 3　快速路西安路高架路段实景图

图 4　快速路东站高架与淮安东站进出匝道连接实景图

图 5 快速路与京沪高速淮安出入口连接路段实景图

**2.2.4 城区内外交通实现快速转换，道路网密度及面积率均已达标**

一次性建成市区内环高架一期工程，实现市内交通和对外交通快速转换，道路通行能力得到提升。市区道路达 2 153 km、4 052 万 m²，城市人均道路面积 2019 年达 24.14 m²，全省排名第 9，苏北排名第 3。截至 2019 年，建成区道路网密度 8.07 km/km²，建成区道路面积率 19.70%。对照国务院印发《关于进一步加强城市规划建设管理工作的若干意见（2016 年 2 月 6 日）》："到 2020 年，城市建成区平均路网密度提高到 8 km/km²，道路面积率达到 15%。"目前，淮安市建成区道路网密度及面积率均已达标。

# 3 一期建设工程与周边路网衔接存在的不足

一期建设工程由于受到建设总规模和道路沿线特定路域环境的制约，路网衔接存在主要问题如下。

## 3.1 快速路与周边多数高速出入口没有直接连通，节点衔接不畅

目前，淮安主城区高速环设置 7 个服务型高速出入口，现状快速路网均未与高

速出入口建立直接联系，节假日期间，激增交通流对高速路互通收费站上游交叉口产生较大冲击，拥堵较为严重。以 2021 年五一节假日南互通调研为例，最高峰（5 月 1 日）驶出 26 512 辆、驶入（5 月 3 日）23 220 辆，车流量是平时 3 倍多，北京南路高峰时期排队长度达 1.5 km，交叉口拥堵严重。图 6 所示为快速路与宁淮高速淮安南出入口连接路段实景图。

图 6　快速路与宁淮高速淮安南出入口连接路段实景图

## 3.2　快速路部分路段与干线公路没有实现交通剥离，存在安全风险

快速路系统主要承担城市各大分区或组团快速联系的功能，同时也汇集与疏散出入境交通，将城市道路与城市外围公路有机衔接起来。目前快速路一期工程，快速化改造宁连公路约 5 km，233 国道约 3.8 km，上述两个路段公路交通与城市交通功能叠加，部分高架墩柱防撞能力不足，存在一定的交通安全风险。图 7 所示为公路交通与城市交通叠加路段实景图。由于城市快速路高架限制货车通行，而货车只能在地面道路行驶，上述两个路段公路交通与城市交通功能叠加，致使过境车辆通行速度降低，同时也给非机动车和行人带来一定的安全风险。

图 7 公路交通与城市交通叠加路段实景图

### 3.3 快速路部分出入口相邻间距大或交通渠化不合理,局部设计欠妥

快速路一期建设工程与 93 条城市道路相交,高峰时段由于快速路驶入/出交通流造成相邻交叉口交通压力较大,现状部分交叉口渠化不尽合理,拥堵较为严重。以宁连公路与徐杨路交叉口为例,晚高峰时段,宁连路西进口由于左转车辆较多,交叉口渐变段长度不足,排队较为严重;以黄河路为例,淮海北路、北京北路匝道出口因去往市一院与淮阴北方向车辆众多,且下一出口接近于韩侯大道、中径路,距离太远,造成市一院附近在上下班高峰期严重拥堵,影响途径车辆和周围群众出行效率。

### 3.4 快速路部分出入口与周边道路对接方案不协调,疏解能力不足

疏解道路必须与快速路出入口能力相匹配,特别是与快速路上下匝道相邻的平面交叉口及衔接段必须进行审慎的交通渠化与交通组织,并对两者的相互影响进行专门的分析。两者能力的不匹配所引起的地面道路堵塞或快速路匝道堵塞已成为普遍现象。例如:高铁东站高架路段南与 233 国道跨新长铁路大桥北接线的连接处、北与 233 国道原跨海口路大桥北接线的连接处,连接渐变段长度和宽度均不足,致使交通堵塞常常发生。

### 3.5 系统工程的设计理念体现不够

在快速路设计中,一般注意"点"与"线"的设计,但较少将"点""线"放

到路网系统中去构思。事实上,只有"点""线""面"均衡配置,才能形成路网的最佳效应。不应一味强调环线建设,但对环线与环线、环线与其他道路之间的快速通道缺少考虑,导致交通不连贯,交通流不能在路网上得到合理的分配,环线应有的功能难以发挥。快速路的设计观念应该从局部转向系统,注意点与点、点与线、点与面、面与体之间的空间协调关系。同时,应该统筹考虑立交周围土地的开发利用,与周围城市景观的协调。例如:快速路黄河路高架路段与市区淮海北路古淮河大桥北接线的交叉节点处,可以拓展设置古淮河大桥北边桥孔下的东西向通道,并通过设置古淮河大桥北接线两侧辅道来连接并分流该交叉节点处的交通流量。

### 3.6 "以人为本"的设计原则体现不足

由于快速路车流快速与连续的特征,快速路两边被相对封闭的快速路割裂开来,给沿线居民非机动车和行人的出行造成不便。在进行道路设计时,也没有充分考虑居民出行需求。因此快速路设计不仅要考虑与其他道路的衔接,同时也要为慢行交通"找出路"。立交桥下的设计也是快速路设计的薄弱环节,由于桥下空间不足或设计不合理,造成桥下渠化设计与交通组成困难,增加车辆的绕行距离与延误。例如:快速路部分匝道将原有搭接道路拦截中断,"以人为本"的设计原则体现不足,缺乏优化设计。

## 4 淮安城市快速路后期规划与建设的几点思考

### 4.1 与高速公路衔接

目前,淮安主城区高速公路环线里程约 91 km,规划设置 9 个服务型互通,目前已经设置 7 个服务型互通,中心城区规划"双环九射一联"的快速路网结构的九条射线,均与主城区周边互通连接起来,实现中心城区范围 20 min 内上高速目标。图 8 所示为淮安快速路与高速互通节点布局图。

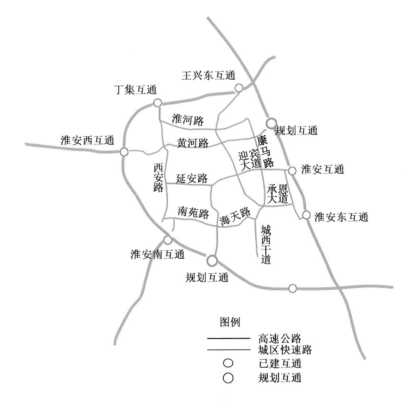

图 8　淮安快速路与高速互通节点布局图

在具体节点衔接设计当中需做好以下几点[3]：

(1) 在城市快速路网与高速公路互通间宜设置专用衔接匝道使交通转换更加快捷，充分发挥城市内外交通快速、高效结合带来的便利性。

(2) 快速路主线一般应跨越平交路口后落地，如受特殊条件限制需在平交路口前落地时，应充分考虑快速路主线巨大交通流对交叉口的冲击，如果处置不当极易造成拥堵。

(3) 高速公路互通收费站出入口至快速路匝道落地点应保证足够间距，以满足客货交通交织、ETC 通道和普通通道交通交织的需求。

## 4.2　与国省干线衔接

干线公路与城市道路的衔接道路一般有城市快速路、城市主干道、次干路和支路 4 种情况，与城市快速路衔接是最适宜的，不仅能够达到快速通过的目的，又能实现快速分散交通流的目的。

淮安主城区现状过境交通和对外交通能力需求高,随着淮安城市规模的不断扩大,其对干线公路的"吞噬"作用也越来越明显,城市内外交通混杂,既影响着过境交通的通过效率,又干扰着城市的内部交通,还存在许多交通安全风险。需要干线公路接入高效的快速路网络,通过高效的快速路网络集中组织过境交通和出入境交通,以提高干线公路和结点道路系统的整体运行效率;在后期的淮安市主城区周边路网规划建设中需重点做好快速路网与国省干线公路之间的联通道路规划设计及其优化设计工作。城市快速路与干线公路不宜进行共线叠加,以策交通安全。图9所示为出入城通道规划方案图[2]。

图 9　出入城通道规划方案图

## 4.3　与城区道路衔接

快速路高架道路与城市内部道路之间的交通联系主要依靠出入口平行式匝道来实现。合理的出入口设置既要保证快速路上的交通不受到影响,同时又要能方便地面道路车辆进出快速路,衔接区域的合理规划能够让车流在快速路和地面道路之间均衡分配,使得交通连续流和间断流在快速路和地面道路之间的相互转换更为通畅。现将对淮安城市快速路建设工程的几点设计思考建议如下。

#### 4.3.1　统筹做好快速路出入口总体布置工作

出入口匝道宜采用一组或几组横向道路共同承担快速路的交通流疏解。城市中心区范围内的出入口间距一般取 1～2 km 为宜,城市边缘区的出入口间距一般取 3～4 km。宜采用平行式出入口、中间式匝道横向位置,双车道布置方式,最大纵坡宜超过 5%。

#### 4.3.2　进一步优化细化快速路出入口匝道的设计[4]

入口匝道设置方面,可采用双车道设置,单车道管理;主路在入口匝道合流前设置告知标志,提醒主路上车辆尽量靠近内侧车道行驶;与主路之间采取一定的隔离措施保证入口匝道上的车辆加速充分;出口匝道与地面辅路系统衔接方面,应优化城市道路布局;与出口匝道相连交叉口采用动态信号控制策略;调整出口匝道落地点;完善道路交通监控系统,系统控制交通运行;采用交通诱导技术,提高快速路出口匝道通行能力。

#### 4.3.3　城区应建有足够停车位的停车系统与城市快速路相配套

重视城区内停车场、停车系统的规划建设与运营管理工作,城区内应建有足够停车位的停车系统与城市快速路相配套,避免大量城区外部车流通过城市快速路涌入城区因停车位不足造成城区交通拥堵,甚至造成快速路出入口交通节点处的交通堵塞。

## 5　结语

城市快速路是城市里投资规模最大的基础设施建设项目之一,对城市发展和经济运行具有举足轻重的影响,而其与周边路网的衔接组织对快速路功能的发挥起着至关重要的作用。本文通过对淮安城市快速路进行调研分析,力求寻找、探索城市快速路交通衔接组织中具有普遍意义的典型问题及其对策方法,希望能够对其他类似工程的规划与建设提供有益的借鉴和参考。

# 参 考 文 献

[1] 江苏省淮安市交通运输局. 淮安市快速路一期建设工程可行性研究报告[R]. 南京：苏交科集团股份有限公司，2016.

[2] 江苏省淮安市公路事业发展中心. 淮安市国省干线公路十四五规划[R]. 南京：江苏伟信工程咨询有限公司，2020.

[3] 史夕金，宋宇衡，高政. 城市快速路与高速公路互通节点交通衔接方案初探[J]. 道路与交通工程，2019，37（4）：56-59.

[4] 陈瓯.城市快速路与周边路网衔接分析[J]. 城市道桥与防洪，2011，3：15-17.

第一部分 公路论文

# 八、德国综合运输与道路养护学习报告

张玉恒

(江苏省淮安市公路管理处,2011年9月20日)

2011年8月7日~8月27日,我很荣幸地参加了江苏省交通运输厅组织的"德国综合运输与道路养护"培训学习。在德国国际合作机构的精心安排下,在江苏省交通运输厅公路局陈明书记的带领下,我们一行20人走进德国,先后拜会了德国联邦交通部、德国联邦公路局、北威州交通部;认真听取了德国交通运输系统概况、北威州交通运输系统概况、德国与欧盟高速公路管理与养护系统、德国公路建设标准、德国公路状况标准及评估、公路建设技术革新、公路桥梁的养护与监视、市级单位交通管理、柏林波茨坦广场项目设计与施工等专题报告或讲座;现场考察了德国A3高速公路施工段科隆Lovenich段降噪隔音隧道修建项目、A40高速公路双向6车道扩建项目、高速公路莱茵贝格工区、柏林中央火车站与波斯坦广场;现场参观了德国联邦公路研究所(BAST)碰撞试验中心、德国车友俱乐部ADAC安全驾驶中心、汉姆(Hamm)隧道控制中心、波恩市交通管理中心、科隆市交通管理中心、筑路机械生产商wirtgenGmbH有限责任公司、莱茵河Boppard至科布伦兹段、汉堡港港区。在德国20 d,我们还考察了柏林、汉堡、杜塞尔多夫、波恩、科隆、莱比锡等市区的交通情况,乘坐大巴亲身感受德国各等级公路的总里程有1 500多千米。总之,此次德国之行,使我大开眼界,受益匪浅。

## 1 德国概况

德意志联邦共和国简称德国,位于欧洲中部,东邻波兰、捷克,南接奥地利、瑞士,西接荷兰、比利时、卢森堡、法国,北接丹麦,濒临北海和波罗的海,是欧洲邻国最多的国家。首都柏林(Berlin),行政区划分为联邦、州、地区三级,共有16个州,14 808个地区。人口约8 200万人,主要是德意志人,有少数丹麦人和索布族人。德国国土面积为35.7万 $km^2$,地势北低南高,可分为四个地形区:北德平原、中德山地、西南部莱茵断裂谷地区、南部的巴伐利亚高原和阿尔卑斯山区。其间拜恩阿尔卑斯山脉的主峰祖格峰海拔 2 963 m，为德国最高峰。主要河流有莱茵河（流经境内 865 km）、易北河、威悉河、奥得河、多瑙河。较大湖泊有博登湖、基姆湖、阿莫尔湖、里次湖。西北部海洋性气候较明显，往东、南部逐渐向大陆性气候过渡。德国 7 月平均气温为 14~19 ℃，1 月平均气温为-5~1 ℃；年降水量为 500~1 000 mm，山地则更多。

## 2 综合运输

德国交通运输业十分发达。公路、铁路、水路和航空运输全面发展。1990 年 10 月德国重新统一后，其地理位置尤为突出，连通欧洲东西部和南北部的高速公路和铁路都经过这里，已成为欧洲东西和南北交通的重要通道，有欧洲路上"十字路口"之称。德国的公路密度为世界之冠，其高速公路总长世界排名第四。德国的铁路四通八达，铁路网覆盖全国，车次密集，车站通常坐落在市中心，是当地城市公共交通的枢纽，交通转换实现了"零"换乘。法兰克福国际机场是欧洲第二大机场，也是货运量第一大的机场。而莱茵河优良的通航能力使得德国水运也相当发达。市内公共交通有公交车、轨道车和地铁，售票检票自动化。大多数德国人驾驶小汽车上下班，道路上轿车首尾相接，没有交通警察，全靠交通电子信息可变情报牌和红绿信号灯。堪称世界一流水平的现代化综合交通运输网络安全畅通，秩序井然，对整个欧洲的交通运输发展具有十分突出的影响。

德国的联邦政府交通主管部门原为联邦交通部，1998 年 10 月机构改革为联邦交通、建设与住房部，下设 13 个专业管理局，包括公路建设和管理的联邦公路建设管理局，其职能为：德国远程公路建设预算、规划和有关法律事务，地方公路发展的综合协调，公路建设技术和养护管理，公路交通的监督检查等事务。各州交通主管部门设在各州政府的交通与公路建设局，主要职责为公路建设和公路交通管理，目的是改善交通条件，提高机动性，减少环境污染。联邦交通主管部门与各州政府交通主管部门的业务关系集中体现在两个方面：一是联邦委托各州实施联邦建设项目；二是各州可向联邦申请财政资助。

2008 年，德国货运总量为 44.6 亿 t，其中公路运输总量为 34.3 亿 t，铁路运输总量为 3.71 亿 t，内河运输总量为 2.46 亿 t，海运运输总量为 3.16 亿 t，管道运输总量为9 106.9万t,航空运输总量为350.3万t;客运总量为111.84亿人次,其中铁路客运总量为22.06亿人次,公路客运总量为88.12亿人次,航空客运总量为1.66亿人次。

公路:截至2008年底,德国拥有等级以上公路23.12万km,其中高速公路1.26万km,高速公路长度居世界第四。2008年全国注册机动车共4 960万辆,其中小轿车4 132万辆,卡车234.68万辆。公路货运量为30.78亿t,国内货运量为28.47亿t;公共交通客运量为112.1亿人次。

铁路:截至2005年底,铁路总长40 412 km;有机车15 373辆,客运车厢12 047节,货运车皮约102 778节;2008年客运量23.3亿人次,货运量3.71亿t,国内货运量2.39亿t。

水运:2008年,德国拥有远洋商船645艘,总吨位1 581万t。2008年全国海港吞吐量为3.21亿t,其中汉堡港口吞吐量为1.19亿t。2007年内河航道可运营船舶2 275艘。2008年内河货运总量2.46亿t,国内货运量5 755万t。

民航:民航运输业发达。2007年共有各类民航企业305家,2008年共有各种飞机20 916架。2008年民航客运量1.66亿人次,货运量350.3万t。法兰克福机场是世界主要航空港之一,2007年进出港旅客和货物吞吐量分别为5 342万人次和203.7万t。

管道:输油管道总长约2 370 km,2008年输送原油9 107万t,国内输送量2 269万t。

柏林中央火车站:位于市中心,是柏林继帝国议会大厦和勃兰登堡门后的第3座地标性建筑。车站犹如机场航站楼,地面轨道长320 m,地下月台长450 m,拥有80多家商店,购物面积达15 000 m²,全天24 h营业。连接巴黎和莫斯科的东西线列车从高出地面12 m处进出,而连接哥本哈根和雅典的南北线则在地下15 m深处通过,商业层与交通转换层位于轨道线之间,它是目前欧洲最大也是最现代化的中转车站。柏林中央火车站每天可以接纳30万乘客,能够停靠1 100次列车,其中远程列车164列,地方铁路区间列车314列,城市快速交通列车600列,以及今后可能还要增加某些线路的地铁列车。车站内安装了54座滚动式电梯,34座直升式电梯,真正做到无缝换乘。火车站无大型候车厅,乘客可以网上订票或在站内买票,也可以在车上购票,无检票设施,购票全凭自觉,如被查票员抽查到逃票,将予以重罚,还有损于个人信誉。整个火车站就是一个大型商业中心,站内设施配套齐全,以人为本，换乘非常方便。

## 3　交通融资

德国原来的高速公路建设投资主要来自联邦政府和私人投资，早期还有少量外来贷款，后期制定石油税收法后，则用汽车燃油税作为主要资金来源。政府按税收情况制定整个经济开支计划。资金分配的总原则是以各州汽车保有量的增加情况及整个联邦地区的交通关系和各地的急迫性调查为依据而确定。高速公路所有权为联邦政府，由联邦政府统一投资建设，建成后委托各州管理和养护。

随着高速公路建设投资压力的越来越大，联邦政府根据德国交通基础设施融资公司法成立了德国交通基础设施融资公司（VIFG），计划向在高速公路上行驶的大货车（LKW）收取养路费，目的之一就是让大货车承担起建设、维护、经营高速公路的部分费用。2005年开始征收载重卡车高速公路过路费，即对12 t以上的载重卡车，按照其车轴数量、尾气排放等级和高速公路行驶里程收取载重卡车高速公路过路费，专款用于国家公路建设、收费系统运行和改善交通基础设施。其收均列入德国国家财政预算与结算内，具体由德国交通基础设施融资公司（VIFG）负责支配。2009年、2010年、2011年载重卡车高速公路过路费收入分别为43.25亿欧元、45.10亿欧元、46.37亿欧元（预期）。载重卡车高速公路过路费系统成本、协同措施约需13亿欧元/年，载重卡车高速公路过路费净收入32亿欧元/年。目前，德国交通基础设施融资公司（VIFG）已提出拟对私人汽车收取通行费的建议，正处于全国各方面的议论之中，估计有待下届联邦政府决定。

## 4　工程建设

德国的高速公路建设可追溯到二次世界大战之前，从战略和经济发展目标出发，那时已计划在全国各主要城市之间建成高速公路。1949年联邦德国成立后，开始继续执行高速公路建设计划。1953年，制定了《联邦干线公路法》。1955年，颁布《交通财政法》，规定通过对汽车使用者征税来保障干线公路建设资金来源。1960年，又制定了《公路建设财政法》，规定将大部分燃油税收入专用于干线公路建设。1990

年，东、西德统一后，又开始执行 1991~2010 年州际高速公路发展计划，主要目标是向原东德地区推进高速公路建设，并建设与周边国家和地区相贯通的高速公路系统。

德国的高速公路由联邦交通部公路局负责制定规划和建设计划。委托各州的公路局建设和管理所辖境内的高速公路。联邦政府利用燃油税收入资助高速公路建设，州政府主要利用汽车保有税和公债收入投资公路建设。在各州直接从事高速公路养护管理的是高速公路养护工区。

德国公路建设的前期工作时间很长，从可行性研究、初步设计、与相关方面协调到政府批准，一般需要 5~7 年的时间，有的甚至更长。在这个阶段，公路建设主管部门根据任务需要，在某一阶段或全过程聘请咨询监理工程师参加，咨询监理工程师在其中起重要作用。公路建设时间一般需要 4~5 年，在这期间，由政府公路部门主导，对施工单位、监理单位进行招标，签订合同。开工后，工程质量由承包施工企业负责。承包人在工程建设中必须严格按照技术标准、规范、合同规定进行施工。公路建设部门派专业技术人员定期监督检查，监理工程师经常进行巡视检查。工程质量的检测一般依靠专门的检测机构。

德国政府对公路工程建设和工程质量的监管力度大，工作细致。德国的公路建设和养护管理都是政府财政开支，从项目的立项到工程最后的验收以及养护，一直没有离开政府的监管，很多环节都是政府直接做，只有在极少数的时候，委托给私人工程师。

德国公路建设管理的基本指导思想就是法治。项目立项要由议会通过，以立法的形式确定，虽然其程序复杂，但却很严肃，个人行为和一般集体行为都很难干预，不会出现"长官工程"，体现了科学、民主和民意。项目实施中，法律无处不在，难以协调解决的纠纷常常通过法律途径解决，违规者必受罚，质量意识通过法律手段树立起来，真正体现了质量和信誉是企业的生命，法律真正起到了威慑作用。

严格的质量保修期（缺陷责任期）和保证金制度是确保工程质量的有效手段。业主和承包商是合同关系，合同明确了质量目标、质量责任和保修要求。德国政府规定，公路建设工程保修期为 2~5 年，实际执行中，一般来说道路工程是 5 年，桥梁工程多在 5 年以上，根据项目的具体质量情况，业主可以延长或缩短保修期。同时，保证金高达 50%。因此，承包商必须自己进行贷款，如果一旦因为承包商的原因出现严惩的质量问题,其代价可能会很大,这是德国公路工程质量非常好的一个原因。

德国没有单纯的监理公司,公路工程质量主要靠管理人员、施工人员高度的质量意识来保证。工程开工前,进行充分的论证、精心的设计,施工过程中认真贯彻技术标准、规范,政府主管部门严格监督,监理人员认真负责。

德国公路路面多为沥青混凝土路面,其结构厚度为 55～85 cm,平均厚度为 70 cm。根据不同的交通需求选用不同的路面表层沥青混凝土:对于交通压力小到中的道路采用普通沥青混凝土;对于交通压力中到大的道路采用 SMA 沥青混凝土(马蹄脂碎石混合料);而为了降噪且防止雨天汽车轮胎卷起水雾的高速公路采用多孔隙沥青混凝土;对于交通压力较大的路段则采用浇注式沥青混合料。

德国公路建设质量可谓品质优良。高速公路小于 4%的平缓纵坡、2.5%的路面横坡以及较高指标的圆曲线半径都充分体现了"以人为本,安全至上"的设计理念。从装配式桥梁的施工质量可见工程管理之严谨和施工作业之精细。双层沥青混合料摊铺技术是一种新的工程方法,能使薄层结构类型的面层性能和沥青混合料连接层的抗变形能力达到最佳。

## 5 公路养护

由于德国公路早已形成网络,其公路投资和科技发展的重心已经转向养护与管理,形成了以预防性养护为主、以矫正性养护为辅的科学化养护体系,相应技术与设备已经非常成熟并达到了世界前沿水平。在沥青及沥青混合料技术性能评价及相关设备研制与应用方面积累了丰富经验,如道路状况检测与评价。道路养护所使用的 PMS 路面管理系统具有先进而实用的显著特点。在道路工程材料的回收利用和低噪声路面结构形式方面进行了深入研究,如有特殊表面结构的薄层路面等,其目的是找到耐久性、防滑性和低噪声的最佳组合的路面结构形式。

## 6 节能环保

德国在节能环保领域处于世界领先地位,其节能环保理念深入人心,政策面面俱到，措施渗透到生产、生活各个环节。时至今日，节能环保产业也已成为德国又一大支柱产业，为德国经济发展和生活水平提高做出了重要贡献。

德国是个汽车制造和使用大国，豪华型大排量汽车使用量颇大。为鼓励民众使用小排量环保汽车，德国出台了不少鼓励节约燃油政策。德国车辆燃油价格包含三种税：油税、增值税和环保税，其中环保税为2000年新增税种，而后逐步提高。车辆购置税是视排气量大小定税，排气量越大缴税越多，藉此鼓励民众使用小排量汽车。

世界知名品牌汽车奔驰、宝马、大众、保时捷等都是德国制造。德国政府和各大汽车生产商都对开发节能环保汽车极为重视，不惜斥巨资用于混合动力、电动车研发，其技术位居世界先进水平。德国政府去年批准了由德国经济部、交通部和环境部联合制定的"电动汽车国家发展计划"，目标是至2020年是德国电动汽车保有量达100万辆。该计划确定了今后10年将采取促进电动汽车发展的措施，重点促进电池作为电动汽车核心技术的研发，以生产节能、安全和可靠的电动汽车。联邦政府将与地方政府合作，加大对电动汽车基础设施的投入力度，包括建立电动汽车专用车道，停车位等，以鼓励民众购买电动汽车。

德国部分城市如柏林、汉诺威和科隆，从2008年1月1日开始设立环保区域，这些区域限制高排放量汽车驶入，从而减少空气中废气污染。

德国公路规划阶段要进行生态平衡风险分析和评估，充分体现了以人为本、保护自然的思想。德国高速公路两旁茂密的树林随处可见，沿线的隔音墙比比皆是，高速公路沿线路侧都设有用来收集雨水的水塘，特别是冬季撒盐融雪形成的盐水可以全部回收，避免污染农田。公路设计还专门设有保护动物的标牌和动物专用通道。德国大力研究并推广应用降噪路面，重点研究对旧的路面沥青混凝土进行热（冷）再生利用。北威州境内更有投资1.9亿多欧元、将原有4车道高速公路拓宽为部分8车道外加紧急停车带、结构由钢筋混凝土壁墙和钢筋混凝土吊顶架及防弹玻璃顶层组成的、即将建成1.5 km长的高速公路降噪隔音隧道项目，的确给人留下了深刻的印象。

初次走进德国，在有限的时间内对德国的综合运输和道路养护的感性认识多于理性认识，对于德国现代化的综合交通运输体系的先进技术和管理经验，有待于进一步深入地总结与研究。我将把这段经历打包放入厚重的资料箱中，并将其融入淮安"十二五"公路规划，在淮安1万多平方千米的土地上，把它们放飞。

# 第二部分 桥梁论文

## 一、装配式公路钢桥架设新方法

张玉恒

(江苏省淮阴市公路理处，江苏 淮阴 223001)

**摘 要**：本文提出了一种架设装配式公路钢桥的新方法——单排单层引导扩排法。该法利用桥跨自身必需的钢桥设备，或多用一节桁架就可架设双排单层钢桥，简便可行，安全可靠，节省设备。

**关键词**：装配式公路钢桥；架设方法；单排单层引导扩排法

## 1 前言

架设装配式公路钢桥的方法很多，如悬臂推出法、浮运架设法、就地拼装法等，其中悬臂推出法较为常用[1]。笔者通过多年来对悬臂推出法的学习认识和实践应用，提出了一种新的架设方法——单排单层引导扩排法，即充分利用桥跨自身必需的钢桥设备，或使用比桥跨多一节桁架的钢桥部件，架设双排单层钢桥，无须使用更多的钢桥部件辅助架设。

## 2 架设原理

首先，应用杠杆平衡原理，采用悬臂推出法将单排单层钢桥主体结构推出（牵引）至河流彼岸桥台。其次，应用循环原理将抵达彼岸桥台后单排单层钢桥的部件拆除，通过跨河钢桥倒运至此岸桥台后，并将此岸桥台后的单排单层钢桥顺次扩拼成双排单层钢桥，逐段向彼岸引导。如此依照"拆除、倒运、扩拼、引导"的程

本文刊于 1997 年 6 月 20 日《华东公路》(ISSN 1001-7291/ CN34-1097/U) 1997 年第 3 期总第 106 期。

序反复操作,遂将单排单层钢桥扩拼成双排单层钢桥。

## 3 架拆方法及步骤

(1) 在河流的此岸桥台后,将双排单层桥跨结构的钢桥部件,按单排单层的组合形式组拼,把其主体结构(桁架、加强弦杆、横梁、纵梁等)及相应的支撑连接结构,逐节组拼成鼻架和桥架两部分。采用悬臂推出法,将钢桥平稳而缓慢地推出(牵引)至彼岸桥台。在整个悬臂推出的过程中,必须保持钢桥的平衡,始终使钢桥的重心落在此岸桥台滚动支承点的后面,否则,应在钢桥尾部增加相应的配重。

(2) 将河流此岸桥台后的单排单层钢桥的后半部分拆除,与其前半部分合并扩拼成双排单层钢桥。

(3) 利用跨河的单排单层钢桥引导此岸桥台后的双排单层钢桥向彼岸移动。

(4) 将抵达彼岸桥台后的单排单层钢桥部件逐节拆除,同时在跨河钢桥上铺设人行道板,通过跨河钢桥倒运至此岸桥台后重复使用,续拼双排单层钢桥,并再次引导双排单层钢桥移向彼岸。

(5) 依照"拆除、倒运、扩(续)拼、引导"的程序循环架设,直至单排单层钢桥被扩拼成($N-1$)节双排单层钢桥($N$ 为钢桥跨径所需桁架节数),并在此岸桥端适时装上端柱。

(6) 在河流此岸,摇滚的纵向(垂直于河流方向)位置,通常设在桥座座板靠河边之一侧,使桥梁最后就位时,桥头端柱落在座板中心线上。如图1所示。摇滚与座板的中心距离为 1.00 m,至少为 0.75 m。当桥梁纵移到位后,端柱恰好对正座板中心时,利用千斤顶先将此岸桥端顶起少许,拉出摇滚,安好桥座,然后降落就位。

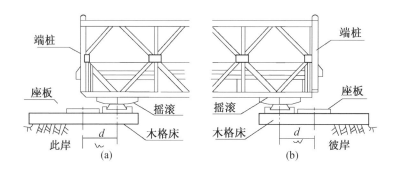

图 1 摇滚定位纵移

(7) 在河流此岸,或将摇滚置于座板背河一边,但必须在此岸桥台后另加长一节桁架,才能使桥头端柱落在桥座上。如图 2 所示。在此种情况下,桥梁降落比较困难,应谨慎操作。先利用千斤顶将此岸桥端顶起少许,拆除加长的一节桁架后,及时装上端柱,取出摇滚,安好桥座,然后降落就位。

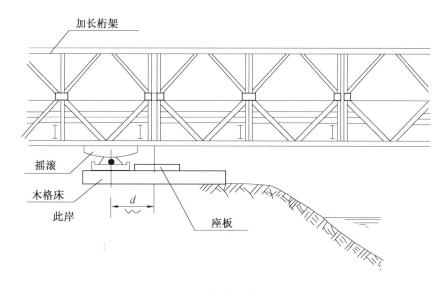

图 2 摇滚纵向布置

(8) 在河流彼岸,亦可将摇滚置于座板靠河一边。如图 1(b)所示。摇滚与座板的中心距离同样为 1.00 m,至少 0.75 m。当桥梁纵移到位,且此岸桥端落座就位后,即可拆除彼岸桥台后一节单排单层钢桥,将桥跨中剩余的一节单排单层钢桥扩拼成双排单层钢桥,并及时装上端柱,利用千斤顶将彼岸桥端顶起少许,拉出摇滚,安好桥座,然后降落就位。至此双排单层桥梁落座工作即告完成。

(9) 钢桥的拆除与架桥的方法相同,程序和步骤相反。

## 4 工程应用实例

### 4.1 工程概况

江苏境内 205 国道上某双曲拱桥为险桥,急需架设汽车便桥 2 座,以满足大交通量双向行车的需要,确保国道畅通。为此,选用装配式公路钢桥并列架设 2 座汽车便桥。便桥设计跨径为 36.00 m,排层组合为双排单层,结构形式为加强上下弦杆。单座钢桥桥面净宽为 3.70 m 单车道。设计荷载为汽车—20 级、挂车—100。河流两岸各设一个桁架组合式桥台,基础采用 25 MPa 现浇混凝土[2]。桥梁使用期为 1 年。

### 4.2 新方法应用简况

架设两座钢便桥时间紧、任务重。在仅有 2 座 36 m 跨径双排单层钢桥部件的情况下,先采用常用的悬臂推出法既方便又安全地架设完毕第一座钢便桥,并迅速交付使用。第二座钢便桥因缺少用作鼻架和配重使用的辅助架设部件,亦无浮船可用,无法采用悬臂推出法或浮运架设法一次直接完成架设任务。如采用在已建成的单排单层桥梁上加装桁架的方法,则需在桥面上反复装拆摇头扒杆,不仅工作量大,且不甚安全。因此,应用了单排单层引导扩排法,顺利地完成了第二座钢便桥的架设任务。

### 4.3 经济效益分析

由于第二座钢便桥架设采用单排单层引导扩排法,与采用最常用的悬臂推出法相比,节省了用作鼻架和配重使用的桁架 18 片及许多辅助架设部件,若以租用 1 年计算,可节约经费近 3 万元,从而降低了工程造价。

## 5 小结

单排单层引导扩排法是以悬臂推出法为基础，通过工程实践总结提出的架设装配式公路钢桥的一种新方法。实践证明，此方法具有节约设备、操作方便、安全可靠、经济可行等优点，但钢桥扩拼时倒运设备的工作量较大。此方法特别适用于利用桥跨自身设备架设双排单层钢桥，有一定的推广应用价值。

## 参 考 文 献

[1] 交通部公路规划设计院. 装配式公路钢桥架设说明[M]. 北京：人民交通出版社，1982.
[2] 交通部第一公路工程局. 公路施工手册：桥涵（下）[M]. 北京：人民交通出版社，1985.

# 二、3×30 m 双曲拱旧桥的改造施工

程 亮[1]　张玉恒[2]

（1. 江苏省交通科学研究院，江苏 南京 210017；
2. 江苏省淮阴市公路管理处，江苏 淮阴 223001）

**摘　要**：本文结合双曲拱旧桥的改造施工，介绍了拱肋的高低龙门安装方案、质量控制及施工工艺等。

**关键词**：双曲拱桥；加固改造；高低龙门；施工

## 1　概述

### 1.1　工程概况

205 国道 K1036+940.30 处的钱集大桥跨越北六塘河，位于淮阴县与沭阳县的交界处，桥两侧为人口密集的城镇居民区，该桥始建于建国初期，1968 年改建为永久性桥梁，上部采用 3 孔×30 m、矢跨比为 1/5 的双曲拱，主拱圈由 6 肋 5 波的拱波组成；下部结构为直径 100 cm 的钻孔灌注桩；桥面净宽 6.5 m+2×1.0 m（人行道），桥梁全长 109.38 m，原桥设计荷载为汽—15、履—50。

### 1.2　改造方案

经过充分的论证，考虑到尽量利用老桥，又能保持桥型的协调性，决定对老桥进行加宽和加固改造，加宽部分为单侧加宽，采用 4 根相同跨径工字形拱肋（图 1）；空腹式立柱，上铺行车道板的结构，加宽宽度为 6.00 m；对原有双曲拱拱肋采用加马蹄形的方法加固（图 2），并拆除原拱上结构，替换为轻型立柱结构；新老桥联结为一体，采用相同的拱轴线。下部结构采用加大原双曲拱桥墩、台断面，双侧增设直径为 1.20 m 的钻孔灌注桩，提高老桥承载力。

加固改造后的桥梁宽度为净—14.00 m+2×0.25 m（护轮带），荷载标准为汽—

---

本文刊于《江苏交通科技》2000 年第 3 期。

20、挂—100。

施工于1997年4月开工，当年年底完工。

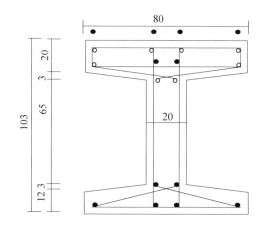

图1 工字形拱肋横断面图(单位：cm)

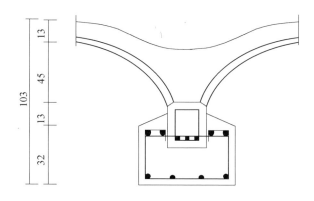

图2 加固马蹄形横断面图(单位：cm)

## 2 拱肋预制

全桥共12根工字形拱肋，每根质量约39 t，为便于安装，每根分3段预制。由于受场地限制，采用并排卧式整体预制，叠加2层高度，如果模板基底承载力较好，还可以加到3层。

## 3 拱肋安装

### 3.1 拱肋安装方案比较

拱肋的安装有多种方案可供选择[1]，但经过认真地比选，其他方案都不能实施，最终确定高低龙门方案为最佳安装方案。各种方案比较见表1。

表1 拱肋安装方案比选表

| 方案 | 主要机械或步骤 | 可行性 | 主 要 原 因 |
|---|---|---|---|
| 方案一 | 吊车配合平板运输车在老桥上安装 | 不可行 | ①原桥荷载标准低，重车安装风险大；②原桥北孔拱波已出现裂缝；③国道线不能中断交通 |
| 方案二 | 浮吊或浮箱 | 不可行 | ①该河道为排洪性河流，河床浅，受上游过境水影响，水位高低差达4 m，人为无法控制；②河床断面变化大，中孔主河床深，边孔为冲积二级河滩 |
| 方案三 | 缆索安装 | 不可行 | 索塔后方为国道和居民房，找不到合适的锚固点 |
| 方案四 | 高低龙门 | 可行 | ①龙门架纵横向移动方便；②拱肋安装定位调整方便；③分离施工，不影响交通；④充分利用老桥；⑤运梁、喂梁方便；⑥同时可以安装行车道板等其他构件 |

注：要将13 t梁吊到7 m以外，必须使用50 t以上的吊车。

### 3.2 高低龙门安装

该高低龙门一套为两组龙门架，之间用钢丝绳联结，可以调节长短，龙门的高腿通过平板滚龙立于纵向贝雷梁上，低腿则位于原老桥一侧边缘的桥面上，通过平板滚龙立于桥面的轨道之上。纵向移动靠4台5 t卷扬机来回牵引，横向移动通过龙门顶上的天车移动；天车上垂下大吊钩，由5 t卷扬机通过4门的葫芦提升。高低龙门如图3所示。

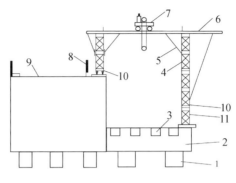

图3　高低龙门架横断面图

1—灌注桩；　2—桥墩；　3—拱肋预留槽；4—贝雷架；　5—加固斜撑；　6—工字钢；
7—天车；8—临时封闭栏杆；9—老桥桥面；10—纵向轨道；11—纵向贝雷架

拱肋出坑，采用油顶顶托，横移；到位后用扒杆提升翻转，然后上轨道平板车。工字形拱肋吊点布置如图3所示。吊点吊环是采用$\Phi22$圆钢钢筋制作而成的。

### 3.3　质量控制

对于3孔的双曲拱，应防止连拱效应和纵向推移现象，应对应地纵向一根一根安装，严格控制轴线和标高，拱肋的预拱度按下式控制[2]：

$$\delta x = L^2/5\,000f$$

式中　$\delta x$——预拱度，m；
　　　$L$——计算跨径，m；
　　　$f$——矢跨比。

## 4　旧双曲拱加固

### 4.1　拆除旧桥[3]

考虑到旧桥较长，拱上建筑废料较多，不能抛于河道中，并遵循均衡对称的卸载原则，经过卸载计算和卸载过程中的不断观察，确定了下列卸载施工方案：

（1）全桥沿纵向分成3条，每条宽2.00～2.50 m，中间1条保留作为施工便道，便于出料、人员进出、吊车作业等。

（2）先拆除两侧的各2.50 m范围内的桥面结构，再拆拱上填料至跨中拱顶平。

（3）拆空腹段填料。

（4）拆便道，从中孔对称地拆。

（5）拆除墙式立柱和底座，拆除结束。

拆桥完毕，由于恒载卸去，发现波形拱板和拱波发生明显回弹分离、上翘，形成起壳现象；经测量，拱跨顶部拱背回弹达2.00 cm，但在纵向没有发现桥墩位移。因此，可以判断，老桥的拱板和拱波之间没有足够的钢筋联结，经加固后的桥墩台具有足够的强度。

### 4.2 马蹄形加固

采用悬空吊点脚手架，进行马蹄形加固施工。马蹄形施工每隔1.00 m打一道对称钢筋对穿眼，$\phi 16$钻头，混凝土振捣时以采用2.20 cm直径的振动棒为宜。

## 5 体会

经过1年多的运营，达到预期改造效果。对于多孔旧双曲拱桥的改造，在施工中也发现了一点问题，尚待以后的双曲拱桥改造中解决：

（1）对于3孔的双曲拱桥，其上部结构属于柔性，行车产生一定幅度的振动，而桥面铺装采用刚性连续桥面铺装，在空、实腹段交接处易发生横向裂缝。

（2）旧桥与新桥部分进行联结时，由于新桥桥面部分在通车时有活载作用，因此新、老桥联结处的混凝土在初期出现开裂。鉴于这种联结可能会影响新、老桥的整体刚度，因此建议新、老桥宜采用分离式设计。

## 参 考 文 献

[1] 郭永胜，叶见曙. 桥梁技术改造[M]. 北京：人民交通出版社，1991.

[2] 范立础. 桥梁工程[M]. 北京：人民交通出版社，1990.

[3] 交通部第一公路工程局.公路施工手册：桥涵[M]. 北京：人民交通出版社，1985.

# 三、一种拆建桥交叉作业的施工方法

魏　峰　张玉恒

（江苏省淮安市公路管理处，江苏 淮安 223001）

**摘　要**：介绍了一个利用老桥建新桥，利用新桥拆老桥的工程实例。有效地控制了工程工期，节约了工程投资。

**关键词**：拆桥；建桥；交叉；方法

## 1　概况

某桥位于省道干线道路，跨越一船闸引河，该河为Ⅶ级通航河流，老桥由水利部门于80年代初建成。老桥由两座并列设置的拱桥组成，上部构造为单孔净跨60.00 m的等截面双室箱形拱，下部构造为扩大基础,现浇片石混凝土箱形桥台。桥梁总长86.40 m，桥面宽为0.50 m人行道+8.50 m行车道+1.00 m分隔带+8.50 m行车道+0.50 m人行道，总宽19.00 m。为了提高桥梁荷载等级，需将老桥拆除，在原桥位处重建新桥。新桥采用钻孔灌注桩基础,柱式墩台，上部构造为预应力混凝土简支T梁，跨径为（27.00+30.00+27.00）m，桥梁总宽15.00 m，总长89.42 m。新建桥梁与老桥中心一致。为了保证老桥改造过程中不中断交通,在原桥位西侧并列架设汽车钢便桥两座。

## 2　工程施工方案的确定[1]

如何选择最经济、合理的施工方案,使拆桥和建桥相结合，而不是分离、孤立地进行，成为选择施工方案的出发点。首先考虑老桥拆除方案，由于老桥拆除工作的难点为主拱圈的拆除，故考虑分两阶段实施。第一阶段先拆除主拱圈以上部分，第二阶段拆除主拱圈。因要保证河道通航，且通航水位较浅，所以无法利用大吨位浮吊将拱圈整体吊走。对主拱圈的拆除考虑了3种方案[2]：

---

本文于2001年10月20日发表在《华东公路》（ISSN 10017291/CN34-1097/U）第 5 期（总第 132 期）。

（1）缆索法拆除。

（2）浮箱法拆除。

（3）导梁法拆除。

考虑到方案（1）技术要求高，施工难度大，安全系数低，受施工场地限制，只能设 1 对扒杆，不能全方位拆除吊运，使得拆除工作速度较慢。同时，缆风绳占用两端路面范围较大，影响到拆除构件装车吊运及正常行车。方案（2）拆除时要短时断航，无法保证航道通航的要求。而方案（3）即导梁法拆除方案综合考虑了拆老桥与建新桥相结合，建立在利用新桥桥墩作为老桥拱圈拆除时的支撑排架，能完全保证通航净空的要求，不会影响通航，且安全系数较高，起吊重量大，架设的导梁继续用作新桥 T 梁安装，有利于缩短工程工期，并节约工程投资。

## 3 施工程序

**3.1** 拆除桥面混凝土铺装层、栏杆扶手。在新桥钻孔桩桩位处拆除老桥部分桥面板及拱肋之间的顶板与底板，利用老桥作为钻孔平台及浇桩作业场地，进行新桥钻孔桩施工。

**3.2** 钻孔桩施工完毕进行系梁和立柱施工。

**3.3** 在新桥河中两桥墩外侧垂直于拱肋方向 4 个点各设 1 个钢沉井基础，同时在河中心方向距桥墩中心线 5.00 m 处横向各设立 5 个钢沉井基础。钢沉井采用壁厚 10 mm、直径 2.00 m、长 6.00 m 的钢护筒，用 2 只 50 t 油压千斤顶顶老桥反压入土，并将钢护筒中的水抽干，清除淤泥，加焊一层钢筋网，浇封底混凝土，如图 1 所示。

**3.4** 在新桥墩钻孔桩系梁上以及两排钢沉井基础上横向搭设贝雷片，用以顶托旧桥拱肋。

**3.5** 在两排钢沉井基础贝雷片上顺桥向架设 21 m 长贝雷片 5 组，上铺方木、钢板以形成满膛脚手，防止拆除旧桥主拱圈时有落渣影响航行安全，并满足两排钢沉井基础间通航净空 18.00 m×3.50 m 的要求，如图 2 所示。

图 1 新桥系梁立柱施工完毕后,在其外侧反压钢护筒施工示意

图 2 顶托旧桥拱圈满膛脚手示意

**3.6** 在墩桩系梁横桥向贝雷排架上竖起 $\varPhi$ 50 cm 钢管柱穿过旧桥,同时在钢沉井基础排架上相应位置架设贝雷片,作为拆桥导梁支架。拆桥导梁长 90.00 m,为双排单层下缘加强型,如图 3 所示。

图 3　架立拆桥导梁施工示意

**3.7**　拆除老桥桥面板,此时可用吊车吊运。

**3.8**　拆除老桥主拱圈上部立柱及盖梁,用导梁吊运。

**3.9**　每根拱肋划分为 5 段,中间 1 段长 16.00 m,质量控制在 30 t 以下。在拆除每一段拱肋前,先拆除相连接的上、下层拱板和横隔板。用吊具吊牢将要拆除的主拱段,注意吊点对称、位置合理,然后凿除分段处的混凝土,割断钢筋,拆除运走主拱肋。

**3.10**　主拱圈拆除时,左右双幅桥需按拆除顺序依次对称进行卸载。

**3.11**　老桥拆除完毕后,进行新桥墩、台帽施工,利用拆桥导梁安装 T 梁,如图 4 所示。

图 4　老桥拆除完毕后,拆桥导梁用以安装新桥 T 梁示意

## 4 结语

本工程整个拆桥、建桥工期 10 个月,较原定工期提前 1 个月完成任务。这种拆桥与建桥相结合交叉作业的施工方法,经实践证明科学、合理,具有明显的社会效益和经济效益,可供有关旧桥改造工程施工借鉴。

## 参 考 文 献

[1] 交通部第一公路工程总公司. 公路桥涵施工技术规范:JTJ 041—1989[S]. 北京:人民交通出版社,1989.

[2] 交通部第一公路工程总公司. 公路施工手册:桥涵[M]. 北京:人民交通出版社,1999.

# 四、运用冲击成孔技术处理钻孔灌注桩断桩

张玉恒　魏　峰

(江苏省淮安市公路管理处，江苏　淮安　223001)

**摘　要**：钻孔灌注桩断桩后，常用加桩浇承台即俗称"挑扁担"法处理，这样一要变更结构设计，二则加大工程数量，三是增加施工难度。而运用冲击成孔技术处理钻孔灌注桩断桩，经工程实践证明，其技术成熟。

**关键词**：灌注桩；断桩；冲击；成孔；处理

某桥主跨为 54.80 m 钢管混凝土系杆拱，主跨 2 个桥墩均采用钻孔灌注桩双桩承台基础现浇钢筋混凝土薄壁墩身。钻孔灌注桩的桩径为 2.00 m，桩底设计标高为 -36.60 m，桩顶设计标高为 +8.50 m，桩长 45.10 m。桩长范围内工程地质层多为砂土层，间夹黏土层。桥墩两桩中心距离为 5.30 m，其净距为 3.30 m。主跨两桩中心距离为 53.04 m，其净距为 51.04 m。主跨按Ⅳ级航道标准 45.00 m 宽设计。

## 1　断桩的发生

该桥主跨 2 个桥墩共 4 根 2.00 m 钻孔灌注桩，施工单位采用正循环回转钻孔法顺利地完成了 3 根 2.00 m 钻孔灌注桩施工任务，当进行最后一根 2.00 m 桩的混凝土浇筑时，由于采用测深锤法测深，探测者对手中所提测锤在接触混凝土顶面以前与接触混凝土顶面以后不同重力的感觉判断失误，且没有及时用已灌入的混凝土数量校核，导管提漏，因此发生夹层断桩。当发现测深失误时，桩身混凝土已浇至标高 -8.60 m 处，经对测深记录进行检查分析，断桩截面大约位于标高 -18.00 m 处，其上 9.40 m 处桩身已浇成混凝土和泥浆的混合体，如图 1 所示。

---

本文入选《江苏省交通工程质量创优论文集（2000~2001）》，并获得《江苏省交通工程质量创优论文集（2000～2001）》优秀论文三等奖。

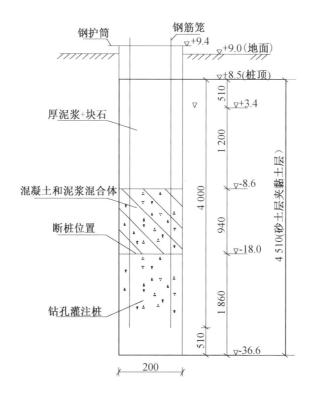

图 1　断柱立面示意（标高单位：m；尺寸单位：cm）

## 2　断桩的处理

### 2.1　方案选定

面对该桥主孔为Ⅳ级通航标准净空，且主跨两墩的 4 根基桩已完成 3 根这一现状，如何选择较为经济、合理而又可靠的处理方案，成为该工程建设、设计、施工、监理各方所面临的一个现实问题。

#### 2.1.1　加桩处理方案

针对断桩，设计单位的意见是建议采用加桩处理方案，即在断桩的两侧各增加 1 根基桩，并在新增加的 2 根基桩顶部浇筑 1 个承台，俗称"挑扁担"法处理[1]。一种方法是横桥向加桩，即沿桥墩中心线在断桩桩位两侧各加 1 根基桩，再增设 1 个承台。这种方法桩间距无法满足设计规范要求。

另一种方法是顺桥向加桩,即顺桥向在断桩桩位两侧各加 1 根基桩,再增设 1 个承台。但纵向加桩并设置承台,将压缩河床断面,对主孔Ⅳ级航道标准净空尺寸产生影响。如将所设承台降至规划河床线以下,那么,实施承台将面临钢板桩围堰作业等较大的工作量和施工难度。

### 2.1.2 冲击成孔处理方案

冲击成孔法作为一种桩基础施工方法[2],因其技术成熟,设备简单,应用较为普遍,其突出优点为适用的地层和土质十分广泛,可谓是"无坚不摧"。该技术用于处理断桩也有很多成功的实例和经验。该工程如用冲击成孔法处理断桩,具有三大显著的优势:其一,可在原桩位处彻底清除断桩,重新成桩,无须变更设计,不使工程遗留缺憾;其二,冲击成孔时钻渣被挤入孔壁,可起到加强孔壁并增加土层与桩身间的侧摩阻力的作用,从而确保成桩质量;其三,与加桩方案相比,工程数量小,设备简单,工期短,经济可靠。

针对上述两种方案,经工程参建各方共同研究,为了不使该工程遗留缺憾,确保工程质量,决定采用冲击成孔处理方案处理断桩(俗称"砸桩")。

## 2.2 方案实施

### 2.2.1 选择机具

采用卷扬机带动冲击锥的简易冲击钻具,包括 30～50 kN 带离合器的双筒卷扬机、简易钻架、转向装置、电磁铁和锥头等,钻架及设备由施工单位依据工地条件自行设计组拼,如图 2 所示。

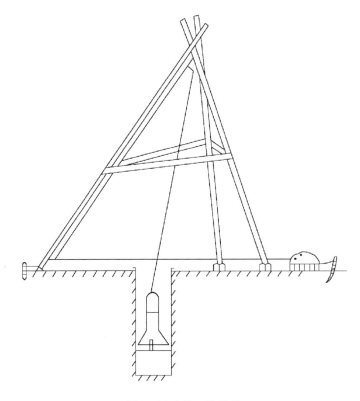

图 2　冲击锥工作示意

卷扬机主机功率为 100 kW，其牵引力为 100 kN，钢丝绳规格为（6×37＋1），其直径为 32.5 mm。锥头为整体浇铸的十字形实心锥头，锥头直径为 2.00 m，其自身质量 8 t，如图 3 所示。

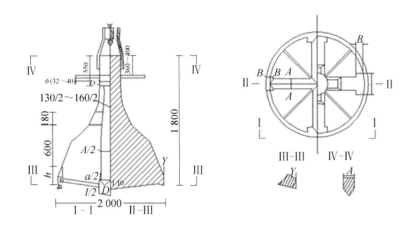

图 3　十字形冲击锥(单位：mm)

### 2.2.2　造孔固壁

由于孔周土质为砂土，结构较软，必须对护筒底向下约 12.00 m 范围未浇混凝土部分予以填石冲击造壁。在断桩桩孔内填入适量片石（约 5 t），通过卷扬机带动十字锥头锤击片石开始进行孔口造壁工作，同时，适时加入适量水泥（共约 1.3 t），通过反复冲击作用后用以护壁和固孔。

### 2.2.3　制浆浮渣

与一般正循环回转钻孔的制浆浮渣工艺一样。但在冲击过程中为了增加孔内泥浆的相对密度和黏度，以增大孔内泥浆的浮渣能力，分批向孔内投入优质黏土共约 120 m³。

### 2.2.4　冲击进尺

通过卷扬机提升十字锥头，使其产生势能，然后冲击断桩桩身混凝土和钢筋。每次将锤头提升的高度以 2.00 m 左右为宜，如此反复，昼夜进行。已浇混凝土桩身上部 21.40 m 长度范围内，每昼夜锤头平均进尺为 1.00 m 左右；已浇混凝土桩身下部 18.60 m 长度范围内，每昼夜锤头平均进尺为 2.00 m 左右。桩身混凝土被冲击成粒径为 6~7 mm 的沙砾状，随循环泥浆浮出。桩身骨架钢筋被冲击成 30 cm 以内长短不一的钢筋条，采用规格为 70 cm×26 cm 的电磁铁适时将其打捞出孔。整根断桩累计冲击进尺 40.00 m，历时 30 个昼夜。

冲击进尺期间，如因机械故障等需要停止作业而进行维修时，必须先将冲击锥锥头提出孔外，方可停止作业，以防止锤头在孔内停置时间过长，造成沉浆埋锤，使其难以提出或继续使用。

### 2.2.5 维护设备

冲击锥头上下反复运行，易于磨损，其径向尺寸平均 5～6 d 即被磨去 2.00 cm 左右，因此，要经常性地检查锤头直径，防止因锤头磨损而影响桩径。如发现锤头被磨损时，要及时加焊其刃脚，用优质焊条焊上耐磨层，特别加强，以保证其直径不小于 2.00 m。

牵引锥头用的钢丝绳磨损也较大。一般每隔 12 h 交接班时要将锤头提出孔外一次，对钢丝绳磨损情况进行仔细检查，以防止断绳卡锤事故的发生，如果发生严重磨损，应适时更换钢丝绳。本方案实施过程中，对钢丝绳进行了一次更新替换。

### 2.2.6 清孔与检孔

由于冲击成孔后，孔内泥浆含砂率较高，相对密度较大，黏度偏小，所以采用陶土粉（约 2 t）、加石碱（约 100 kg）制备混合泥浆来加快清孔的速度。陶土粉的作用是增加浆面相对密度和黏度，石碱的作用是减小泥浆颗粒的吸附力。清孔共用了 5 个昼夜，清孔结束时经测定孔内泥浆指标为：黏度 18 Pa·s，含砂率 3%，相对密度 1.13，满足施工规范要求。

检孔应贯穿冲击成孔过程的始终。对桩位要经常校核，防止锤头偏离桩位中心，并注意保证其成孔的垂直度。必须保证孔径不小于设计桩径，扩孔率不大于 1.2，孔深达到设计标高。

本桩冲击成孔后，测得其桩位平面尺寸偏差为纵、横向各 1.00 cm。其他技术指标满足设计要求。

### 2.2.7 灌注桩身混凝土

清孔和检孔结束后，及时安装钢筋笼和灌注水下混凝土，其方法同常规施工一样。通过实际灌注混凝土数量与理论计算所需混凝土数量进行对比计算，求得其扩孔系数为 1.1。

### 2.2.8 柱身质量检测

桩身混凝土灌注 10 d 后，对其进行无破损检测，结果表明其波形明显优于同类桩，达到了 A 类桩标准，桩身质量优良。

## 2.3 成本简析

该工程断桩处理的冲击成孔工程成本约为 7 万元，共成孔 40 m，折合 1 750 元/延米孔深。详见冲击成孔工程成本分析表（表1）。

表1 冲击成孔工程成本分析表

| 序号 | 项目 | 单位 | 数量 | 单价 | 合价/元 | 说明 |
|---|---|---|---|---|---|---|
| 1 | 人工 | 工日 | 350 | 30 元/工日 | 10 500 | 按 10 人计 |
| 2 | 片石 | t | 5 | 60 元/t | 300 | 造孔用 |
| 3 | 水泥 | t | 1.3 | 310 元/t | 403 | 护壁用 |
| 4 | 陶土粉 | t | 2 | 220 元/t | 440 | 制浆用 |
| 5 | 石碱 | kg | 100 | 1.4 元/kg | 140 | 制浆用 |
| 6 | 黏土 | m³ | 120 | 35 元/m³ | 4 200 | 制浆用 |
| 7 | 钢丝绳 | t | 0.222 | 6 000 元/t | 1 332 | |
| 8 | 动力电 | d | 35 | 800 元/d | 28 000 | |
| 9 | 机械费 | d | 35 | 100 元/d | 3 500 | 折旧及维修 |
| 10 | 其他费用 | 元 | | | 2 000 | 估列 |
| 11 | 小计 | 元 | | | 50 815 | |
| 12 | 综合间接费 | 元 | | | 18 293 | |
| 13 | 合计 | 元 | | | 69 108 | 11+12 |

## 3 结论

钻孔灌注桩断桩的处理方法较多，运用冲击成孔技术处理钻孔灌注桩断桩也是一种行之有效的方法。本文通过工程实例对其进行了归纳总结，工程实践证明，其技术成熟，施工简便，经济可行，质量可靠，结构设计；可供同行参考。

# 参 考 文 献

[1] 交通部第一公路工程总公司. 公路桥涵施工技术规范：JTJ 041—1989[S]. 北京：人民交通出版社，1989.

[2] 交通部第一公路工程总公司. 公路施工手册：桥涵（上册）[M]. 北京：人民交通出版社，1999.

# 五、双拼式矮塔斜拉桥结构设计与分析

张玉恒

(淮安市航道管理处,江苏 淮安 223001)

**摘 要**:双拼式矮塔斜拉桥由单索面矮塔斜拉桥双拼加宽而成,采取整体设计、分期建设的方式,既可缓解建设投资压力,又能满足交通量增长需求,对于改(扩)建桥梁工程还能够减少施工期间对交通的影响。文章结合工程实例对其结构体系设计与施工进行探讨,供类似工程设计与施工参考。

**关键词**:双拼式矮塔斜拉桥;结构体系;结构设计;技术特点

## 1 背景技术

矮塔斜拉桥又称部分斜拉桥,主要是由墩台、桥塔、主梁、拉索等组成,作为一种新兴的组合体系的桥梁结构形式,兼有斜拉桥和连续梁桥二种桥型的结构优点,具有较大的刚度和较低的桥塔高度,桥型美观,跨越能力大,在100~300 m 跨径范围内具有很强的竞争力,是一种很有发展潜力的桥型结构。近10年来,其发展速度尤为迅猛,在全世界范围内已有近百座矮塔斜拉桥建成,其中有50余座在我国境内[1]。

研究发现,具有单箱梁结构的单索面矮塔斜拉桥,其单索面位于单箱梁结构的中线上。如果将2座单箱梁结构的单索面矮塔斜拉桥进行横向拼接,即拼接合成后成为一座双索面矮塔斜拉桥,不仅可以增加桥梁的通行能力,而且可以进一步优化桥塔、主梁的结构设计来降低桥梁建设成本,适用于一次性整体规划设计而分期加宽建设实施的公路或城市桥梁,或为利用老桥位改(扩)建新桥时提供一种半幅施工半幅通车的建设方案[2]。

本文刊于《现代交通技术》2015年10月第12卷第5期,并入选《江苏省公路学会学术年会论文集》(2015年),荣获优秀论文奖。

## 2 双拼式矮塔斜拉桥结构体系分析

双拼式矮塔斜拉桥的结构主要由塔、梁、索、横梁和墩组成，它的总体特点是塔矮、梁刚、索集中布置，属于高次超静定结构，其成桥状态（包括内力状态和线形状态）由结构荷载布置方式、边界支撑条件、梁体内预应力布置及体外斜拉索索力分布共同决定。该类结构桥梁具有斜拉桥和梁式桥的双重特性，受力特征在很大程度上取决于四大承载构件的刚度，即斜拉索、主塔、主梁及横梁的刚度，或者更确切地说，其受力特性主要取决于四大承载构件的相对刚度。

双拼式矮塔斜拉桥以梁的受弯、受压和索的受拉来承受竖向荷载。斜拉索的竖向荷载承担率不超过30%或斜拉索在活载作用下的应力变化幅度不超过50 MPa。双拼式矮塔斜拉桥的拉索更像体外预应力，它的主要承重结构是主梁，拉索只起辅助作用。当采用单索面时，拉索对主梁抗扭不起作用，主梁应采用抗扭刚度较大的截面；当采用双索面时，作用于桥梁上的扭矩可由拉索的轴力来抵抗，主梁可采用较小抗扭刚度的截面。

## 3 双拼式矮塔斜拉桥结构设计与计算

### 3.1 结构设计

双拼式矮塔斜拉桥由并排设置的2座独立的单索面矮塔斜拉桥，通过横梁进行双拼而从结构上连接成整体。单索面矮塔斜拉桥的结构体系采用塔梁固结、塔墩分离体系，在塔与梁下面的墩顶设置盆式支座，选用预应力钢筋混凝土箱梁或钢箱梁。2座独立的单索面矮塔斜拉桥之间采用钢筋混凝土横梁刚性连接（也可采用预应力混凝土箱梁作为横梁刚性连接），即在2个单索面矮塔斜拉桥的箱梁之间增设横梁，与斜拉索所拉箱梁内的横隔板（梁）、墩顶横梁、端横梁刚性连接。桥面宽度用两箱梁间增设的横梁的长短来调节，可以做成双索面宽幅矮塔斜拉桥。桥梁的桩基础、墩台及墩台顶的盆式支座由双索面（宽幅）矮塔斜拉桥结构状态来总体控制设计或选型，分期（或分幅）建设实施。

(1) 主梁。

主梁采用双箱梁加横梁组合体系的整体式断面,采用预应力混凝土箱梁或钢箱梁。箱梁宜采用单箱双室或单箱三室结构,且斜拉索索面位于单箱梁的中心线上。主梁梁底线形宜选用 2 次抛物线,当跨径大于 200 m 时主梁梁底线形宜选用 1.8 次抛物线。

(2) 横梁。

根据双拼式矮塔斜拉桥的桥宽和主梁的结构材料,可以选用钢筋混凝土横梁、预应力混凝土横梁和钢横梁。

①采用预制安装钢筋混凝土横梁,吊模现浇其湿接头,并对湿接头混凝土采取早强措施或者吊模现浇钢筋混凝土横梁。钢筋混凝土横梁可以与预应力混凝土箱梁悬浇施工同步悬浇或悬拼,亦可待预应力混凝土箱梁悬浇合拢后进行悬浇或悬拼。

②采用预应力混凝土横梁,并与预应力混凝土箱梁悬浇施工同步悬浇,然后再对其施加横向预应力。

③采用钢横梁,并与钢箱梁悬拼施工同步拼装。

(3) 桥面板。

可以根据工程项目的实际情况选择预制拼装桥面板或者整体现浇桥面板。

(4) 墩台。

双拼式矮塔斜拉桥的墩台宜在双箱梁下面对应地设置分离式墩台及其群桩基础。

## 3.2 结构计算

2 座单索面矮塔斜拉桥之间采用刚性连接进行拼接后,单索面矮塔斜拉桥结构转换为双索面矮塔斜拉桥结构,双索面之间的主梁由空间双悬臂结构受力体系转变成了空间梁格结构受力体系。设计时根据受力体系转换前后的主梁受力状态及其受力大小,拟定主梁各部位尺寸并对其进行配筋设计和验算。

(1) 斜拉索索力计算。

根据双拼式矮塔斜拉桥主梁受力为主的特点,考虑计算简便,可按以下步骤确定斜拉索索力。①按构造分布拉索;②通过初定总索力竖向承担力不超过恒载的 30%,确定单根索的股数;③建模计算。根据最大索应力、应力幅、梁受力适当调整单根索股数,在充分发挥梁作用的前提下,体现索的帮扶作用。

（2）计算模型选择[3][4]。

双拼式矮塔斜拉桥的桥面较宽，双索面宽幅矮塔斜拉桥空间受力效应明显，不宜按单梁法计算。而按空间有限元计算又过于烦琐，为了能够兼顾分析横隔梁受力，宜按梁格法建模进行总体受力计算，既简便又不失精度。

### 3.3 实施步骤

（1）按照双拼式矮塔斜拉桥方案，即双索面宽幅矮塔斜拉桥一次性整体规划并设计拟新（改）建公路（或城市）桥梁。

（2）对于新建桥梁工程，先实施双拼式矮塔斜拉桥的半幅桥梁中的单索面矮塔斜拉桥，采用单箱三室（或多室）箱梁、挂蓝悬浇法或预制悬拼法施工，双拼式矮塔斜拉桥的另外半幅桥梁根据交通量增长等需要分期建设实施。

（3）对于老桥改扩建工程，先在老桥一侧实施双拼式矮塔斜拉桥的半幅桥梁中的单索面矮塔斜拉桥，采用单箱三室（或多室）箱梁、挂蓝悬浇法或预制悬拼法施工，待其成桥开放交通后再拆除老桥。

（4）依据拓宽桥梁的需要，拓宽实施双拼式矮塔斜拉桥的另半幅桥梁中的单索面矮塔斜拉桥，同样采用单箱三室（或多室）箱梁、挂篮悬浇法或预制悬拼法施工。

（5）在两箱梁之间实施连接横梁，采用吊架现浇法或预制安装法施工，完成由单索面矮塔斜拉桥结构向双索面（宽幅）矮塔斜拉桥结构的桥梁结构受力体系的转换。

（6）在已完成的连接横梁上采用承托模板现浇钢筋混凝土桥面板、调平层并铺筑桥面，将分期实施的2座单索面矮塔斜拉桥拼成一座双索面（宽幅）矮塔斜拉桥。

## 4 工程案例

### 4.1 江苏省丹阳市齐梁路京杭运河大桥主桥[5]

江苏省丹阳市齐梁路京杭运河大桥，主桥为（70+120+70）m双塔双索面预应力混凝土矮塔斜拉桥，总体采用塔梁固结、墩梁分离的形式，主梁采用双箱梁加横梁组合体系，桥面全宽43.00 m，采用整体式断面，主塔（即拉索区）设于侧分带，塔中间为双向6车道，塔外侧为非机动车道和人行道。其主桥横断面布置图如图1所示，于2014年12月主体建成。

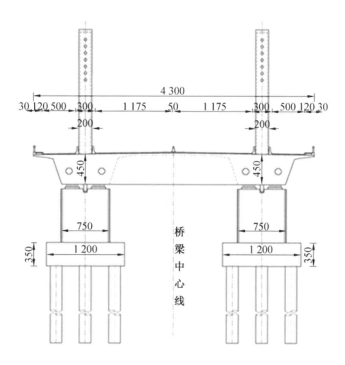

图 1 江苏省丹阳市齐梁路京杭运河大桥主桥横断面布置图（单位：cm）

## 4.2 江苏省淮安市西绕城公路京杭运河特大桥拓宽工程[6]

205 国道江苏省淮安市西绕城公路京杭运河特大桥横跨淮安市区里运河和京杭大运河，桥长 1 207.53 m，桥宽 26.00 m，按双向 4 车道标准建设，主桥结构为单索面矮塔斜拉桥，主跨 175.00 m，主塔高 32.00 m。

以 205 国道江苏省淮安市西绕城公路京杭运河特大桥进行双拼为例，双塔中间设双向 8 车道，双塔外侧设慢车道和人行道，则其双拼式宽幅矮塔斜拉桥的横断面组成为：栏杆 0.50 m +人行道 5.00 m +慢车道 7.50 m +侧分带 2.50 m（护栏 0.50 m +索塔区 1.50 m +护栏 0.50 m）+快车道 12.50 m（路缘带 0.50 m +行车道 3.75 m×3 +路缘带 0.75 m）+快速公交道 BRT8.00 m +快车道 12.50 m（路缘带 0.75 m +行车道 3.75 m×3 +路缘带 0.50 m）+侧分带 2.50 m（护栏 0.50 m +索塔区 1.50 m +护栏 0.50 m）+慢车道 7.50 m +人行道 5.00 m +栏杆 0.50 m。桥面总宽达 64.00 m。双拼加宽后的 205 国道江苏省淮安市西绕城公路京杭运河特大桥的横断面图如图 2 所示。

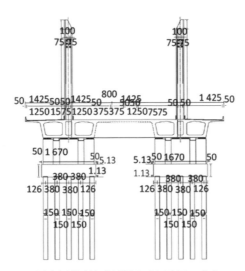

图 2 双拼式矮塔斜拉桥横断面布置图（单位：cm）

## 4.3 江苏省淮安市武黄线京杭运河大桥[7]

江苏省淮安市武黄线京杭运河黄码大桥，位于武黄线终点处，于 1992 年建成通车，桥梁跨越京杭运河。老桥主桥为预应力混凝土 T 形刚构桥，主孔跨径 40 m，T 形刚构挂梁及引桥均为 20 m 预应力混凝土 T 梁。桥梁全长 320 m，全宽 11.5 m。桥梁设计荷载等级为汽车—20 级。主桥在汽车荷载作用下竖向变形较大，致使行车舒适度较差，且主孔跨径较小，过往船只经常碰撞桥墩，存在较大安全隐患。经检测，该桥被评定为四类桥，必须进行改建。

该桥改建方案设计时，建设单位曾经推荐的主桥比选方案之一是采用（85+145+85）m 的双索面宽幅矮塔斜拉桥，可由 2 座单索面矮塔斜拉桥进行双拼加宽而成。将老桥改（扩）建成双拼式矮塔斜拉桥，其施工方法是先在老桥一侧建设一座单索面矮塔斜拉桥作为新桥的半幅，先行使用，再拆除老桥后建设另一座单索面矮塔斜拉桥作为新桥的另半幅，最后将 2 座单索面矮塔斜拉桥拼接成为双索面宽幅的双拼式矮塔斜拉桥。此比选方案的显著优点是采取整体设计，分期建设，对于改（扩）建老桥能够满足施工期间不中断交通的需求，同时节省施工期间便桥通行费用。

## 4.4 江苏省淮安市淮阴区承德北路改造工程盐河大桥主桥[8]

江苏省淮安市淮阴区承德北路改造工程盐河大桥,主桥为(60+105+60)m双塔双索面预应力混凝土矮塔斜拉桥,总体采用塔梁固结、墩梁分离的形式,主梁采用双箱梁加横梁组合体系,桥面全宽32.50 m,采用整体式断面,主塔(即拉索区)设于侧分带,塔中间为双向6车道,塔外侧为人行道。其主桥横断面布置图如图3所示,该桥已于2014年12月完成施工图设计。

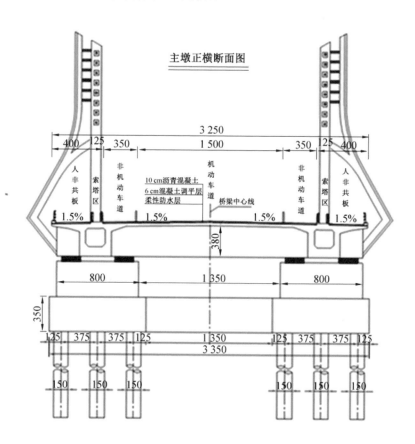

图3 江苏省淮安市淮阴区承德北路改造工程盐河大桥主桥横断面布置图(单位:cm)

## 5 技术特点

（1）整体设计，分期（分幅）实施。适用于一次性整体规划设计而分期建设实施的公路（或城市）桥梁，可缓解一次性建设的投资压力，并满足交通量增长的需求；对于老桥改扩建工程，可节省搭设临时便桥的费用，并满足施工期间半幅施工半幅通行而不中断交通的需求。

（2）布跨灵活，结构合理。主跨可在 100～200 m 之间选择，甚至可以选择更大跨径；可布设单塔双跨、双塔三跨或多塔多跨连续结构的桥梁，该类结构具有桥塔矮、主梁矮、跨径大、桥面宽、分期（幅）建等显著特点，结构受力合理。

（3）以单（单索面矮塔斜拉桥）拼双（双索面矮塔斜拉桥），施工方便。主梁之箱梁和两箱梁之间的横梁可采用吊架现浇法或采用预制拼接法施工，工艺成熟，成桥便捷。

（4）桥型美观，经济性好。双拼式矮塔斜拉桥造型简洁流畅、桥面视野开阔、桥型轻巧美观，该类较大跨径桥梁的造价低于挂篮悬浇预应力混凝土变截面连续箱梁桥、斜拉桥和悬索桥。

## 6 结语

双拼式矮塔斜拉桥作为一种新型的桥梁结构形式，为大型宽幅桥梁建设提供了一种有效的技术途径。该桥型不仅可以一次性全幅整体建设，还可以分幅分期建设，适用于新建或改建的公路或城市桥梁工程。对于宽幅桥梁设计方案选型、缓解建设投资压力、满足交通量增长需求、保障改（扩）建老桥施工期的交通不被中断有着重要的现实意义，值得进一步推广应用。

## 参 考 文 献

[1] 施文杰. 矮塔斜拉桥在国内外的发展与实践[J]. 现代交通技术，2012（3）：22-25.
[2] 陈明宪. 斜拉桥建造技术[M]. 北京：人民交通出版社，2003.
[3] 赵俊伟. 双索面宽幅矮塔斜拉桥的动力特性及地震反应研究[D]. 南宁：广西大学，2008.
[4] 胡安林. 拉索断落对某矮塔斜拉桥力学特性影响分析[J]. 公路交通技术，2014（5）：91-95.

[5] 杨曙岚. 宽幅矮塔斜拉桥抗震分析与设计[J]. 公路交通科技（应用技术版），2012（12）：257-261.

[6] 江苏省淮安市公路管理处. 205 国道江苏省淮安市西绕城公路京杭运河特大桥施工图设计[R]. 淮安：江苏交通勘察设计研究院有限公司，2011.

[7] 江苏省淮安市公路管理处. 江苏省淮安市武黄线京杭运河大桥方案设计[R]. 淮安：江苏交通勘察设计研究院有限公司，2012.

[8] 江苏省淮安市淮阴区住房和城乡建设局. 淮阴区承德北路改造工程盐河大桥施工图设计[R]. 淮安：江苏交通勘察设计研究院有限公司，2014.

# 六、超限运输车对装配式公路钢桥的影响及改善对策

张玉恒　魏　峰

（江苏省淮阴市公路管理处，江苏 淮安 223001）

**摘　要**：本文通过对工程应用实例的总结，分析了超限运输车对"321"型钢桥的影响，提出了针对性的改善对策，浅谈了笔者的几点使用体会和对"321"型钢桥用于汽车便桥的改型建议。

**关键词**：超限运输车；装配式公路钢桥；存在问题；改善对策

## 1　前言

装配式公路钢桥，简称"321"型钢桥[1]，它是在原英制贝雷桁架桥的基础上，结合我国国情和实际情况研制而成的快速组装桥梁，亦称贝雷钢桥，属临时性桥梁结构。该桥具有结构性能好、构造简单、互换性强、便于快速组装、适应性强、用途广泛、经济实用等特点，故其自1965年定型生产以来，在我国得到了快速的发展，特别是近年来得到了更加广泛的应用，如：用于架设分置式浮桥、高架浮桥、登陆栈桥、多跨简支梁桥或连续梁桥、吊桥、过街人行桥；用于各种架桥设备，如架桥机、门式起重机、起重吊装机和挂篮；用于拼装承重柱或承重支架等。尤其是在公路桥梁建设工程、危桥加固或军事运输，以及抢险救灾等应急交通保障中，发挥了突出的作用。然而，随着交通运输量和重型车辆的不断增加，现代交通对公路运输需求越来越大，"321"型装配式公路钢桥用于国省干线公路架设汽车便桥的适应性和安全可靠性，已逐步引起专业人士的普遍关注，特别是超限运输车辆对装配式公路钢桥的影响更需要探讨。为此，下面通过工程应用实例对该问题做一分析讨论。

## 2　工程实例概况

某桥为单孔净跨60 m等截面双室箱形拱桥，位于省道干线公路上，因其主拱圈

---

本文于2000年1月在1999年度江苏省淮阴市公路学会学术交流会上发表，并荣获1998－1999年度淮阴市自然科学优秀学术论文三等奖。

拱顶、拱脚与1/4拱跨等处出现横向裂缝，经专家鉴定属危险桥梁，需拆除重建。为了保证改建工程施工期间不中断交通，在原桥西侧并列架设汽车便桥2座[2]，其下部结构为浆砌块石桥台，打入圆木桩墩基，贝雷钢桁架组合墩身；上部结构为3×30 m"321"型连续梁钢桥，其组合形式为单层双排上下加强，并采用U形钢桥面板，桥梁两端各设一节桥头搭板。汽车便桥总长96.00 m，桥面净宽为2×3.70 m，计算荷载为汽车－20级，验算荷载为挂车－80，桥下净空满足Ⅶ级航道要求，汽车便桥接线长为229.00 m。该汽车便桥于1999年10月18日建成通车，施工单位组织专人对汽车便桥实行了白天 12 h 的检修值班制度，并建立了检修台账。

## 3 超限运输车对钢便桥的影响

由于该钢便桥所在干线公路车流量大，双向昼夜混合交通量达1.4万次之多，货车超载现象严重，载重30~40 t 的货车来往频繁，再加上车辆过桥间距小、车流密度大以及车速超限，致使汽车钢便桥超负荷运行，造成比较严重的损坏，通车不到3个月，即出现如下问题：

（1）有一片位于钢便桥跨中的贝雷桁架下弦杆断裂损坏，严重威胁结构安全。

（2）钢桥跨中挠度较大，实测其跨中挠度为 4.50~6.00 cm，重车通过时，三孔钢桁架连续梁呈波浪状，此起彼伏。

（3）横梁下挠变形较大，实测其跨中挠度为 1.10~1.60 cm，致使横梁夹具断裂损坏 7 只，横梁垫板焊缝开裂 30 余只。

（4）U形钢桥面板断裂 20 块，纵梁断裂处呈撕裂状，轮迹下仅 5.00 mm 厚的花纹钢面板变形明显，且与纵梁焊接处焊缝多处开裂，U形紧固螺栓垫板有 30 余只脱焊。

（5）车辆通过时，U形钢桥面板与横梁的支承处、横梁与桁架的支承处，由于受到汽车荷载的冲击影响，产生较大的噪声，污染环境。

## 4 改善对策[3][4]

针对超限运输车造成汽车钢便桥严重损坏，以及难以管理和控制的情况，加之用装配式公路钢桥架设国省干线公路汽车钢便桥,亦改变了设备自身的使用性质,如长期超负荷使用,后果将不堪设想,构成严重的安全隐患等问题,因此,必须果断采取有效措施,提高钢便桥承载能力,消除潜在隐患,确保交通安全畅通。

(1)每座汽车钢便桥两侧各增加一排贝雷桁架,将原单层双排带上下加强的桥跨结构加强为单层三排带上下加强的桥跨结构,以提高汽车便桥的纵向承载能力,同时减小跨中挠度,改善桁架纵向起伏变形的状况。

(2)加密横梁,增大横向刚度,缩小横梁间距,改善桥面板支承条件。原设计横梁选用 I27a 型工字钢制成,截面抗弯刚度小,每节桁架片上仅设置 2 根横梁,横梁间距分别为 1.40 m 和 1.60 m,间距较大。为此,在每节桁架上各增加 2 根横梁,分别置于桁架竖杆的两侧,不仅有效地加大截面抗弯刚度,而且将横梁间距分别减小至 1.20 m 和 0.40 m,大大地增强了钢桥的横向稳定性,提高了桥面承载力。

(3)改变原 U 形钢桥面板截面形式,增大其抗弯刚度。在原 U 形钢桥面板的底部加焊厚度 $\delta=6$ mm 的 A3 钢板,形成箱形截面,并将原 U 形钢桥面板跨中横隔板割除,以避免横隔板处应力过分集中。

(4)增设行车道板,改善花纹钢面板在重复轮荷作用下的使用性能。在原 U 形钢桥面板表面的轮迹作用范围内,加焊厚度 $\delta=10$ mm A3 钢板作为行车道板,并在其上焊置钢筋防滑条。防滑条选用直径 $\Phi=6$ mm 的圆钢筋,采用双面焊焊固,间距为 15 cm。行车道板宽度为 $2\times1.00$ m,分置于 A、E 块钢面板内侧 40 cm 宽,B、D 块钢面板外侧 60 cm 宽处。

(5)重新设计 U 形螺栓取代横梁夹具,既从根本上解决了横梁夹具易于断损的问题,又避免了横梁垫板焊缝开裂现象的再次出现。

(6)增设橡胶支承垫板,减小结构振动,降低冲击噪声。在 U 形钢桥面板与横梁的支承处、横梁与桁架的支承处设置板式橡胶支承垫板,以缓冲降噪,改善支承受力条件。板式橡胶支承垫板选用氯丁橡胶内置多层薄钢板。

## 5　体会和建议

(1)"321"型钢桥原为交通战备器材,该产品至今尚无部颁标准,其使用依据仅为交通部战备处编写并限于内部使用的《装配式公路钢桥使用手册》,因此,在选型设计时，设计者无标准可依，仅参考内部使用资料进行结构受力分析，难以满足工程结构实际使用荷载的需求。如选用"321"型钢桥用于架设国省干线公路汽车便桥，则改变了原产品的使用性质，故对其结构实际承载能力应予以充分考虑。同时，也希望有关部门尽快出台适用的标准和规范。

（2）工程应用实例表明，汽车便桥设计荷载为汽车—20级，验算荷载为挂车—80，而汽车便桥由于受到超限运输车的影响，同时又难以对其采取措施进行有效控制和管理，故造成汽车便桥在短期内严重破损，危及结构使用安全，必须进行二次加固以提高其承载力。经验教训值得总结和深思，且如何减小超限运输车对汽车便桥的影响有待于进一步分析探讨。

（3）工程实践证明，通过对汽车便桥进行二次加固改善，提高承载力，其方案可行，效果显著，达到了预期的目的，极大地改善了超限运输车对汽车便桥的影响，提高了汽车便桥的安全使用性能。

（4）建议"321"型钢桥在产品更新改造时，应加大横梁抗弯截面尺寸，增大横向刚度，并设计新型横梁夹具；设计用于国省干线公路桥梁使用的加强型专用行车道桥面板；增设弹性支承块件，改善结构受力支承条件，减小振动，降低噪声；改进桁架销子防脱落装置，以防止桁架销子受振脱落，造成结构安全隐患；对于连续梁桁架结构，应设计配置桥墩专用支座。

由于时间仓促，且水平有限，本文仅对超限运输车对汽车便桥的影响做了定性分析，尚需量化，不足之处，敬请专家指正。

# 参 考 文 献

[1] 交通部公路规划设计院. 装配式公路钢桥架设说明[M]. 北京：人民交通出版社，1982.

[2] 淮阴市公路管理处. 淮扬公路二堡大桥汽车钢便桥施工图设计[R]. 淮阴：淮阴市交通勘察设计研究院，1998.

[3] 交通部第一公路工程局. 公路施工手册：桥涵[M]. 北京：人民交通出版社，1985.

[4] 交通部第一公路工程总公司. 公路桥涵施工技术规范：JTJ 041—1989[S]. 北京：人民交通出版社，1989.

# 七、钢板组合式桥梁伸缩缝装置

张玉恒　葛荣銮

（江苏省淮阴市公路管理处，江苏 淮阴 223001）

**摘　要**：为了解决具有浅薄式刚性混凝土桥面铺装层的简支梁（板）桥桥面伸缩缝较多的问题，作者在学习并研究国内外桥梁伸缩装置的基础上，创新地研发了一种用于桥面伸缩缝的新结构——钢板组合式桥梁伸缩缝装置，经工程应用证明，该装置使用效果良好，值得进一步推广应用。

**关键词**：浅薄式刚性混凝土铺装层；钢板组合式双缝结构；新型桥梁伸缩装置

## 1　概述

根据桥梁的结构和使用条件，针对性地开拓设计新型的伸缩缝构造，不断改善和提高其使用品质，是国内外桥梁科研、设计、建设、养护等部门长期以来的一项重要课题。一些经济较发达的国家，如德国、美国、日本等对桥梁伸缩缝装置的研制和应用起步较早，至今已拥有 30 多年的经验及成熟可靠的系列产品，且各具特色，其技术水平处于国际领先水平。在国内，众多大中小型公路桥梁的伸缩缝装置依然沿用着诸如 U 形锌铁皮伸缩缝装置、条式或板式橡胶伸缩缝装置、钢板搭接（梳齿）式伸缩缝装置、角钢及其组合式伸缩缝装置等传统的构造形式，它们不但伸缩量小，而且使用寿命短，远不能满足我国公路与城市桥梁建设和养护工作的需要。近年来，我国虽然引进一批质量好、寿命长的欧美产品，如德国毛勒公司产品、美国霍沃特森·波曼公司产品等，但其价格昂贵、结构高度较大，不甚适合我国国情。目前，我国对进口产品及相应技术亦处于引进、消化与吸收阶段，对新品伸缩缝装置也处于开发研究、试验完善阶段，可以说，至今尚未找到较为合理的结构形式，还未能

---

本文于 1998 年 10 月入选《江苏省淮阴市公路学会学术交流论文选集》（1996－1997 年度）和《1996－1997 年度江苏省公路学会苏北片区论文集》，并荣获 1996－1997 年度淮阴市自然科学优秀学术论文三等奖。该装置获得国家实用新型专利授权，并荣获第 6 届中国专利新技术新产品博览会金奖。

实现标准化。

简支梁（板）桥在我国公路与城市桥梁中占绝大多数，由于它具有构造简单、施工方便等优点而被广泛使用，但也具有因跨径短而设置伸缩缝道数较多的缺点，因为伸缩缝设置的多少与处理的好坏直接影响着行车的安全与舒适，尤其在高等级公路上更为人们所关注。为了解决简支梁（板）桥具有较多伸缩缝的问题，通常采用桥面铺装连续的办法来减少伸缩缝的道数，能有效地改善行车的舒适性。但是，桥面铺装连续一定长度后所设置的伸缩缝则需要采用伸缩量较大的、结构厚度较薄的伸缩缝装置，鉴于毛勒 D-160、万宝 SD-160、XF-160、GQF-160 等产品结构厚度大（其最小结构厚度为 274 mm），无法在简支梁（板）桥上直接安装使用，为此，我们研究开发了一种实用新型的钢板组合式桥梁伸缩缝装置，它既能满足在简支梁（板）桥浅薄式刚性混凝土铺装层内锚固安装的要求，又能满足简支梁（板）桥因桥面铺装连续较长而具有较大伸缩量的要求。

## 2 技术方案[1][2]

钢板组合式桥梁伸缩缝装置由"C"字形型钢、组合式简支钢板、聚四氟乙烯板式橡胶支座、钢质缀板、"W"形胶条等主要部件组合而成，属桥梁伸缩缝装置中的一种新型的双缝结构，由国产"C"字形型钢组成边梁，用"C"字形型钢和热轧厚钢板拼焊成组合式简支钢板，在边梁与简支钢板之间嵌入一弹性密封体"W"形带状密封胶条，简支钢板由若干组聚四氟乙烯板式橡胶支座支承，并由镶贴在简支钢板底部并与每组支座相对应的不锈钢板和支座表面的聚四氟乙烯滑板形成摩擦系数极小的滑动接触支承面。每组聚四氟乙烯板式橡胶支座通过与边梁相连接的限位架，被固定支承于桥梁伸缩缝两侧的梁端混凝土顶部。边梁借助于焊接其上的锚栓与桥梁梁体主钢筋焊接锚固。钢质缀板置于简支钢板下面的伸缩缝缝隙中，其中心顶端与简支钢板底面的中心处相连接，而缀板的两侧则分别与桥梁伸缩缝两侧的梁端主钢筋及边梁连接锚固，从而使得该结构能有机地组合成整体，形成新型的伸缩缝装置。然后，在桥面混凝土工作槽内浇筑高强钢纤维混凝土，使其与桥面铺装层连成整体。

## 3　结构原理

（1）本装置运用简支板原理，采用组合优质钢板直接承受车辆荷载，结构简单，受力均匀。

（2）本装置运用弹性支承原理，采用三维受力的橡胶元件形成弹性支承系统，有效地传递荷载，缓解冲击，减少振动，降低噪声。

（3）本装置运用菱形对称原理，采用可变形缀板结构组成位移控制体系，使组合钢板居中，从而达到双缝等距控制。

（4）本装置运用机械嵌固原理，选用"W"形弹性密封体嵌入双缝，防水防尘效果佳。

## 4　主要技术经济指标

设计荷载：汽车—超 20 级。

验算荷载：挂车—120。

伸缩量：0～160 mm。

结构厚度：8 cm。

使用环境温度：$-15$～50 ℃。

设计使用年限：10 年以上。

单位质量：195 kg/延米。

## 5　特点

（1）结构安装高度低。广泛适用于桥面铺装层厚度大于或等于 80 mm 的浅薄式刚性锚固的高等级公路与城市桥梁。

（2）制作运输方便。可在工厂定型生产，制作成型后由汽车运至现场安装，简单易行。

（3）易于安装施工。可分段安装，可调整横坡，可根据安装现场的环境温度调整双缝的初期设置量而确定定位尺寸。

（4）便于养护维修。"W"形带状密封胶条易于更换。

（5）防水防尘性能佳。"W"形带状密封胶条能有效地将桥面积水横桥向排出桥外，并防止水污、尘土砂粒等落入墩台帽而侵蚀桥梁支座。

（6）结构简单，受力合理，整体性能好，伸缩量较大。

（7）耐磨、抗滑、抗老化能力强，设计使用寿命长。

（8）振动小，无噪声，表面美观平整。

（9）经济实用，价格低于同类进口产品。

# 6　结语

本实用新型伸缩缝装置，系针对具有浅薄式刚性混凝土桥面铺装层的简支梁（板）桥等桥梁的桥面伸缩缝而研制开发的，广泛适用于高等级公路新建桥梁及旧桥伸缩缝改造工程。该装置已在江苏省沭阳新沂河特大桥上[3]安装使用，工程实践证明使用效果良好，社会经济效益显著，值得进一步推广应用。

# 参 考 文 献

[1] 交通部第一公路工程总公司. 公路桥涵施工技术规范： JTJ 041—1989[S]. 北京：人民交通出版社，1989.

[2] 交通部第一公路工程局. 公路施工手册：桥涵[M]. 北京：人民交通出版社，1985.

[3] 中交第二公路勘察设计研究院. 205 国道江苏省淮阴市沭阳新沂河特大桥施工图设计[R]. 武汉：中交第二公路勘察设计研究院，1989.

# 八、实用新型桥梁伸缩缝装置

张玉恒

(江苏省淮阴市公路管理处,江苏 淮阴 223001)

**摘　要**：本文介绍了一种实用新型桥梁伸缩缝装置,它的结构安装高度低($H_{min}$=10 cm)、伸缩量大(0～160 mm),能够在薄层的桥面连续铺装混凝土中安装使用,有效地改善桥面行车的舒适性。通过工程实践表明,该装置使用效果良好,经济效益显著。

**关键词**：薄层桥面混凝土铺装层；弹性支承式双缝结构；新型桥梁伸缩装置

## 1　概述

随着交通运输事业不断发展,我国一级公路、高速公路、高架道路及城市立交桥大量涌现,交通量逐年增大,车辆载重量越来越大,行车速度越来越快,车辆对通行道路与桥梁"安全舒适"的要求越来越高,而影响行车舒适性的桥梁伸缩装置便越来越引起人们的重视。

目前,我国较为常用的桥梁伸缩缝有以下几种类型：锌铁皮伸缩缝、角钢伸缩缝、橡胶伸缩缝、组合伸缩缝等。锌铁皮伸缩缝是一种简易的伸缩装置,适用于中小跨径的装配式简支梁上,其变形量在 20～40 mm 以内,短期使用极易损坏。角钢伸缩缝也较简易,变形量 20～40 mm,不防水、不防尘。滑板式钢板伸缩缝,适应伸缩变形量 40～70 mm,用钢量多、噪声大。梳齿形钢板伸缩缝伸缩量可达 400 mm 以上,但极易漏水,且梳齿钢板易疲劳脆断,其结构安装高度也较高。橡胶带伸缩缝虽满足变形与防水的要求,结构简单,使用方便,但仅用于伸缩量 20～60 mm 的情况。橡胶板伸缩缝最大变形量可达 200 mm,其结构安装高度低,$H_{max}$=120 mm,但系螺栓锚固易松脱破损,耐久性差。组合伸缩缝单缝结构伸缩量在 100 mm 以内,

---

本文于 1998 年 10 月入选《江苏省淮阴市公路学会学术交流论文选集（1996—1997 年度）》。该装置获得国家实用新型专利授权,并荣获 1996 中国专利及新产品博览会金奖。

安全可靠耐久。组合伸缩缝多缝结构伸缩量可达 2 000 mm，锚固安装高度较高，结构复杂，适用于大型桥梁的大伸缩量，如毛勒系列产品、万宝系列产品、XF 系列产品等。综上所述，锌铁皮伸缩缝、角钢伸缩缝、滑板式钢板伸缩缝、橡胶带（板）伸缩缝、悬臂式梳齿形钢板伸缩缝等类型结构安装高度 $H$ 小于 100 mm，伸缩量为 20～70 mm；毛勒等组合单缝结构类型伸缩缝安装高度 $H$ 小于 100 mm，伸缩量在 80~100 mm；支承式梳齿形钢板伸缩缝结构安装高度 $H$ 大于 100 mm，伸缩量可达 400 mm 以上；毛勒等组合双缝或多缝结构类型伸缩缝安装高度 $H$ 大于或等于 274 mm，伸缩量为 160～2 000 mm。在诸多结构类型的伸缩缝中，结构安装高度在 100 mm 以下，伸缩量在 100 mm 以上，使用寿命较长的伸缩装置仍为空白。

作为桥梁简支结构的普通混凝土及预应力混凝土的 T 梁、板梁及工字形组合梁已在我国公路大中小型桥梁中广泛应用。由于此类结构跨径一般为 5～50 m，因此，桥面伸缩缝数量较多，从而影响行车的舒适性。桥面连续铺装混凝土能有效地减少桥面伸缩缝数量，改善行车舒适性，但此类结构铺装层混凝土厚度太薄（$H_{min}$=8 cm）。针对这种情况，如选用国产或进口的单缝结构的伸缩装置，则不能满足桥面连续铺装混凝土的较大伸缩量；如选用国产或进口的双缝结构的伸缩装置，因其结构安装高度为 $H_{min}$=27.4 cm，而无法安装使用。

基于上述原因，作者研制了一种实用新型桥梁伸缩缝装置，它不仅结构安装高度低（$H_{min}$=10 cm），而且伸缩量大（0～160 mm），能满足桥面连续铺装混凝土较薄、伸缩量较大的桥梁伸缩缝的使用要求，有效地改善行车的舒适性。经在 205 国道江苏省淮阴市沭阳新沂河特大桥安装试用至今已有 2 年多时间，累计通过 1 200 多万辆汽车，使用效果良好。该装置已获得国家实用新型专利，并获得了国家专利局与江苏省人民政府联合举办的 1996 中国专利及新产品博览会金奖。

## 2 构造

本实用新型桥梁伸缩缝装置结构示意图如图 1 所示。

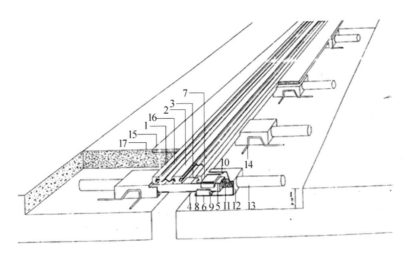

图 1 实用新型桥梁伸缩缝装置结构示意图

1—边梁；2—中梁；3—支撑梁；4—不锈钢滑板（下）；5—不锈钢滑板（上）；6—U 形橡胶支座（下）；7—U 形橡胶支座（上）；8—限位块；9—限位块；10—限位块；11—控制弹簧；12—支撑箱；13—弹簧套筒；14—锚栓；15—钢面板；16—W 形带状密封条；17—钢纤维混凝土

## 3 技术方案

下面结合图 1 介绍本装置的技术方案：

异型断面的钢质边状体组成边梁 1、中梁 2，在边梁 1 和中梁 2 之间嵌入一弹性密封体 W 形带状密封胶条 16，边梁 1 和中梁 2 由若干组支撑箱体支承。边梁 1 支承并焊接于支撑箱 12 的前部顶端，支撑箱 12 借助于焊接其上的锚栓 14 与桥梁梁体主钢筋焊接锚定。中梁 2 支承并焊接于支承梁 3 的中部顶面。支承梁的两端伸入缝两侧的支撑箱 12 内，由安装在支撑箱 12 内的 U 形橡胶下支座 6、U 形橡胶上支座所支承。镶在支承梁两端表面的不锈钢滑板（下）4 和不锈钢滑板（上）5 与 U 形橡胶下支座 6、U 形橡胶上支座 7 分别被固定在支撑箱内的限位块 8、9、10 及边梁 1 所限位。安装在支承梁 3 两端部的控制弹簧 11 被焊接在支撑箱 12 尾部的弹簧套筒 13 所约束。钢面板 15 与边梁 1 的一侧间断焊接，同时亦焊接固定在若干组支撑箱 12 上。在桥面混凝土工作槽内现浇钢纤维混凝土 17，使之与桥面连续混凝土连成整体，平顺一致，结构防腐处理采用喷涂环氧富锌底漆和氯化橡胶技术。

## 4 结构原理

车辆荷载通过桥面伸缩缝时，直接作用在伸缩缝装置的边梁 1 和中梁 2 上。中梁 2 通过与支承梁 3 的焊接连接将其所受荷载传递到支承梁 3 上，从这里经由 U 形橡胶支座 6、7，把垂直脉动荷载转换到支撑箱体 12 上，经由控制弹簧把水平荷载转换到弹簧套筒 13 上，进而传递到构造物的实体中去。对于荷载被偏离地传递到中梁 2 上而产生的倾覆力矩，则通过中梁 2 与支承梁 3 的刚性连接及支承梁 3 两端的 U 形橡胶支座 6、7 安全转换并传递到构造物的实体中去。边梁 1 通过与支撑箱 12 焊接的刚性连接将其所受荷载传递到支撑箱体 12 上，再通过锚栓 14 传递到桥梁梁体中。W 形密封胶条采用机械定位原理安装就位，其"W"断面能满足低高度的水平伸缩变形。U 形橡胶支座 6、7 成组支承着支承梁 3，加之控制弹簧成组约束着支承梁 3 构成弹性支承系统，可缓冲制动冲击力、吸收振动力、消除响声、约束支承梁 3 竖向及横向位移、减小传向锚固部件和基础部件的压力。控制弹簧成组约束着支承梁 3，还可限制中梁 2 居中移动，使整个伸缩缝的移动量均匀地分布到两组缝隙中，达到等距控制的目的。

## 5 技术指标

设计荷载：汽车—20 级。
验算荷载：挂车—100。
使用环境温度：−15～50 ℃。
伸缩量：0～160 mm。
设计使用年限：10 年。
建筑高度：10 cm。

## 6 施工方法[1][2]

采用后嵌法安装：
（1）凿挖（或预留）工作槽。当在旧桥上安装时，采用人工或机械凿开并挖除桥面铺装层混凝土形成工作槽,并将梁体或台背墙上缘钢筋混凝土保护层凿除。当在新建桥梁上安装时,采用预留工作槽的方法并预埋锚筋。

(2)架设就位。该装置配有专用安装工具,根据安装时的环境温度可以调整初期压缩量而确定定位尺寸。利用若干根横担在工作槽处顺桥向支于工作槽两边桥面铺装混凝土表面,并沿横桥向分布,将装置悬吊于工作槽内就位,使装置顶面与桥面平顺一致,顺应横坡。

(3)焊固锚栓。将装置中的锚栓与梁体或台背墙上缘钢筋或预埋锚筋逐根电焊固结,形成刚性锚固。

(4)现浇混凝土。现场浇筑高性能钢纤维混凝土,并严格控制平整度。钢纤维掺量为混凝土体积的1.0%~1.5%。利用高性能混凝土的特性可快速开放交通,并延长结构缝使用寿命。

# 7 结构特点

(1)结构安装高度低。广泛适用于桥面连续铺装混凝土厚度大于或等于10 cm的浅层刚性锚固的公路与城市桥梁的直桥、斜桥、坡桥的新建桥梁工程及旧桥伸缩缝改造工程。

(2)制作运输方便。可在工厂定型生产,制作成型装配成整体后,由汽车运至现场安装,简单易行。

(3)易于安装施工。可分段安装,可调整横坡,可根据安装时的环境温度调整初期压缩量而确定定位尺寸。

(4)便于养护维修。W形带状密封胶条可更换,U形橡胶支座(下)亦可更换。

(5)防水防尘性能佳。W形带状密封胶条能有效地将桥面积水沿桥横向排出桥外,并防止水污、尘土砂粒落入墩台帽侵蚀桥梁支座。

(6)结构设计合理,整体性能好,伸缩量较大,集成度高。

(7)耐磨、抗滑、抗老化能力强,使用寿命长。

(8)无振动、无噪声。表面美观平整,安全、经济、可靠。

## 8　小结

本伸缩装置是一种薄膜封闭、机械嵌固、弹性支承式桥梁伸缩缝,属于双缝结构。它是双缝结构伸缩缝装置的一项突破,是根据我国桥梁伸缩缝的现状,并借鉴国内外同类产品的结构特点而研制开发的,为替代同类进口产品的一项新装置。它具有建筑高度低、伸缩量大、生产工艺简单、安装使用方便、价格低于同类进口产品等特点,填补了我国桥梁伸缩缝装置的一项空白。它广泛适用于公路和城市桥梁的新建桥梁工程及旧桥伸缩缝改造工程,具有很高的推广应用价值,并能产生较好的社会经济效益,必将为我国的桥梁建设事业做出一定的贡献。

该装置已在江苏省淮阴市沭阳新沂河大桥[3]上安装使用,工程实践证明使用效果良好,社会经济效益显著,值得进一步推广应用。

## 参 考 文 献

[1] 交通部第一公路工程总公司. 公路桥涵施工技术规范:JTJ 041—1989[S]. 北京:人民交通出版社,1989.

[2] 交通部第一公路工程局. 公路施工手册:桥涵[M]. 北京:人民交通出版社,1985.

[3] 江苏省淮阴市公路管理处. 205 国道江苏省淮阴市沭阳新沂河特大桥施工图设计[R]. 武汉:中交第二公路勘察设计研究院,1989.

# 九、一种拆除桩柱式桥梁墩（台）帽的简捷施工法

张玉恒

（江苏省淮安市公路管理处，江苏淮安 223001）

**摘 要**：本文根据桩柱式桥梁墩（台）帽的结构受力特点，提出了一种拆除桩柱式桥梁墩（台）帽的简捷施工方法，工程实践证明，该法施工简捷，安全可靠，经济可行。

**关键词**：桥梁；桩柱式墩（台）帽；快速拆除法

## 1 概述

在进行公路或城市道路改建过程中，常常要对一些中小桥梁进行撤除或改造。而桩柱式简支梁（板）桥为拆除或改建的主要对象。当我们面对如何快速有效地拆除桩柱式钢筋混凝土墩（台）帽的问题时，通常有三种拆除方法可采用[1]：一是人工使用风镐将钢筋混凝土实体逐步凿除，即机械凿除法，此法安全且常用，但效率低；二是采用人工或机械打孔并装入粉体膨胀剂将钢筋混凝土实体膨胀破裂后，再辅以人工拆除，即静态爆破法，此法安全可靠，但成本高、效率低；三是采用人工或机械打孔并装入烈性炸药将钢筋混凝土实体爆破后，再辅以人工拆除，即动态（或定向）爆破法，此法破坏性大、效率高，但安全性差。本文介绍一种简捷施工方法，既可以快速有效地拆除桩柱式桥梁墩（台）帽，同时还能够较好地保留帽梁之下的桩或柱。

## 2 墩（台）帽分割

根据桩柱式桥梁墩（台）帽的结构受力特点，有目的地选择在桩柱之间墩（台）

---

本文于2004年8月入选江苏省交通厅公路局主编的《江苏省干线公路网化工程建设论文集》，并荣获2002—2003年江苏省公路学会北片区学术交流会优秀论文。

帽承受最大弯矩断面处，人工使用风镐自上而下将帽梁凿成"V"字形缺口，依次割断帽梁顶部架立钢筋和底部正弯矩受力钢筋。如此将帽梁分割为以某根桩或柱为中心的若干个"T"字单元段。对不对称的帽梁单元段须辅以支架支撑，保证帽梁单元段稳定，以策施工安全。

## 3 桩（柱）顶断筋

对帽梁下的每根桩或柱，先用风镐逐根将其顶部钢筋的混凝土保护层凿除，再用气割设备将桩或柱顶部钢筋全部割断。

## 4 汽车吊吊装移位

根据被拆除墩（台）帽的断面尺寸和单元段长度，计算出墩（台）帽单元段的质量，以此选用适当吨位的汽车吊车，用钢丝绳将其捆绑，用汽车吊将其吊起拆离。

## 5 工程实例

某桥为两座并列的板梁桥，建于 20 世纪 80 年代，其上部结构为 $3 \times 13$ m 空心板梁，桥面横向布置为 0.50 m 防撞护栏+9.00 m 行车道+1.50 m 中分带+9.00 m 行车道+0.50 m 防撞护栏，桥梁总宽为 20.50 m；其下部结构为双柱式墩台，钻孔灌注桩基础。原桥在两桥台处设伸缩缝，为简支结构，桥面连续。原设计荷载为汽车—20 级，挂车—100。现因该桥位于新建的城市快速通道上，改建设计时考虑将原桥上部结构拆除，将墩帽、台帽凿除，保留利用钻孔灌注桩基础，重新进行桥梁横向布置，将原桥拓宽至 55.50 m。

原桥双柱式墩（台）帽单个实体外形尺寸和体积为 1.20 m 宽×1.10 m 高×11.80 m 长=15.60 $m^3$（1.20 m 宽×1.10 m 高×12.20 m 长=16.10 $m^3$），拆除施工时在帽梁中部凿出一上口约为 1.60 m 宽的"V"字形缺口，凿除混凝土体积为 1/2×1.60 m×1.10 m×1.20 m=1.10 $m^3$，仅占单个墩（台）帽体积的 6.8%（6.6%）。为保证帽梁稳定，凿除前采用打入圆木桩做基础，架设贝雷片作支架支撑于帽梁底部，以确保整个拆除过程中的施工安全。帽梁承受最大弯矩断面处的顶部钢筋为 7 $\Phi$20、底部钢筋为 11 $\Phi$20、柱顶钢筋为 22 $\Phi$20，均采用气割设备逐一割断。原桥墩（台）帽被分割为 2 个单元段，墩帽每个单元段质量约为 1/2（15.60-1.10）m³×2.5 t/m³=18.13 t。同理，台帽每个单元段质量约为 1/2（16.10-1.10）m³×2.5 t/m³=18.75 t。因此，选用 25 t 汽车吊和 16 t 汽车吊各 1 台，用两台汽车吊联合作业并逐段起吊拆离。经测算，单个墩（台）帽拆除费用仅为 5 150 元，详见表 1。

根据施工图设计保留桩基础再利用的要求，并考虑到十分紧张的工期，面对如何快速拆除原桥 8 个墩台帽并保证原桩柱不被损坏的问题，在对传统的几种拆除方法进行比选的基础上，提出并采用了将桩柱式墩（台）帽分段吊离的简捷施工法，仅用 1 个工作日即可完成 1 个墩（台）帽的拆除工作。全桥 8 个墩（台）帽实际拆除成本约为 4.12 万元，与原比选方案即动态爆破拆除方案报价（约需 10 万元）节约一半成本，且显著加快了工期，从而快速地完成了全部墩（台）帽拆除施工任务。

表 1　乌沙河桥单个墩台帽拆除成本一览表

| 项　　目 | | 单位 | 规格 | 数量 | 单价/元 | 费用/元 |
| --- | --- | --- | --- | --- | --- | --- |
| 1. 人工使用风镐凿除墩台帽钢筋混凝土和柱顶混凝土 | 人工 | 工日 | 8×3×1 | 48 | 30 | 770 |
| | 空压机 | 台班 | 3×3×1 | 18 | 150 | 1 350 |
| 2. 人工使用气割设备割断墩台帽钢筋和柱顶钢筋 | 人工 | 工日 | 1×3×1 | 6 | 40 | 120 |
| | 气割设备 | 台班 | 1×3×1 | 6 | 80 | 240 |
| 3. 汽车吊吊运墩台帽块件 | 人工 | 工日 | (4+6)×1 | 20 | 35 | 350 |
| | 汽车吊 | 台班 | 25 t+16 t | 0.50 | 1 300+1 000 | 1 150 |
| 4. 临时支架 | 贝雷片 | 片 | 321 型 | 30 | 60/30×3=6 | 180 |
| | 脚手架 | m³ | $\Phi$20 圆木桩 | 4 | 1 200×10% | 480 |
| 5. 工程管理费 | | 元 | | | | 4 640×11%=510 |
| 合计 | | 元 | | | | 5 150 |

## 6 结论

对桩柱式墩（台）帽实施拆除的施工方法有多种，而各种施工方法因其自身特点都有一定的适用范围。本文提出的分段吊离拆除法，是建立在机械化作业[2]的基础上的，适用于便于机械作业的工程。工程实践证明，该法施工简捷、经济可行、安全可靠，值得推广应用。

## 参 考 文 献

[1] 交通部第一公路工程总公司. 公路桥涵施工技术规范：JTJ 041—1989[S]. 北京：人民交通出版社，1989.

[2] 交通部第一公路工程总公司. 公路施工手册：桥涵[M]. 北京：人民交通出版社，1999.

# 第三部分 航道与船闸论文

## 一、船舶过闸视频登记与手机缴费系统的创新与应用

张玉恒[1] 陈建高[2]

（1. 江苏省淮安市航道管理处，江苏 淮安 223001；

2. 江苏省高良涧船闸管理所，江苏 洪泽 223100）

**摘 要：** 本文介绍了船舶过闸视频登记与手机缴费系统的创新技术方案和特点，以及在试验船闸的应用情况。实践证明，该系统方案可行，操作简便，便民高效，运行稳定，经济实用，值得推广。

**关键词：** 船舶过闸创新；视频登记与手机缴费系统；技术方案与特点；应用总结；全国QC优秀成果

## 1 概述

船闸是一种利用向两端设有闸门控制的闸室内灌水、泄水，以升降水位，使船舶克服航道上的集中水位落差的通航建筑物。按照船闸的纵向排列的闸室数目可分为单级船闸、双级船闸和多级船闸。按照船闸的横向平行排列的闸室数目可分为单线船闸、双线船闸和多线船闸。按照应用分类则分为海船闸、河船闸、运河船闸[1]。

据不完全统计，2012年我国在建和已建的通航建筑物已有1 089座，其中船闸1 041座、升船机48座。截至2013年底，江苏省设有通航船闸111座，属于交通运输部门管理的有44座[2]。

传统的船舶过闸程序是：当船舶进入停泊区后，船民携带船舶签证簿、驾驶证、船舶检验证书（简称"三证"）到船闸的排档班先行排号，船闸工作人员依次上船

---

本文于2017年9月在2017年淮安市第三届"交通与物流发展论坛"学术交流会上发表，入选《2017年淮安市第三届"交通与物流发展论坛"论文集》，荣获2017年淮安市第三届"交通与物流发展论坛"论文评选二等奖。

核查，并开具船舶核查单，船民再携带船舶核查单和"三证"到船闸远调站窗口办理登记、购票手续，之后返回船上等候高频喇叭调度、过闸。

为了省略传统的船舶过闸程序中船民多次往返船岸之间的烦琐交通（船民上岸报到、船闸工作人员上船核查、船民到远调站登记和购票、再返回船上等候高频喇叭调度过闸），消除因为这种过闸运行环境可能造成的人身伤害(落水)、船舶海损等安全风险，避免不正当操作（人情操作），同时提高船舶过闸的工作效率，改变过去高峰期闸区船民集聚拥堵的不良局面，2011～2012年江苏省高良涧船闸管理所创新研制了船舶过闸视频登记和手机缴费系统，并先后获得2项国家实用新型专利（ZL201120453956.9和ZL201220381507.2），荣获江苏省QC小组成果特等奖、全国优秀QC小组，通过近3年来的进一步应用研究，取得了良好的使用效果，并在江苏省南通船闸进一步推广应用，社会与经济效益十分显著。

## 2 船闸应用

江苏省高良涧船闸坐落在美丽的洪泽湖东岸，由1线、2线和3线3座船闸组成，1线闸闸室尺度为100 m×10 m×2.5 m，1953年8月建成通航，年设计船舶单向通过能力为500万t。2线闸位于1线闸北侧4 km处，闸室尺度为230 m×23 m×4 m，1993年12月建成通航，年设计船舶单向通过能力为1 600万t。3线闸位于2线闸东侧中心距离70 m处，闸室尺度为230 m×23 m×4 m，2013年7月开工建设，计划于2015年12月建成通航，年设计船舶单向通过能力为1 600万t。

江苏省高良涧船闸管理所于2011年11月16日申请了实用新型专利《船舶过闸监控登记系统》，于2012年8月3日申请了实用新型专利《船舶过闸视频登记、手机缴费系统》[3]，于2012年6月～2013年3月，在高良涧船闸2线闸安装实施了《船舶过闸视频登记、手机缴费系统》，设置视频监控室2间计60 m²，调配视频监控工作人员9名，轮流值班，该系统所配置的主要设备和装备汇总见表1。该系统使用至今运行正常。该系统推广使用后，缩短了过闸手续办理时间，提高了服务能力，优化了服务质量，受到船员们的广泛好评。

江苏省高良涧船闸管理所还以此为背景成功地创建了以"便捷Easy、高效Efficient、热情Enthusiastic"为内涵的江苏省交通系统优质服务品牌"洪泽湖E站"，着力打造温馨和谐的船员驿站。2014年12月,江苏省高良涧船闸管理所"洪泽湖E站"QC小组在全国第36次QC小组代表会议上被中国质量协会、全国总工会、全国妇联、中国科学技术协会联合命名为"2014年全国优秀质量管理小组",这是继"2014年全省交通运输行业QC成果二等奖"和"2014年江苏省质量管理小组成果特等奖"后的又一殊荣。

表1 船舶过闸视频登记与手机缴费系统主要设备和装备一览表

| 序号 | 设备和装备名称 | 单位 | 数量 | 分类 | 备注 |
| --- | --- | --- | --- | --- | --- |
| 1 | 红外高速球形摄像机 | 套 | 8 | 采集部分 | 集成彩色一体化摄像机、云台、解码器、防护罩等多功能于一体,带红外,可360°高速旋转 |
| 2 | 信号放大器 | 个 | 2 | 传输部分 | |
| 3 | IP交换机 | 台 | 2 | | |
| 4 | 数字光端机 | 对 | 5 | | |
| 5 | 无线网桥 | 对 | 1 | | |
| 6 | 光纤、同轴电缆、网线等 | m | 5 000 | | |
| 7 | 计算机 | 台 | 1 | 控制部分 | 网络球机控制 |
| 8 | 海康三维控制键盘 | 个 | 2 | | |
| 9 | 视频分配器 | 个 | 2 | | |
| 10 | 监视器 | 个 | 2 | 显示设备 | |
| 11 | 计算机 | 台 | 1 | | |
| 12 | 海康16路硬盘录像机 | 台 | 1 | 存储设备 | |
| 13 | 流媒体服务器 | 台 | 1 | | |
| 14 | 标志牌 | 套 | 6 | 安全设施 | |
| 15 | 警示牌 | 套 | 6 | | |
| 16 | 3 m立杆 | 套 | 1 | | 大部分球机安装在现有墙面、灯杆、高塔等位置 |

续表1

| 序号 | 设备和装备名称 | 单位 | 数量 | 分类 | 备注 |
|---|---|---|---|---|---|
| 17 | 防雷接地设施 | 项 | 6 | | |
| 18 | 供电线缆 | m | 2 000 | | |
| 19 | 视频监控室 | m² | 60 | | 长×宽 |

## 3 技术方案[3]

船舶过闸视频登记、手机缴费系统包括视频登记服务系统、手机应用终端、船闸缴费系统、银行账务系统等。视频登记服务系统由若干个高杆、360°旋转高速球机视频摄像头、显示器等组成，视频摄像头的输出接入显示器的输入，视频摄像头安装于设置在船闸上下游岸上的高杆上，显示器设置在视频监控室内。

手机应用终端设有带支付功能的UIM卡，与视频登记服务系统、船闸缴费系统、银行账务系统电信连接，用于船民通过手机应用终端向视频登记服务系统传递船舶过闸请求信息、向银行账务系统传递付款请求，以及视频登记服务系统、船闸缴费系统、银行账务系统向船民传递各类服务处理结果信息。

视频登记服务系统与手机应用端电信连接，与船闸缴费系统人工对接，用于对手机应用终端申请进行处理，以及向船闸缴费系统人工输入订单。

船闸缴费系统分别与手机应用端、银行账务系统电信连接，船民申请绑定手机卡、银行卡和船舶手机缴费序号，为手机缴费系统提供缴费支撑服务。

银行账务系统分别与手机应用端、船闸缴费系统电信连接，用于处理所述船闸缴费系统的订单请求和手机应用终端的付款请求，以及分别向其反馈处理结果。

## 4 实施步骤

图1所示为船舶过闸视频登记与手机缴费系统结构示意图。

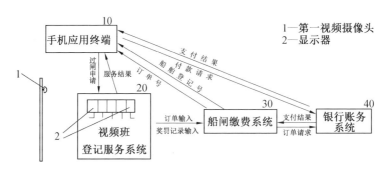

图1 船舶过闸视频登记与手机缴费系统结构示意图

结合图1详细地说明该系统的具体实施步骤:

(1)船民通过手机应用终端10向视频登记系统20传递船闸过闸请求信息:船舶身份认证信息、核载状况信息、船舶手机缴费序号信息。

(2)船闸工作人员登记船民过闸请求信息,并向船闸缴费系统30输入订单请求,船民手机卡、银行卡和船舶手机缴费序号绑定。

(3)船闸缴费系统30向银行账务系统40传递订单请求后,银行账务系统40向手机应用终端10发送订单号。

(4)船民收到订单后输入银行卡支付密码,向银行账务系统40发出付款请求。

(5)银行账务系统40收到指令进行转账处理,并将处理结果分别回馈至手机应用终端10和船闸缴费系统30。

(6)船闸缴费系统30得到反馈信息后,生成船舶登记号,传递至手机应用终端10。

(7)船民接到船舶登记号后,依次等待高频广播调度通知过闸。

## 5 技术特点

### 5.1 降低闸区安全风险

省略了传统的船民上岸报到、船闸工作人员上船核查、船民到远调站登记和缴费（购买过闸票），再返回船上等候高频喇叭播放的过闸调度通知的多次往返船岸之间的烦琐交通，有效地降低了因运行环境或不利气候条件可能造成的人员落水、船舶海损等安全风险，提升了船闸运行的安全保障能力。

### 5.2 登记缴费轻松便捷

船民办理报到、登记、缴费等手续不需要再离船上岸，在自己的船上通过手机与船闸工作人员进行互动，便可轻松自助完成，不仅免除了过闸的繁杂手续，而且结束了高峰期闸区船民集聚拥堵的历史。

### 5.3 杜绝缴费人情操作

由于实现了自动化收费，船闸工作人员不直接接触现金，避免了其中的提前登记、收款误差、不正当操作（人情操作）和因此而引起的投诉纠纷，能够有效防止岗位不正之风、甚至经济犯罪的发生，有利于行业行风建设。

### 5.4 保护船民人身安全

通过手机自助缴费账单推送平台，可以避免船民携带大量现金的烦恼，为船民创造了一个良好的过闸环境，从而保护了船民的人身安全。

### 5.5 提高船闸工作效率

通过视频监控，排档班工作人员可对问题船舶进行针对性核查，极大减少了核查船舶数量，缩短核查时间。登记员与售票员之间减少了打印和传递过闸登记单等手续，同时售票员根据手机缴费系统中缴费信息可以直接打印票据完成收费，不须收现金找零，大大提高收费速度。船闸多个岗位人员的工作效率都得到进一步提高。

## 5.6 利于闸区综合管理

由于若干个 360°旋转高速球机视频摄像头可对整个闸区进行实时视频监控,利于对船闸进行综合监管。

## 6 应用体会

(1)该系统与传统的过闸方式相比具有安全、便捷、高效、清廉等突出特点,经过江苏省高良涧船闸 3 年多的使用,并经过江苏省南通船闸 1 年多的推广应用,充分证明其技术方案是经济可行的,其产生的社会经济效益是显著的,值得在全国类似船闸进一步推广应用。

(2)该系统缴费采用手机绑定银行卡完成,高良涧船闸与南通船闸采用了两种不同的绑定方式(表 2),但都不须预存费用。

从表 2 可以看出,高良涧船闸与南通船闸的手机缴费对手机和银行卡各有限制,考虑到进一步方便船员,最优缴费方案应是取消手机和银行卡限制,因此可以避开手机运营商、各大银行,而直接与银联公司合作,利用其本身具有的银联手机支付功能。

表 2 高良涧船闸与南通船闸手机缴费功能对比

| | 高良涧船闸 | 南通船闸 |
|---|---|---|
| 手机运营商 | 电信 | 移动、联通、电信均可 |
| 手机机型 | 智能机、非智能机均可 | 智能手机 |
| 银行卡 | 带有银联标记的所有银行卡 | 中国农业银行卡 |
| 手机缴费功能终端 | 电信 UIM 卡内置的银联翼宝功能 | 银行卡开通电子银行,手机安装"船民服务平台"App |
| 过闸费订单推送方式 | 手机缴费系统人工推送 | 内河航道网智能航运信息服务系统(南通航道)自动推送 |

根据高良涧船闸手机缴费系统使用现状,手机缴费的船员开始逐渐减少,通过调查发现,很多船员因手机损坏或者银行卡丢失、失效、变更等原因需要重新办理

绑定手续时，需要到电信营业厅找专人办理，十分不便，从而放弃使用手机缴费。所以要使船员能够坚持使用该缴费方式，就必须提高后续服务能力。可以采用简化变更手续，如各种当船员需要变更交费的手机或者银行卡时，所有相关信息的变更应尽可能实现由船员自行在手机上操作完成，不须到营业厅或是各大银行网点，这样才能最大限度地体现出手机缴费的便捷性，提高船员接受度，使手机缴费能够长久地使用下去。

（3）由于视频监控船舶过闸时，存在被监控范围内行为人的隐私问题，因此，必须建立相应的保密工作制度，保护被监控行为人的隐私权。

（4）自2014年开始，江苏省航道系统已逐步全面推广应用水上ETC，江苏省高良涧船闸2015年实施水上ETC，该系统将作为水上ETC的辅助系统，发挥对整个闸区进行协同综合监管的功能。该系统与水上ETC的融合与拓展工作还有待于进一步研究和探索。南通船闸的视频登记系统中船员电子申报功能就是利用水上ETC系统的部分功能。

（5）江苏省航道局将陆续升级各船闸视频监控系统，将其由目前的模拟监控系统升级为数字监控系统，所有球机全部更换成网络高清数字球机，所有视频信号通过光纤传输。届时，登记员可使用登记电脑通过IP地址直接访问球机，只要鼠标一点就能利用快速定位功能迅速完成球机转动和变焦获取船舶信息并拍摄存档，相比目前使用三维控制键盘通过硬盘录像机遥控球机的方法，可减少部分设备，也更加省时省力。

（6）该系统工作制度和操作规程等配套管理文件虽然已经初步建立，但还有待于进一步细化与完善。

# 参 考 文 献

[1] 江苏省交通运输厅航道局. 船闸知识[M]. 南京：河海大学出版社，2014.

[2] 江苏交通年鉴编辑部. 2013江苏交通年鉴[R]. 南京：江苏交通年鉴编辑部，2013.

[3] 江苏省高良涧船闸管理所. 船舶过闸视频登记手机缴费系统：201203815072[P]. 2013-02-13.

# 二、内河"下桥涵上双槽"组合式水上立交

张玉恒

（江苏省淮安市航道管理处，江苏 淮安 223001）

**摘 要：** 淮安枢纽（水立交）二期扩建工程设计采用在紧靠其下游设置临时导流明渠的施工通航方案，不仅要投入建设与拆除临时导流明渠工程的一笔可观的临时工程费用，而且还将面临洪泽湖入湖洪水超过 50 年一遇时，入海水道必须服从国家防汛的要求开启临时导流明渠泄洪而使京杭运河断航的风险。为此，本文提出一种内河"下桥涵上双槽"组合式水上立交的技术方案，既可保证该工程边通航边施工而不断航，又能够解除防汛泄洪的风险，且为该枢纽航槽的船舶流量扩容、大修维护、交通战备以及应急处治等提供有力保障。

**关键词：** 施工通航方案优化；内河组合式水上立交；枢纽航槽扩容

## 1 背景工程

### 1.1 淮河入海水道一期工程

淮河入海水道与苏北灌溉总渠平行，紧靠其北侧，西起洪泽湖二河闸，东至滨海县扁担港注入黄海，经过江苏省淮安市的清浦区、淮安区和盐城市的阜宁县、滨海县，全长 162.30 km，河道宽 750.00 m，深约 4.50 m，并分别在淮安区境内与京杭运河、在滨海县境内与通榆运河立体交叉，形成淮安枢纽（水立交）和滨海枢纽（水立交）。淮河入海水道一期工程于 2014 年 6 月 28 日通过竣工验收。先后于 2014 年 7 月 4 日、2017 年夏季行洪使用过两次。

### 1.2 淮安枢纽（水立交）

淮安枢纽（水立交）是亚洲同类工程规模最大的上槽下洞水上立交工程，位于

---

本文于 2019 年 11 月在 2019 年淮安市第四届"交通与物流发展论坛"上发表，入选《2019 年淮安市第四届"交通与物流发展论坛"论文集》，并荣获 2019 年淮安市第四届"交通与物流发展论坛"论文评选一等奖。

江苏省淮安市淮安区城南、京杭运河与苏北灌溉总渠交汇处北侧的淮河入海水道里程桩号 27K+890 处，作用是满足淮河入海水道泄洪和京杭运河通航，下部涵洞按近期设计泄洪流量 2 270 m³/s、强迫泄洪流量 2 890 m³/s 设计，共 15 孔，顺水流方向长 108.604 m，垂直水流方向长 122.40 m，单孔断面尺寸 6.80 m×8.00 m，上部通航渡槽按Ⅱ-(3)通航标准设计，净宽 80.00 m。一期工程设计防洪标准结合远期为 300 年一遇。该枢纽（水立交）由水利部批准，概算投资 3.5 亿元，2000 年 10 月开工兴建，2003 年 10 月建成通水。

### 1.3 淮河入海水道二期工程[1]

根据国务院批准的《淮河流域综合规划（2012—2030）》和《淮河流域防洪规划》，洪泽湖入江入海设计泄洪能力需要提高到 20 000～23 000 m³/s，洪泽湖防洪标准达到 300 年一遇，为此需实施淮河入海水道二期工程，将其行洪能力提高到 7 000 m³/s。淮河入海水道河道总长 162.30 km，现状河道京杭运河西（简称运西）为单泓，长 27.89 km，京杭运河东（简称运东）为双泓，长 134.41 km。规划河道二期工程规模为：运西段河底高程 8.00～0.00 m，河底宽度 500～784～280 m，运东段深泓河底高程 0.00～-4.00 m，河底宽度 280～230～350 m；设计堤顶高程 17.27～6.10 m，设计洪水位 15.95～3.60 m，淮安枢纽（水立交）设计防洪水位 12.73 m（涵下），滨海枢纽（水立交）设计防洪水位 8.16 m（闸下）；将淮安枢纽（水立交）地涵由原 15 孔扩建至 45 孔，将滨海枢纽（水立交）地涵由原 23 孔扩建至 63 孔。

### 1.4 淮河入海水道叠加二级航道

淮河入海水道京杭运河交叉口淮安枢纽（水立交）至连申线通榆运河交叉口滨海枢纽（水立交）段 83 km 为规划国省干线航道——淮河出海航道的重要组成部分，是长三角高等级航道网规划和全国内河航道与港口布局规划确定的高等级航道，也是纳入国务院批准的《江苏沿海地区发展规划》中的重要港口集疏运航道，原规划等级为三级。

2015 年 11 月 6 日，交通运输部批复同意将淮河入海水道二期工程京杭运河以东段与通航相关的河道、桥梁和船闸工程按Ⅱ级航道标准实施。批复指出，利用淮河入海水道加快建设淮河出海航道，对于完善长江三角洲高等级航道网布局、促进流域经济发展具有重要作用，也符合水资源综合利用原则。

### 1.5 淮安枢纽（水立交）扩建工程[2]

淮安枢纽（水立交）扩建工程属于淮河入海水道二期工程的一部分。淮安枢纽（水立交）扩建工程将淮安枢纽（水立交）地涵由原15孔扩建至45孔，扩建加长部分的航槽宽度由原航槽宽80 m 增加至宽90 m。为了扩建期间保证京杭运河正常通航，设计采取在紧靠淮安枢纽（水立交）的下游设置临时导流明渠的施工通航方案，临时航道长约800 m，设计水深4.00 m，设计底宽75 m，与京杭运河连接段的设计弯曲半径600 m，基本满足通航要求。洪泽湖入湖洪水超过50年一遇时，入海水道服从国家防汛的要求，开启入海水道防洪，同步拆除京杭运河施工围堰，恢复京杭运河通航，尽量减少断航影响。详见《淮河入海水道二期工程通航条件影响报告书（简本）》。

### 1.6 京杭大运河[3]

京杭大运河因其水运繁忙堪称我国第二条"黄金水道"。淮安枢纽（水立交）所在区段是京杭大运河最繁忙的航道段，年货运量在2亿t以上，现状航道等级为Ⅱ级。

## 2 问题的提出

淮安枢纽（水立交）二期扩建工程设计采用在紧靠其下游设置临时导流明渠的施工通航方案，不仅要投入建设与拆除临时导流明渠工程的一笔可观的临时工程费用，而且还将面临洪泽湖入湖洪水超过50年一遇时，入海水道必须服从国家防汛的要求开启临时导流明渠泄洪而使京杭运河断航的风险。加之京杭运河淮安枢纽（水立交）的船舶流量日趋增大，该枢纽一期工程渡槽宽度为80 m，其二期工程加长的渡槽宽度设计加宽至90 m，枢纽段的航槽为单槽双向通航，航槽扩容亦需要未雨绸缪。它还将面临枢纽大修维护、交通战备以及应急保障等一系列亟待解决的问题。

## 3 技术方案

为有效地解决上述系列问题，本文设计了一种内河"下桥涵上双槽"组合式水上立交（图1），在扩建原枢纽"下涵上槽"加长航槽的基础上，与其并列新建"下桥上槽"的扩容航槽，从而形成"半边涵渡工程+半边桥渡工程"的双幅航槽并列的内河"下桥涵上双槽"组合式水上立交，充分利用临时工程费用将临时导流明渠的临时工程建成永久性单幅桥渡工程，保证该枢纽扩建工程边通航边施工而不断航，并解除防汛泄洪的风险，为该枢纽航渡槽扩容、大修维护、交通战备以及应急处治等提供技术保障。如附图1所示。

## 4 设计原理

统筹考虑充分利用临时通航工程费用，先将临时导流明渠的临时工程升级建成永久性单幅桥渡工程，再扩建淮安枢纽（水立交）二期工程的另外单幅涵渡工程，从而建成内河"下桥涵上双槽"组合式水上立交。

## 5 技术措施

### 5.1 新建单幅桥渡工程[4]

在紧靠淮安枢纽（水立交）的上游或下游比选确定"下桥上槽"式的半幅桥渡工程位置，使其两端顺接京杭运河，新建永久性半幅桥渡工程并通航使用。半幅永久性桥渡工程采用桩柱式桥墩、经济型跨径，渡槽净宽以40～80 m为宜，最小通航水深大于等于5.00 m；不论该桥渡工程选在淮安枢纽（水立交）一期工程的上游还是下游，其桥墩中心线应与涵洞洞墙身的中心线保持协调一致，以避免阻碍涵洞的进水或出水；渡槽（即航槽）的两端应与京杭运河顺适连接，满足有关技术规范要求。

### 5.2 扩建一期涵渡工程

再在淮安枢纽（水立交）一期工程的基础上加长扩建淮安枢纽（水立交）二期

工程的"下涵上槽"的涵渡工程，使淮安枢纽（水立交）一、二期工程形成另半幅涵渡工程并通航使用。另半幅扩建的淮安枢纽（水立交）二期工程的"下涵上槽"的永久性涵渡工程，其渡槽（即航槽）宽度与一期工程的渡槽（即航槽）的宽度保持一致（80 m）即可。

### 5.3 设置中央分水岭

半幅永久性桥渡工程与另半幅扩建后形成的永久性涵渡工程是相对分离的；桥渡工程和涵渡工程的两端的内侧相连形成分水岭，其两端的外侧与京杭运河的两岸顺接；分水岭建筑物应具有防撞功能。

### 5.4 设置双槽闸门与桥梁

为了满足以后工程检修、河槽（航槽）分流、交通战备及应急保障等方面的使用需要，分别在桥渡工程和涵渡工程的两端设置控制闸门，并在桥渡工程和涵渡工程的上方设置工作桥梁。

### 5.5 设置消浪和防撞设施

在所有航槽的侧墙上均设置消浪、防撞设施，以避免航槽内的波浪影响船舶的安全通行和过往船舶对航槽侧墙的碰撞。

### 5.6 内河组合式水上立交

这种"下桥上槽"+"下涵上槽"组合而成的内河水上大型航运水利枢纽工程，即为内河"下桥涵上双槽"组合式水上立交。

## 6 技术特点

### 6.1 半幅桥渡并列半幅涵渡，倍增航槽断面

在繁忙的京杭运河与淮河入海水道交叉处这样的重要内河水利水运枢纽，增建桥渡工程与扩建涵渡工程并列形成水利水运工程综合体，将成倍地增大航槽断面，为京杭运河提供水运交通储备。因此，增建桥渡工程与扩建涵渡工程是十分必要的，

具有重要的现实意义和深远的历史意义。

## 6.2 新建桥渡后再加长涵渡，具备分流功能

新建桥渡工程，既可以保证扩建涵渡工程施工期间京杭运河的导流通航，又可以将新建桥渡工程永久使用，使其具有应急分流的保障作用。

## 6.3 临时航道升格主体渡槽，节省工程投资

将原计划用于扩建涵渡工程的临时工程——导流明渠工程升格建成桥渡工程，作为半幅主体渡槽的永久工程，将极大地减少临时征地、拆迁与恢复的工作量，节省工程投资。

## 6.4 边通航边施工扩建涵渡，保障通航防汛

先行建成桥渡工程交付通航使用，然后扩建涵渡工程，这种边通航边施工的建设方案，能够有效地保障京杭运河航道不断航，同时可以满足施工期间淮河入海水道的防汛泄洪的功能需求。

## 6.5 首创桥渡与涵渡综合体，具备旅游功能

这种先新建桥渡工程使用、后扩建涵渡工程的边通航边施工的建设方案，及增建桥渡工程与扩建涵渡工程共同形成的水利水运工程综合体均属于国内首创，集新颖性、创造性和实用性于一体，具备旅游观光功能。

## 6.6 大型行洪排涝通航枢纽，综合效益显著

该水利水运工程综合体将是国内内河中具备行洪、排涝、通航和观光功能的一处大型枢纽。其建设期间，可以保证边通航边施工不断航，并能够有效应对防汛泄洪的风险；其运营期间，可以为该渡槽航段船舶流量扩容，并为枢纽大修、交通战备以及应急处治等提供有力保障。因此，其社会经济效益将是十分显著的。

## 7 结语

本文提出了一种内河"下桥涵上双槽"组合式水上立交的技术方案,将淮安枢纽(水立交)扩建工程中的原京杭运河导流明渠临时工程改为新建单幅桥渡永久工程,与在淮安枢纽(水立交)一期工程的基础上加长扩建的该枢纽二期工程的"下涵上槽"的涵渡工程,组合形成内河水上大型航运水利枢纽工程(已经获得国家发明专利授权),具有工程施工、通航及防汛三不误、航槽有效扩容、分流大修维护、保障应急战备、节省项目投资、兼备多种功能(防汛、通航、观光等)、综合效益显著等突出特点,值得结合实际工程进一步深入研究并得到应用,可以为类似项目提供有益的借鉴和参考。

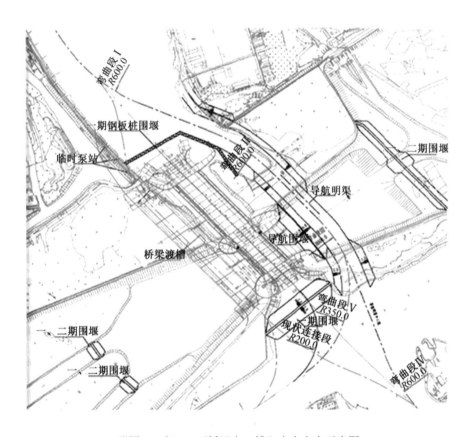

附图 1 内河"下桥涵上双槽"水上立交示意图

# 参 考 文 献

[1] 中水淮河规划设计研究院有限公司,江苏省水利勘测设计研究院有限公司.淮河入海水道二期工程可行性研究报告[R].蚌埠:中水淮河规划设计研究院有限公司;扬州:江苏省水利勘测设计研究院有限公司,2016.

[2] 水利部淮河水利委员会,江苏省水利厅.淮河入海水道二期工程通航条件影响报告书(简本)[R].南京:苏交科集团股份有限公司,2018.

[3] 江苏省交通运输厅.江苏省干线航道网规划(2017—2035)(苏政复[2018]97号)[EB/OL].2018-10-01)http://www.JTYST.JIANGSU.GOV.CN014000810/2018-00310.

[4] 中华人民共和国住房和城乡建设部.内河通航标准:GB 50139—2014 [S].北京:中国计划出版社出版,2014.

# 三、盐河航道集装箱绿色通道建设调研报告

张玉恒 吴 刚 李 宁 马东林 王 莹

(江苏省淮安市航道管理处 2019 年 10 月 18 日)

当前,我国交通运输发展正处于建设交通强国的起步阶段。党中央、国务院高度重视交通强国建设,交通运输部党组贯彻落实中央决策、围绕交通强国战略做出了一系列重要部署,明确要建设"安全、便捷、高效、绿色、经济"的现代综合交通运输体系,这为新时代我国综合交通运输发展指明了方向。

根据中共淮安市航道处党委开展"不忘初心、牢记使命"主题教育活动的工作部署和安排,针对如何早日将盐河航道打造成集装箱绿色通道的问题,2019 年 9 月至 10 月,我们开展了专题调研,先后走访盐河航道集装箱水运企业——淮安市江淮漕运集装箱运输有限公司,考察集装箱码头并开展座谈交流;深入盐河航道上的江苏省朱码船闸管理所,召开专题座谈会并进行个人访谈;同期查阅了国内集装箱水运的相关文献资料。通过实地考察、座谈交流、个人访谈、查阅资料等多种调查研究方式,初步掌握了盐河航道集装箱运输的发展现状,分析了面临的主要问题,提出了下一步工作的对策与建议,现将调研情况报告如下:

## 1 盐河航道集装箱运输的发展现状

古老的盐河,乳名官河,康熙改名为盐河。自公元 688 年开凿至今已有 1 331 年的历史。她唐始宋兴主盐运,将海州食盐运至淮阴西坝,再转运至两湖豫皖赣,故有"天下盐利淮为大"之说。元明两代多有疏浚,康乾嘉开凿三次,后来历代均有不同程度的治理。

盐河是淮安、也是京杭运河通往连云港的唯一便捷航道,全长约 175 km,对于淮安对接海港和连云港港疏港意义重大。盐河航道现在是江苏省"四纵四横"干线航道网主骨架之一,西起淮阴杨庄,流经淮阴、涟水、灌南、灌云,至连云港市新浦盐河桥止,全长 152 km,历来为淮北盐运要道,其杨庄至武漳河闸 91.20 km,淮安境内约 75 km,自 2009 年 11 月至 2012 年 12 月改建整治为淮河入海Ⅲ级航道。

改建通航6年多来，运量已增长近10倍。"借港出海，奔向海洋"已经成为当代淮安的最强音。

目前，在盐河上从事集装箱运输的企业共有两家，即淮安市江淮漕运集装箱运输有限公司和上海郁州海运公司。盐河淮安至连云港集装箱班轮运输航线自2017年开通以来，在淮安、连云港两市航道管理部门及沿线各船闸的大力支持和协调下，克服诸多困难，排除了许多有碍集装箱船舶通航的制约因素，班轮的密度、航次有了较大幅度地提高，为淮安及宿迁、徐州、蚌埠等地区的内、外贸物资顺利、快捷地进入沿海各港口以及内、外贸物资进入上述地区提供了保障，取得了良好的社会效益和较好的经济效益。

淮安市江淮漕运集装箱运输有限公司2017年1月～2019年10月集装箱班轮数量、航次、箱量基本情况见表1。

表1 集装箱班轮数量、航次、箱量基本情况

| 年度 | 集装箱班轮/艘 | 全年完成航次/个 | 进出淮连两地集装箱/标箱 | 备注 |
| --- | --- | --- | --- | --- |
| 2017年度 | 2 | 96 | 2 680 | |
| 2018年度 | 6 | 288 | 5 500 | |
| 2019年1～10月 | 18 | 800 | 4 700 | |

该公司介绍，随着集装箱货运班轮的开通，在航运企业、货代企业的不懈努力下，集装箱装载的货物结构也发生了较大的变化。就淮安港口运往连云港港口的货物而言，由开通初期较为狭窄的盐、元明粉、纯碱、化工原料，发展成为现如今的盐、元明粉、纯碱、化工原料、粮食、面粉、饲料、钢材、建材等，结构多元，较好地满足了市场需求。

盐河航线开通以来，各部门、单位经过近3年的努力和磨合，集装箱船舶运营环境不断好转；航道的碍航物基本清除；优先过闸得到了较好的落实；船闸的服务态度有了很大改观，同时也取消了船舶过闸费用等，提高了集装箱船舶运营效率。

## 2 当前盐河航道集装箱运输发展面临的主要问题和矛盾

### 2.1 盐河航道间断性的不适航水文状况与集装箱班轮运营时间性要求之间的矛盾

盐河航道淮安段，常因为水位降低而造成停航断航现象，如2019年6~8月出现的旱情，致使盐河航道淮安段水位长期低于最低通航水位，船舶无法航行，逾千艘船舶滞留在朱码和杨庄船闸上下游；淮阴区航段，因水利电站发电需求，人为导致该航段水位不稳定，影响船舶正常航行，且不具有预期性；盐河连云港段新沂河因行洪需要，每年6~9月，会出现航道断航状况。集装箱班轮，尤其是集装箱海轮，对货物到达时间要求极为严苛，一旦耽误货期，货运公司将面临巨额的索赔，而盐河当前存在的水位问题，直接导致货运公司不敢在盐河航道安排更多的集装箱班轮，而是选择其他更为可靠的航线或运输方式。

### 2.2 盐河船舶日趋大型化与当前航道等级较低之间的矛盾

随着盐河整治工程的完成，盐河航道整体由原先的Ⅴ级航道升级为Ⅲ级航道，盐河航道的经济效益不断显现，但近年来，盐河航道航行船舶大型化趋势明显，总长超过68 m、总宽超过10.80 m、装载吃水超过2.80 m的单船，总长超过400 m的拖带船队，在盐河航道上明显增多，而按照有关规定，该类船舶不得进入Ⅲ级航道，盐河水位正常时候，这些超限船舶也能正常航行及过闸，可是一旦出现水位降低等不适航情况，这些大型船舶更容易搁浅，影响其他船舶通航，造成船闸及航道堵档。

### 2.3 盐河集装箱船舶过闸优先性诉求与船闸单位过闸秩序公平性要求之间的矛盾

依据江苏省政府及江苏省交通运输厅的集装箱船舶优惠过闸政策规定，集装箱货运船舶享有过闸免费及优先过闸资格，并做出"预调度、零等待"等硬性服务规定，体现出江苏省对集装箱航运的扶持和支持，集装箱企业往往也据此对船闸单位提出更多的服务诉求。而船闸单位对于集装箱企业提出的服务诉求，更多时候是从船舶过闸秩序的公平性去解读，没有站在扶助先进运输方式的高度去理解和付诸行动。

### 2.4 集装箱船舶信息资源与船闸、港口信息资源不对等带来的矛盾

上述问题和矛盾产生的原因主要有以下几个方面：一是体制机制不完善，市级层面统筹管理还有待沟通与加强，部门之间协调体制还有待进一步完善。二是管理制度缺乏，管理手段亟待加强。三是航闸与企业的数据资源没有互通共享，缺乏统一有效的工作平台。四是航闸通航标准有待提高，特别是有些航闸节点还制约着盐河航道的安全畅通。

## 3 国内内河集装箱水运的先进做法和经验

近日，交通运输部在2019年《改革与政策研究》第7期（总第53期）中专题刊发湖州内河水运转型发展经验做法和成效，印发分送中央和国务院有关单位及全国各省、自治区、直辖市交通主管部门。该刊物在7月29日全国内河航运高质量发展现场推进会上作为唯一改革经验材料发与会代表参阅，向全国推广湖州水运转型发展经验和做法。

2016年10月，交通运输部正式批复湖州创建国家内河水运转型发展示范区。2018年1月，"高标准建设全国首个内河水运转型发展示范区"写入了湖州市委八届三次全会决定并纳入湖州"六大国家战略"。湖州市交通港航部门深入贯彻"绿水青山就是金山银山"发展理念，紧紧围绕"五个转型"目标，积极创建内河水运转型发展示范区，走出了一条水运高质量发展之路，为区域经济社会发展提供重要支撑。2019年4月，交通运输部安全总监、水运局局长李天碧一行专题调研湖州内河水运转型发展示范区建设工作，对湖州的经验成果和推广价值予以充分肯定和高度评价，认为"湖州在内河水运高质量发展方面做了很多积极探索，取得显著成效，远远超出预期，留下深刻印象"。

下一步，湖州港航部门将按照交通运输部提出的到 2035 年建成"安全、便捷、高效、绿色、经济"的内河航运体系目标，深化内河水运转型发展示范区创建，进一步总结可复制、可推广的工作经验，持续推进内河航运高质量发展。一是服务经济社会发展大局。深入融入长江经济带、长三角区域一体化等国家战略，全面完成内河水运转型发展示范区创建的预设目标，使内河水运、临港产业、生态城市融合发展模式成为拉动地方经济增长的重要支撑，水运对地方 GDP 总贡献率超过 10%，临港经济占全市 GDP 的比重达 25%。二是推广水运转型发展成果。继续做好内河水运转型发展示范区成果经验总结和推广应用工作，发布内河水运转型发展评价标准等 18 项市级地方标准。让更多的湖州标准上升为国家标准。三是坚持绿色航运发展之路。继续坚定不移践行"绿水青山就是金山银山"发展理念，着力在全域美丽航区建设、集装箱河海联运、运输结构优化、港口船舶污染治理、航区智慧监管等方面再突破、再创新、再提升，打造绿色航运示范，为湖州市加快打造生态样板城市贡献更多交通力量。

## 4 相关意见和建议

经济新常态对盐河航道集装箱运输提出了新的更高要求，必须转变发展理念，加快构建和完善功能更健全、运作更科学、运输更高效的盐河集装箱绿色通道。

### 4.1 建立盐河航道集装箱绿色通道工作平台

（1）淮安与连云港共建盐河航道集装箱绿色通道工作平台。
（2）盐河航道船闸与水运企业共建集装箱绿色通道工作平台。

### 4.2 健全盐河航道集装箱绿色通道发展机制

#### 4.2.1 航闸与集装箱水运企业之间建立健全工作互动机制

建立船闸及各相关单位联络员制度。每个单位推荐一人作为联络员，一年或半年召开一次会议。会议内容主要为总结一年或半年内航道、船闸、航企的运行情况，分析存在的问题，拿出解决问题的方案和措施。

#### 4.2.2 航闸与水利部门之间建立健全调水保障工作机制

### 4.3 完善盐河航道集装箱绿色通道管理制度

研究制定《盐河航道集装箱绿色通道信用管理办法》和《盐河航道集装箱船舶优先过闸管理办法》。

建立并实行集装箱船舶过闸黑名单制度。对个别不服从船闸管理的集装箱船舶和船员，纳入"盐河集装箱船舶过闸黑名单"，视其情节轻重，可分别采取取消其本航次优先过闸资格、水上 ETC 使用资格等处理手段，并告知集装箱船舶所在公司。

### 4.4 加快船闸与企业之间的数据资源互联互通

#### 4.4.1 推行集装箱电子货单数据资源船闸共享

建立集装箱船舶过闸电子舱制度。集装箱企业将船舶所载的集装箱清单制作成为电子档，发往沿线各船闸，以利船闸工作方便，提高效率。

#### 4.4.2 推行集装箱船舶定位数据资源船闸共享

建立集装箱船舶提前过闸预约制度。利用淮安市江淮漕运集装箱有限公司现有较为完备的信息平台，向沿线各船闸通报需要过闸的集装箱船舶的船名、船位、航次等相关信息，实行信息共享。其他在此航线上运营的集装箱船舶要安装相应设备。

# 第四部分　发明专利

## 一、公路地基表层处理的隔离防水填筑法

（ZL 201110049908.8）

**(10)** 授权公告号　CN 102116007 B　　　　**(45)** 授权公告日　2012.05.30

**(22)** 申请日　2011.03.02

**(73)** 专利权人　江苏省淮安市公路管理处

　　地址　223001 江苏省淮安市清河区淮海北路 75 号

**(72)** 发明人　张玉恒

**(74)** 专利代理机构　淮安市科翔专利商标事务所 32110

**(51)** Int.Cl.

E01C 3/04(2006.01)

E01C 3/06(2006.01)

E02D 3/10(2006.01)

**(56)** 对比文件

EP 1496161 A1,2005.01.12,全文.

JP 2009270329 A,2009.11.19,全文.

CN 101024934 A,2007.08.29,全文.

CN 201495468 U,2010.06.02,全文.

---

**(54)** 发明名称

公路地基表层处理的隔离防水填筑法

**(57) 摘要**

本发明公开了公路地基表层处理的隔离防水填筑法，该隔离防水填筑法包括以下步骤：首先，在清表后的地下水位较高的粉土地基上或清淤后的沟塘上开沟设置排水系统，并安装抽水机进行抽水降水；其次，在抽去表面水的粉土地基上或沟塘上铺设防水布，防水布的接头处采用至少1 m宽度搭接；最后，在防水布上摊铺一层拌和均匀的50～60 cm厚的石灰土，并用履带机械压3～4遍，静置4～5 d使石灰土板结成型。本发明工艺简单，工期短，造价低，"压稳"效果好，基底质优，基底压实度达到设计要求。

# （一）权利要求书

1. 公路地基表层处理的隔离防水填筑法，其特征在于该隔离防水填筑法包括以下具体步骤：

（1）地基表层处理：进行原地面清表或沟塘清淤。

（2）排水降水作业：开沟设置排水系统，使用抽水机抽去表面水，降低施工作业面水位。

（3）铺设防水布：铺设防水布，防水布的接头处采用至少 1.00 m 宽度搭接。

（4）摊铺石灰土：在防水布上摊铺一层拌和均匀的 50～60 cm 厚的石灰土，整平，并用履带机械压 3～4 遍。

（5）静置养生成型：静置 4～5 d 使石灰土板结成型。

（6）检测验收。

2. 根据权利要求1所述的公路地基表层处理的隔离防水填筑法，其特征在于：其中，石灰土是由质量分数 6%的石灰和质量分数94%的素土混合而成。

3. 根据权利要求1所述的公路地基表层处理的隔离防水填筑法，其特征在于：其中，防水布为防水土工布或防水塑料布。

4. 根据权利要求1所述的公路地基表层处理的隔离防水填筑法，其特征在于：其中，履带机械为履带推土机或履带挖掘机。

# （二）说明书

## 技术领域

[0001] 本发明属于公路交通基础设施建设的施工技术,具体涉及一种公路地基表层处理的隔离防水填筑法。

## 背景技术

[0002] 众所周知,随着经济的快速发展,我国的公路交通基础设施得到了长足的进步,公路越来越宽,依公路中心线为界,公路在横向面由左、右各半的1/2路基组成,1/2路基由1/2中央分隔带、半幅路面和路肩组成,半幅路面的纵向面由下向上依次为地基表层、回填层、路基填筑层和路面结构层;目前,有的高速公路或一级公路是在原有老路的基础上扩建而成,也就是在老路的一侧或两侧的原地面上扩宽修筑,原地面可能存在沟塘,公路路基施工前,必须首先进行地基表层处理,对原地面的杂物、地被及15~20 cm厚度的耕植土进行清除,简称清表,或者对沟塘处进行排水、清淤处理,并对清表或清淤后的特殊地基按设计要求进行处治,简称填前处治,使路基填筑前的地基处治后的压实度(即基底压实度)达85%~90%,然后才能用合格填料进行分层填筑、逐层压实的路基施工。

[0003] 当在地下水位较高的粉土地基上填筑路基,路基清表或沟塘清淤后,一般采用石灰土对路基进行填前处治而无法达到设计要求基底的压实度时,即俗话所说的无法稳住,压实稳定简称"压稳",通常采用40~50 cm厚的碎石黏土(或灰土)或碎砖石类建筑垃圾进行填压处理,以达到设计要求基底的压实度;采用碎石黏土(或灰土)对路基进行填前处治的"压稳"效果较好但成本较高,其造价约需70~100元/m³;采用碎砖石类建筑垃圾对路基进行填前处治的"压稳"效果也是比较好的,但碎砖石类建筑垃圾料源有限,其造价也是比较高的,约需70~80元/m³;采用土工编织袋装填素土或建筑垃圾对路基进行填前处治的"压稳"效果也是比较显著的,但其料源有限,施工工艺较为复杂,造价分别约需24.10元/m³、80~90元/m³;采用石灰土直接填筑则难以稳压成型;采用碎石黏土(或灰土)或碎砖石类建筑垃圾对粉土路基或沟塘进行填前处治,不仅其工

程造价相对较高，而且它形成的路基底层是透水的，对路基起不到封水防水的作用，整体性差；采用土工编织袋装填素土或建筑垃圾对路基进行填前处治所形成的路基底层也是透水的，同样对路基起不到封水防水的作用，整体性比较差。

**发明内容**

[0004] 本发明的目的在于：提供一种公路地基表层处理的隔离防水填筑法，采用防水布处治公路粉土路基或沟塘填筑，经济有效地解决在地下水位较高的粉土地基上或沟塘上填筑路基时，其填前处治难以达到设计要求基底的压实度的工程难题，是一种简易可行、效益显著的施工方法。

[0005] 本发明的技术解决方案是该隔离防水填筑法，包括以下步骤：首先，在清表后的地下水位较高的粉土地基上或清淤后的沟塘上开沟设置排水系统，并安装抽水机进行抽水降水；其次，在抽去表面水的粉土地基上或沟塘上铺设防水布，防水布的接头处采用至少 1.00 m 宽度搭接；最后，在防水布上摊铺一层拌和均匀的 60 cm 厚的石灰土，并用履带机械压 3～4 遍，静置 4～5 d 使石灰土板结成型。

[0006] 其中，石灰土是由质量分数 6% 的石灰和质量分数 94% 的素土混合而成。

[0007] 其中，防水布为防水土工布或防水塑料布。

[0008] 其中，履带机械为履带推土机或履带挖掘机。

[0009] 其中，隔离防水填筑法包括以下具体步骤：

[0010] 1. 地基表层处理：进行原地面清表或沟塘清淤。

[0011] 2. 排水降水作业：开沟设置排水系统，使用抽水机抽去表面水，降低施工作业面水位。

[0012] 3. 铺设防水布：铺设防水土工布或者防水塑料布，防水布的接头处采用至少 1 m 宽度搭接。

[0013] 4. 摊铺石灰土：在防水布上摊铺一层拌和均匀的 60 cm 厚的石灰土，整平，并用履带机械压 3～4 遍；其中，石灰土是由质量分数为 6% 的石灰和质量分数为 94% 的素土混合而成。

[0014] 5. 静置养生成型：静置 4～5 d 使石灰土板结成型。

[0015] 6. 检测验收。

[0016] 本发明具有以下优点：

[0017] 1. 该方法采用公路工程常用的路基排水及土方施工机械即可实施，不需专用的施工机械，施工工艺简单。

[0018] 2. 该方法采用在清表后或清淤后并抽去表面水的粉土地基上或沟塘上铺设防水土工布或者防水塑料布，其上摊铺石灰土初压并静置使其板结成型的措施，易于达到基底压实度的"压稳"要求，而板结成型的基底石灰土其整体性好、防水性能优，可保证基底质量。

[0019] 3. 采用该方法对于清表后的地下水位较高的粉土地基或清淤后的沟塘进行填前处治施工，5个有效工作日即可有效完成，工期短。

[0020] 4. 采用该方法对粉土路基或沟塘进行填前处治的工程成本约为24～28元/m$^2$，远低于采用碎砖石类建筑垃圾（约需 35～40 元/m$^2$）、采用碎石黏土（或灰土，约需 40～50 元/m$^2$）的造价，造价低。

**附图说明**

[0021] 图1为公路沟塘回填横断面示意图。

[0022] 图中：1—公路中心线；2—路面结构；3—1/2中央分隔带；4—半幅路路面；5—路肩；6—老路；7—原地面；8—防水布；9—石灰土层；10—回填层；11—路基填筑层。

**具体实施方式**

[0023] 下面结合工程实施例进一步说明本发明的技术解决方案，工程实施例不能理解为是对技术解决方案的限制。

[0024] 位于江苏省淮安市涟水县境内的 327 省道涟城至石湖段建设工程，全长 35 km，按照一级公路标准改建，该公路穿越古黄河北、古盐河南的黄河冲积平原，路基下面的地基土为砂土或粉土，且地下水位较高。

[0025] 实施例1：327省道涟城至石湖段中 0K+000～3K+200 为老路单侧拓宽路段，采用以下具体步骤对老路路侧原边沟进行路基的填前处治：

[0026] 1. 地基表层处理：进行原地面清表或沟塘清淤。

[0027] 2. 排水降水作业：开沟设置排水系统，使用抽水机抽去表面水，降低施工作业面水位。

[0028] 3. 铺设防水布：铺设防水土工布，防水土工布的接头处采用 1.00 m 宽度搭接。

[0029] 4. 摊铺石灰土：在防水布上摊铺一层拌和均匀的 50 cm 厚的石灰土，整平，并用履带机械压 3 遍；其中，石灰土是质量分数 6%的石灰和质量分数 94%的素土混合而成。

[0030] 5. 静置养生成型：静置 4 d 使石灰土板结成型。

[0031] 6. 检测验收。

[0032] 实施例 2：327 省道涟城至石湖段中 5K+000～8K+000 为新建路段，该路段地基土为砂土，且地下水位较高，采用以下步骤对全幅路基宽度范围内的地基土进行了路基的填前处治：

[0033] 1. 地基表层处理：进行原地面清表或沟塘清淤。

[0034] 2. 排水降水作业：开沟设置排水系统，使用抽水机抽去表面水，降低施工作业面水位。

[0035] 3. 铺设防水布：铺设防水塑料布，防水布的接头处采用 1.20 m 宽度搭接。

[0036] 4. 摊铺石灰土：在防水布上摊铺一层拌和均匀的 55 cm 厚的石灰土，整平，并用履带机械压 4 遍；其中，石灰土是质量分数 6%的石灰和质量分数 94%的素土混合而成。

[0037] 5. 静置养生成型：静置 5 d 使石灰土板结成型。

[0038] 6. 检测验收。

[0039] 实施例 3：327 省道涟城至石湖段中 12K+800～13K+000 为新建路段，该路段内有一个较大的水塘，采用以下步骤对其进行了路基的填前处治：

[0040] 1. 地基表层处理：进行原地面清表或沟塘清淤。

[0041] 2. 排水降水作业：开沟设置排水系统，使用抽水机抽去表面水，降低施工作业面水位。

[0042] 3. 铺设防水布：铺设防水土工布，防水布的接头处采用 1.5 m 宽度搭接。

[0043] 4. 摊铺石灰土：在防水布上摊铺一层拌和均匀的 60 cm 厚的石灰土，整平，并用履带机械压 4 遍；其中，石灰土是由质量分数 6%的石灰和质量分数 94%

的素土混合而成。

[0044] 5. 静置养生成型：静置 5 d 使石灰土板结成型。

[0045] 6. 检测验收。

[0046] 上工程实施例 1～3 的公路横断面示意图如图 1 所示，采用防水布加石灰土与采用石灰土、碎砖石类建筑垃圾、碎石黏土（或灰土）、土工编织袋进行公路路基填前处治的工程造价及工程性能比较如表 1 所示。

[0047] 公路路基填前处治的工程造价与工程性能比较

[0048]

表 1 公路路基填前处治的工程造价与工程性能比较

| 比较内容 | 石灰土 | 山皮土 | 土工编织袋 | | 碎石黏土（或灰土） | 碎砖石类建筑垃圾 | 防水布+石灰土 |
|---|---|---|---|---|---|---|---|
| | | | 素土 | 建筑垃圾 | | | |
| 单价/（元·m$^{-3}$） | 30.5 | 56 | 24.1 | 6 | 70～100 | 70～80 | 40～47 |
| 性能 | 难以稳压成型 | 其整体性较差、防水性能较差 | 其整体性较差、防水性能较差 | | 其整体性差、防水性能差 | 其整体性差、防水性能差 | 其整体性好、防水性能优 |

# （三）说明书附图

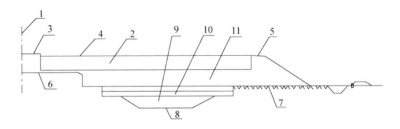

图 1 公路沟塘回填横断面示意图

1—公路中心线；2—路面结构；3—1/2 中央分隔带；4—半幅路面；5—路肩；6—老路；7—原地面；8—防水布；9—石灰土层；10—回填层；11—路基填筑层

## 二、双拼式矮塔斜拉桥

### （ZL 201310079515.0）

(10) 授权公告号　CN 103147385 B　　　　(45) 授权公告日　2014.12.24

(22) 申请日　2013.0313

(73) 专利权人　江苏省淮安市航道管理处

　　地址　223001 江苏省淮安市清河区漕运西路 95 号

(72) 发明人　张玉恒

(74) 专利代理机构　淮安市科翔专利商标事务所　32110

　　代理人　韩晓斌

(51) Int.Cl.

　　E01D 11/04(2006.01)

　　E01D 21/00(2006.01)

　　E01D 22/00(2006.01)

　　E01D 19/00(2006.01)

　　E01D 21/10(2006.01)

　　E01D 2/04(2006.01)

(56) 对比文件

　　KR20060019895 A,2006.03.06,全文.

　　CN201722594 U,2011.01.26,全文.

　　CN202064280 U,2011.12.07,全文.

赵俊伟.双索面宽幅矮塔斜拉桥的动力特性性及地震反应研究[J].中国优秀硕士论文全文数据库：工程科技II辑，2008：32.

杨曙岚.宽幅矮塔斜拉桥抗震分析与设计[J].公路交通科技（应用技术版），2012(12)：257-261.

(54) 发明名称

双拼式矮塔斜拉桥

**(57) 摘要**

本发明公开了一种双拼式矮塔斜拉桥,该双拼式矮塔斜拉桥由单索面矮塔斜拉桥进行双拼加宽而成;其施工方法是先建设一座单索面矮塔斜拉桥作为新桥的半幅,再建设另一座单索面矮塔斜拉桥作为新桥的另半幅,最后将两座单索面矮塔斜拉桥拼接成为双索面(宽幅)的双拼式矮塔斜拉桥。本发明整体设计,分期建设,既可缓解建设投资压力,又能满足交通量增长需求,对于改(扩)建老桥还能够满足施工期间不中断交通的需求。

# (一)权利要求书

1. 双拼式矮塔斜拉桥,由单索面矮塔斜拉桥进行双拼加宽而成,单索面矮塔斜拉桥的结构体系采用塔梁固结、塔墩分离体系,在塔与梁下面的墩顶设置盆式支座,选用预应力混凝土箱梁或钢箱梁;两座单索面矮塔斜拉桥之间的拼接采用钢筋混凝土横梁进行刚性连接,或者采取预应力混凝土箱梁作为横梁进行刚性连接。其特征是:先将一座单索面矮塔斜拉桥成桥后,按照建设时序再将相邻的另一座单索面矮塔斜拉桥进行主体合拢,然后在两个单索面矮塔斜拉桥的箱梁之间设置横梁使其刚性连接,最后现浇桥面板、调平层并铺筑桥面;对于新建双拼式矮塔斜拉桥,其施工方法是先建设一座单索面矮塔斜拉桥作为新桥的半幅,再建设另一座单索面矮塔斜拉桥作为新桥的另半幅,最后将两座单索面矮塔斜拉桥拼接成为双索面宽幅的双拼式矮塔斜拉桥;对于将老桥改扩建成双拼式矮塔斜拉桥,其施工方法是先在老桥一侧建设一座单索面矮塔斜拉桥作为新桥的半幅,待其成桥开放交通后,再拆除老桥建设另一座单索面矮塔斜拉桥作为新桥的另半幅,最后将两座单索面矮塔斜拉桥拼接成为双索面宽幅的双拼式矮塔斜拉桥。

2. 根据权利要求1所述的双拼式矮塔斜拉桥,其特征是:在两座单索面矮塔斜拉桥的箱梁之间增设横梁,与斜拉索所拉箱梁内的横隔梁、墩顶横梁、端横梁刚性连接。

3. 根据权利要求2所述的双拼式矮塔斜拉桥,其特征是所述横向拼接步骤如下:当单索面矮塔斜拉桥的箱梁采用预应力混凝土箱梁时,在单索面矮塔斜拉桥的墩顶横梁、端横梁和所有斜拉索所吊拉的箱梁内的横隔梁的加宽侧预设搭接接头,在两个单索面矮塔斜拉桥的箱梁之间增设横梁,横梁预制安装并现浇湿接头或托架现浇,横梁与单索面矮塔斜拉桥的墩顶横梁、端横梁和所有斜拉索所吊拉的箱梁内的横隔梁间增设钢筋混凝土横梁刚性连接,或者采用预应力混凝土箱梁作为横梁刚性连接;其施工顺序与主梁箱梁的施工顺序一样,先实施与墩顶 0 号块箱梁所对应的横梁 0 号梁,后依次实施与 1 号块箱梁和对称的 12 号块箱梁所对应的横梁 1 号梁和 12 号梁、与 2 号块箱梁和对称的 22 号块箱梁所对应的横梁 2 号梁和 22 号梁、与 3 号箱梁和对称的 32 号块箱梁所对应的横梁 3 号梁和 32 号梁,依此类推,与 $N$ 号块箱梁和对称的 $N2$ 号块箱梁所对应的横梁 $N$ 号梁和 $N2$ 号梁;采用预应力混凝土箱梁作为连接横梁时,应在箱梁内的横隔梁和增设的横梁内预设预应力管道,用以施加横向预应力;最后在横梁上现浇桥面板、调平层,其施工顺序参照横梁的施工顺序;当单索面矮塔斜拉桥的箱梁采用钢箱梁时,在两个单索面矮塔斜拉桥的钢箱梁之间增设钢横梁,钢横梁与钢横梁之间采用栓焊连接。

4. 根据权利要求 3 所述的双拼式矮塔斜拉桥,其特征是:采用双箱梁加横梁组合体系,从而形成整体式断面,构成了"双箱梁+中虚拟纵梁即桥面板+中横梁+双悬臂"结构的空间梁格模式。

5. 根据权利要求 2 所述的双拼式矮塔斜拉桥,其特征是:双拼式矮塔斜拉桥的桥面宽度用两箱梁间增设的横梁的长短来调节,做成双索面宽幅矮塔斜拉桥。

6. 根据权利要求 2 所述的双拼式矮塔斜拉桥,其特征是:两座单索面矮塔斜拉桥之间采用刚性连接进行拼接后,单索面矮塔斜拉桥结构转换为双索面矮塔斜拉桥结构,桥梁的主梁由"单箱梁+双悬臂"结构受力体系转变成了"双箱梁+中虚拟纵梁即桥面板+中横梁+双悬臂"的空间梁格结构受力体系,根据受力体系转换前后的主梁受力状态及其受力大小,拟定主梁各部位尺寸并对其进行配筋设计和验算。

7. 根据权利要求 2 所述的双拼式矮塔斜拉桥,其特征是:现浇调平层将双拼单索面矮塔斜拉桥后所形成的双索面之间的桥面平坡调整为2%双向横坡,消除两座单索面矮塔斜拉桥的箱梁的拼接侧顶面之高程误差,采取 10~20 cm 厚的现浇混凝土。

8. 根据权利要求 2 所述的双拼式矮塔斜拉桥,其特征是:桥梁的桩基础、墩台及墩台顶的盆式支座均由双索面宽幅矮塔斜拉桥结构状态来总体控制设计或选型,分期或者分幅实施建设。

9. 根据权利要求 2 所述的双拼式矮塔斜拉桥,其特征是:当采用钢箱梁时,在进行"双钢箱梁+钢横梁"的焊接或者高强螺栓连接的施工时,或当采用预应力混凝土箱梁时,在进行"双箱梁+横梁"拼接连接即现浇钢筋混凝土横梁施工时,均应考虑施工期间通行车辆对桥梁结构施工拼宽时的影响,采取车辆临时绕行而短期中断交通方案,或者采用横梁现浇早强混凝土的方式,以缩短桥梁结构拼宽施工的工期。

# (二)说 明 书

## 技术领域

[0001] 本发明属于交通基础设施建设的技术领域,具体涉及一种双拼式矮塔斜拉桥。

## 背景技术

[0002] 矮塔斜拉桥又称部分斜拉桥,它兼有斜拉桥和悬浇变截面预应力混凝土连续梁桥两种桥型的结构优点,具有较大的刚度和较低的桥塔高度,桥型美观,跨越能力大,在100～300 m 跨径范围内具有很强的竞争力,是一种很有发展潜力的桥型结构。近十年来,其发展速度尤为迅猛,在全世界范围内已有近百座矮塔斜拉桥建成,其中有 50 余座在我国境内。施文杰在《矮塔斜拉桥在国内外的发展与实践》(《现代交通技术》2012 年第 3 期 第22～25 页)一文中,介绍了矮塔斜拉桥在国内外的发展历史,归纳出了其结构特点,并给出了目前已建成或在建的部分国内、国外矮塔斜拉桥的工程实例。

[0003] 矮塔斜拉桥的结构体系主要有两大类型:塔梁墩固结体系,以及塔梁固结、塔墩分离体系。

[0004] 矮塔斜拉桥受力特点:其受力性能介于梁式桥和斜拉桥之间。矮塔斜拉桥以主梁受弯、受压、受剪和索受拉共同承受竖向荷载,斜拉索从受力特征上更像主梁的体外索,承受部分荷载,对主梁起加劲作用。斜拉索只分担部分荷载,还有大部分的荷载由梁的受弯、受剪来承受。其主梁刚度较大,不仅受轴向压力,还要承担相当部分的弯矩和剪力,其受力分工更具有选择性。

[0005] 矮塔斜拉桥以梁受力为主,以索为辅,主梁和桥塔刚度较大,可以人为

地设计成各种结构体系、支承体系和不同参数的受力体系,每一座此类型桥梁的动力特性不尽相同。

[0006] 矮塔斜拉桥作为一种新兴的组合体系桥梁结构形式,兼有斜拉桥和变截面连续梁桥的特点。陈明宪编著的《斜拉桥建造技术》(人民交通出版社出版发行)第52页给出了矮塔斜拉桥具有的以下特点:(1)塔较矮,塔高与跨度之比为1/8~1/12,常规斜拉桥的塔高与跨度之比为1/4~1/5;(2)梁的无索区较长,没有端锚索;(3)边跨与主跨的比值较大,一般大于0.5;(4)梁高较大,高跨比为1/30~1/40,常做成变高度梁;(5)拉索对竖向恒活载分担率小于30%,受力以梁为主,索为辅;(6)斜拉索的应力变幅较小,可按体外预应力索设计。

[0007] 矮塔斜拉桥按拉索索面的设置分为单索面、双索面(又分为竖向和斜向)、三索面3种类型。采用单索面时,拉索对主梁抗扭不起作用,主梁应采用抗扭刚度较大的截面。单索面的优点是桥面上视野开阔。采用双索面时,作用于桥梁上的扭矩可由拉索的轴力来抵抗,主梁可采用较小抗扭刚度的截面。至于斜向双索面,它对桥面梁体抵抗风力扭振特别有利(斜向双索面限制了主梁的横向摆动)。采用三索面时,除具有双索面的作用特点外,还可将桥梁建成宽幅桥梁。

[0008] 矮塔斜拉桥按桥梁宽度和索面的布置分为单索面矮塔斜拉桥、双索面矮塔斜拉桥、双索面宽幅矮塔斜拉桥、三索面矮塔斜拉桥、四索面矮塔斜拉桥。

[0009] 矮塔斜拉桥按照其主梁之箱梁所采用的结构材料分类,可分为预应力混凝土结构、钢结构、钢与混凝土的混合梁结构、波形钢腹板结构等。

[0010] 美国新珍珠港纪念大桥为双塔三索面矮塔斜拉桥,全桥总宽33.70 m。宁夏银川艾倚河上的景观水道斜拉桥单幅桥宽60 m,是目前世界上已建成的单幅最宽的矮塔斜拉桥。

[0011] 杨曙岚等人在《宽幅矮塔斜拉桥抗震分析与设计》(《公路交通科技·应用技术版》2012年第12期第257-261页)一文中所提及的背景工程——江苏省丹阳市齐梁路京杭运河大桥,主桥为(70+120+70)m双塔双索面预应力混凝土矮塔斜拉桥,总体采用塔梁固结、墩梁分离的形式,主梁采用双箱梁加横梁组合体系,桥面全宽43 m,采用整体式断面,主塔(即拉索区)设于侧分带,双塔中间为双向6车道,双塔外侧为非机动车道和人行道。该桥采用双箱梁加横梁组合体系,形成整体式断面,构成了"双箱梁+中虚拟纵梁(桥面板)+横梁"的空间梁格模式。该桥

具有双拼单索面矮塔斜拉桥成桥后的外观。

[0012] 205 国道江苏省淮安市西绕城公路京杭运河特大桥，该桥系单索面矮塔斜拉桥，采用单箱三室箱梁，双向 6 车道，其横断面组成为：栏杆 0.50 m +快车道 12.50 m（路缘带 0.50 m+行车道 3.750 m ×3 +路缘带 0.750 m）+中间带 2.50 m（护栏 0.50 m +索塔区 1.50 m+护栏 0.50 m）+快车道 12.50 m（路缘带 0.75 m +行车道 3.75 m ×3 +路缘带 0.50 m）+栏杆 0.50 m。桥面总宽 28.50 m。

[0013] 福建省泉州市晋江大桥主梁采用高性能预应力混凝土双波浪鱼腹式梁体新技术，可有效抵御台风的袭击和防止桥梁产生涡流共振，为国内首创。其正桥两箱梁之间设置连接横梁，从而使得主梁宽度达 38 m，其横梁连接方式值得借鉴。

**发明内容**

[0014] 本发明的目的在于：提供一种双拼式矮塔斜拉桥，它是将单索面矮塔斜拉桥进行双拼加宽而成的双索面宽幅矮塔斜拉桥，适用于一次性整体规划设计而分期加宽实施建设的较大跨径的公路（或城市）桥梁，或为利用老桥位改（扩）建新桥时半幅施工半幅通车的经济可行的桥梁建设方案。

[0015] 本发明的技术解决方案是：该双拼式矮塔斜拉桥由单索面矮塔斜拉桥进行双拼加宽而成，即先将一座单索面矮塔斜拉桥成桥并使用后，按照建设时序再将相邻的另一座单索面矮塔斜拉桥进行主体合拢，然后在两个单索面矮塔斜拉桥的箱梁之间设置横梁使其刚性连接，最后现浇桥面板、调平层并铺筑桥面。对于新建双拼式矮塔斜拉桥，其施工方法是先建设一座单索面矮塔斜拉桥作为新桥的半幅，先行使用，后按照建设时序再建设另一座单索面矮塔斜拉桥作为新桥的另半幅，最后将两座单索面矮塔斜拉桥拼接成为双索面（宽幅）的双拼式矮塔斜拉桥；对于将老桥改（扩）建成双拼式矮塔斜拉桥，其施工方法是先在老桥一侧建设一座单索面矮塔斜拉桥作为新桥的半幅，先行使用，再拆除老桥后建设另一座单索面矮塔斜拉桥作为新桥的另半幅，最后将两座单索面矮塔斜拉桥拼接成为双索面（宽幅）的双拼式矮塔斜拉桥。

[0016] 其中，单索面矮塔斜拉桥的结构体系采用塔梁固结、塔墩分离体系，在塔与梁下面的墩顶设置盆式支座，选用预应力混凝土箱梁或钢箱梁。

[0017] 其中，两座单索面矮塔斜拉桥之间的拼接采用钢筋混凝土横梁刚性连接

（也可采取预应力混凝土箱梁作为横梁刚性连接），即在两个单索面矮塔斜拉桥的箱梁之间增设横梁，与斜拉索所拉箱梁内的横隔板（梁）、墩顶横梁、端横梁刚性连接。

[0018] 其中，横向拼接步骤：当单索面矮塔斜拉桥的箱梁采用预应力混凝土箱梁时，在单索面矮塔斜拉桥的墩顶横梁、端横梁和所有斜拉索所吊拉的箱梁内的横隔板（梁）的加宽侧预设搭接接头，在两个单索面矮塔斜拉桥的箱梁之间增设横梁，横梁预制安装并现浇湿接头或设置托架现浇，横梁与单索面矮塔斜拉桥的墩顶横梁、端横梁和所有斜拉索所吊拉的箱梁内的横隔板（梁）进行刚性连接；其施工顺序与主梁箱梁的施工顺序一样，先实施与墩顶 0 号块箱梁所对应的横梁 0 号梁，后依次对称实施与 1 号（12）、2 号（22）、3 号（32）……块箱梁所对应的横梁；如采取预应力混凝土箱梁作为横梁，应在箱梁内的横隔板（梁）和增设的横梁内预设预应力管道，用以施加横向预应力；最后在横梁上现浇桥面板、调平层，其施工顺序参照横梁的施工顺序；当单索面矮塔斜拉桥的箱梁采用钢箱梁时，在两个单索面矮塔斜拉桥的钢箱梁之间增设钢横梁，钢箱梁与钢横梁之间采用栓焊连接。

[0019] 其中，该双拼式矮塔斜拉桥的桥面宽度用两箱梁间增设的横梁的长短来调节，做成双索面宽幅矮塔斜拉桥。

[0020] 其中，两座单索面矮塔斜拉桥之间采用刚性连接进行拼接后，单索面矮塔斜拉桥结构转换为双索面矮塔斜拉桥结构，双索面之间的主梁由空间双悬臂结构受力体系转变成了空间梁格结构受力体系；设计时根据受力体系转换前后的主梁受力状态及其受力大小，拟定主梁各部位尺寸并对其进行配筋设计和验算。

[0021] 其中，将先建设的作为新桥半幅的单索面矮塔斜拉桥的桥面横坡设计为一边是 2%坡、另一边是平坡（拼宽侧），将后建设的作为新桥另半幅的单索面矮塔斜拉桥的桥面横坡设计为一边是平坡（拼宽侧）、另一边是 2%坡；现浇调平层将双拼单索面矮塔斜拉桥后所形成的双索面之间的桥面平坡调整为 2%双向横坡，并为消除两座单索面矮塔斜拉桥的箱梁顶面（拼接侧）之高程误差而设计采用 10～20 cm 的现浇混凝土。

[0022] 其中，桥梁的桩基础、墩台及墩台顶的盆式支座均由双索面（宽幅）矮塔斜拉桥结构状态来总体控制设计或选型，分期（或分幅）实施建设。

[0023] 其中，当采用预应力混凝土箱梁进行"双箱梁+横梁"拼接连接施工时，或当采用钢箱梁进行"双钢箱梁+钢横梁"的拼接（焊接或高强螺栓连接）施工连接

时，均应考虑施工期间通行车辆对桥梁结构施工拼宽时的影响，采取车辆临时绕行而短期中断交通方案，或采取横梁现浇早强混凝土，以缩短桥梁结构拼宽施工的工期。

[0024] 本发明具有以下优点：

[0025] 1. 整体设计，分期（分幅）实施；适用于一次性整体规划设计而分期建设实施的公路（或城市）桥梁，可缓解一次性建设的投资压力，并满足交通量增长的需求；对于老桥改扩建工程，可节省搭设临时便桥的费用，并满足施工期间半幅施工半幅通行而不中断交通的需求。

[0026] 2. 布跨灵活，结构合理；主跨可在 100~200 m 之间选择，甚至可以选择更大跨径；可布设单塔双跨、双塔三跨或多塔多跨连续结构的桥梁，该类结构具有桥塔矮、主梁矮、跨径大、桥面宽、分期（幅）建等显著特点，结构受力合理。

[0027] 3. 采用"双箱梁+横梁"拼接连接技术，先整体设计后分期建设双拼桥梁，是桥梁建造技术的一种创新方法。

[0028] 4. 双拼单索面矮塔斜拉桥易于形成双索面（宽幅）矮塔斜拉桥，双拼单索面矮塔斜拉桥的桥面总宽度是单索面矮塔斜拉桥的桥面总宽度的 2 倍以上，是建造宽幅桥梁之首选方案。

[0029] 5. 以单（单索面矮塔斜拉桥）拼双（双索面矮塔斜拉桥），施工方便；主梁之箱梁和两箱梁之间的横梁可采用吊架现浇法或采用预制拼接法施工，工艺成熟，成桥便捷。

[0030] 6. 桥型美观，经济性好；双拼式矮塔斜拉桥造型简洁流畅、桥面视野开阔、桥型轻巧美观，该类较大跨径桥梁的造价低于挂篮悬浇预应力混凝土变截面连续箱梁桥、斜拉桥和悬索桥。

**附图说明**

[0031] 图 1 为江苏省丹阳市齐梁路京杭运河大桥主桥立面示意图。

[0032] 图 2 为江苏省丹阳市齐梁路京杭运河大桥主桥平面布置示意图。

[0033] 图 3 为江苏省丹阳市齐梁路京杭运河大桥主桥横断面布置示意图。

[0034] 图 4 为 205 国道江苏省淮安市西绕城公路京杭运河特大桥立面示意图。

[0035] 图 5 为 205 国道江苏省淮安市西绕城公路京杭运河特大桥平面布置示意

[0036] 图6为205国道江苏省淮安市西绕城公路京杭运河特大桥横断面布置示意图。

[0037] 图7为本发明的双拼式矮塔斜拉桥横断面布置示意图。

## 具体实施方式

[0038] 如图7所示，该双拼式矮塔斜拉桥可由单索面矮塔斜拉桥进行双拼加宽而成；即先将一座单索面矮塔斜拉桥成桥后，按照建设时序再将相邻的另一座单索面矮塔斜拉桥进行主体合拢，然后在两个单索面矮塔斜拉桥的箱梁之间设置横梁使其刚性连接，最后现浇桥面板、调平层并铺筑桥面；对于新建双拼式矮塔斜拉桥，其施工方法是先建设一侧单索面矮塔斜拉桥作为新桥的半幅，再建设另一侧单索面矮塔斜拉桥作为新桥的另半幅，最后将两座单索面矮塔斜拉桥拼接成为双索面（宽幅）的双拼式矮塔斜拉桥；对于将老桥改扩建成双拼式矮塔斜拉桥，其施工方法是先在老桥一侧建设一座单索面矮塔斜拉桥作为新桥的半幅，再拆除老桥后建设另一座单索面矮塔斜拉桥作为新桥的另半幅，最后将两座单索面矮塔斜拉桥拼接成为双索面（宽幅）的双拼式矮塔斜拉桥。

[0039] 其中，单索面矮塔斜拉桥的结构体系采用塔梁固结、塔墩分离体系，在塔与梁下面的墩顶设置盆式支座，选用预应力混凝土箱梁或钢箱梁。

[0040] 其中，两座单索面矮塔斜拉桥之间的拼接采用钢筋混凝土横梁刚性连接(也可采用预应力混凝土箱梁作为横梁)，即在两个单索面矮塔斜拉桥的箱梁之间增设横梁，与斜拉索所拉箱梁内的横隔板（梁）、墩顶横梁、端横梁刚性连接。

[0041] 其中，横向拼接步骤：当单索面矮塔斜拉桥的箱梁采用预应力混凝土箱梁时，在单索面矮塔斜拉桥的墩顶横梁、端横梁和所有斜拉索所吊拉的箱梁内的横隔板（梁）的加宽侧预设搭接接头，在两个单索面矮塔斜拉桥的箱梁之间增设横梁，横梁与单索面矮塔斜拉桥的墩顶横梁、端横梁和所有斜拉索所吊拉的箱梁内的横隔板（梁）进行托架现浇钢筋混凝土的刚性连接；或预制安装并现浇湿接头的横梁，其施工顺序与主梁箱梁的施工顺序一样，先实施与墩顶0号块箱梁所对应的横梁0号梁，后依次对称实施与1号（12）、2号（22）、3号（32）……块箱梁所对应的横梁；如采用预应力混凝土箱梁作为连接横梁时，应在箱梁内的横隔板（梁）和增

设的横梁内预设预应力管道,用以施加横向预应力;最后在横梁上现浇桥面板、调平层,其施工顺序参照横梁的施工顺序;当单索面矮塔斜拉桥的箱梁采用钢箱梁时,在两个单索面矮塔斜拉桥的钢箱梁之间增设钢横梁,钢箱梁与钢横梁之间采用栓焊连接。

[0042] 按以下具体步骤实施双拼式矮塔斜拉桥:

[0043] 1. 按照双拼式矮塔斜拉桥方案,即双索面宽幅矮塔斜拉桥一次性整体规划并设计拟新(改)建公路(或城市)桥梁。

[0044] 2. 对于新建桥梁工程,先实施双拼式矮塔斜拉桥的半幅桥梁中的单索面矮塔斜拉桥,采用单箱三室(或多室)箱梁、挂篮悬浇法或预制悬拼法施工,双拼式矮塔斜拉桥的另外半幅桥梁根据交通量增长等需要分期实施建设。

[0045] 3. 对于老桥改扩建工程,先在老桥一侧实施双拼式矮塔斜拉桥的半幅桥梁中的单索面矮塔斜拉桥,采用单箱三室(或多室)箱梁、挂篮悬浇法或预制悬拼法施工,待其成桥开放交通后再拆除老桥。

[0046] 4. 依据拓宽桥梁的需要,拓宽实施双拼式矮塔斜拉桥的另半幅桥梁中的单索面矮塔斜拉桥,同样采用单箱三室(或多室)箱梁、挂篮悬浇法或预制悬拼法施工。

[0047] 5. 在两箱梁之间实施连接横梁,采用吊架现浇法或预制安装法施工,完成由单索面矮塔斜拉桥结构向双索面(宽幅)矮塔斜拉桥结构的桥梁结构受力体系的转换。

[0048] 6. 在已完成的连接横梁上采用承托模板现浇钢筋混凝土桥面板、调平层并铺筑桥面,将分期实施的两座单索面矮塔斜拉桥拼成一座双索面(宽幅)矮塔斜拉桥。

[0049] 以 205 国道江苏省淮安市西绕城公路京杭运河特大桥进行双拼为例,双塔中间设双向 8 车道,双塔外侧设慢车道和人行道,则其双拼式宽幅矮塔斜拉桥的横断面组成为:栏杆 0.50 m+人行道 5.00 m+慢车道 7.50 m+侧分带 2.50 m(护栏 0.50 m+索塔区 1.50 m+护栏 0.50 m)+快车道 12.50 m(路缘带 0.50 m+行车道 3.75 m×3+路缘带 0.75 m)+快速公交道 8.00 m+快车道 12.50 m(路缘带 0.75 m+行车道 3.75 m×3+路缘带 0.50 m)+侧分带 2.50 m(护栏 0.50 m+索塔区 1.50 m+护栏 0.50 m)+慢车道 7.50 m+人行道 5.00 m+栏杆 0.50 m。桥面总宽 64 m。

## （三）说明书附图

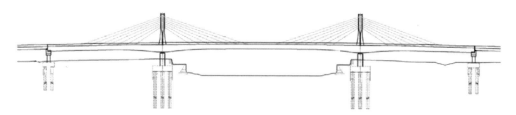

图1　江苏省丹阳市齐梁路京杭运河大桥主桥立面示意图

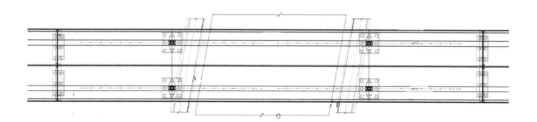

图2　江苏省丹阳市齐梁路京杭运河大桥主桥平面布置

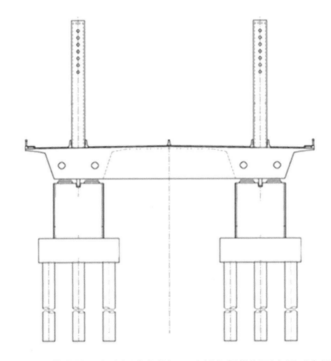

图 3　江苏省丹阳市齐梁路京杭运河大桥主桥横断面布置示意图

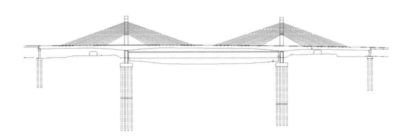

图 4　205 国道江苏省淮安市西绕城公路京杭运河特大桥立面示意图

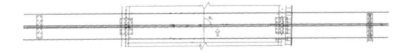

图 5　205 国道江苏省淮安市西绕城公路京杭运河特大桥平面布置示意图

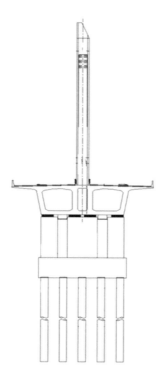

图 6　205 国道江苏省淮安市西绕城公路京杭运河特大桥横断面布置示意图

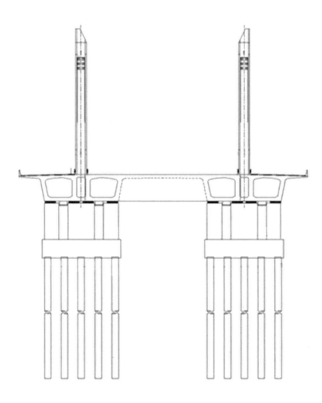

图 7　双拼式矮塔斜拉桥横断面布置示意图

# 三、装配式卷（板）材结构的高黏度改性沥青薄层路面

## （ZL 201210352474.3）

**(10) 授权公告号** CN 102839581 B　　**(45) 授权公告日** 2015.07.29

**(22) 申请日** 2012.09.21

**(73) 专利权人** 江苏省淮安市公路管理处

　　**地址** 223001 江苏省淮安市清河区淮海北路 75 号

**(72) 发明人** 张玉恒

**(74) 专利代理机构** 淮安市科翔专利商标事务所 32110

**(51) Int.Cl.**

　　E01C 5/22(2006.01)

**(56) 对比文件**

　　CN 101906746 A,2010.12.08,

　　CN 201433345 Y,2010.03.31,

　　CN 202247580 U,2012.05.30,

　　CN 1580406 A,2005.02.16,

　　US 2011064517 A1,2011.03.17,

金康康. 高速公路沥青路面温拌薄层罩面技术研究[J]. 中国优秀博硕士学位论文全文数据库（硕士）：工程科技 II 辑，2009，10.

---

**(54) 发明名称**

装配式卷（板）材结构的高黏度改性沥青薄层路面

**(57) 摘要**

本发明公开了装配式卷（板）材结构的高黏度改性沥青薄层路面，包括以下步骤：按照热区、温区、寒区使用环境要求，取基材（无纺土工布）+胶结料（高黏度改性沥青）+增强料（玻璃纤维）+粗集料（碎石）+细集料（砂和石屑）+填料（矿粉）+颜料（色料）+添加剂（降黏剂），设计不同配比的混合料，在生产流水线上，铺设无纺土工布作为基材，在基材上摊铺经过拌和形成的高黏度改性沥青温拌混合

料，再使用压力机器压制成卷（板）材型道路薄层路面，卷材采用圆柱滚轴支架卷曲成筒柱体，板材承托式包装。本发明将道路沥青薄层路面集成为工厂化生产、装配式施工，具有集成度高、施工快速、质量可靠、性能优良、节能环保、美观实用、用途广泛等特点。

# 四、全预制装配式围墙

## （ZL 201410571973.0）

**(10) 授权公告号** CN 104314362 B  　　**(45) 授权公告日** 2016.06.22

**(22) 申请日** 2014.10.24

**(73) 专利权人** 张玉恒

　　**地址** 223001 江苏省淮安市清河区漕运西路 96 号

**(72) 发明人** 张玉恒

**(74) 专利代理机构** 淮安市科翔专利商标事务所 32110

**(51) Int.Cl.**

E04H 17/14(2006.01)

E04H 17/16(2006.01)

E04H 17/20(2006.01)

**(56) 对比文件**

CN 204152303 U,2015.02.11,权利要求 1-5.

CN 103225444 A,2013.07.31,全文.

CN 203361759 U,2013.12.25,全文.

CN 203374067 U,2014.01.01,全文.

CN 103061579 A,2013.04.24,全文.

DE 202008009765 U1,2008.11.13,全文.

JP 2003172048 A,2003.06.20,全文

US 2012018692 A1,2012.01.26,全文

---

**(54) 发明名称**

全预制装配式围墙

**(57) 摘要**

本发明公开了全预制装配式围墙，该全预制装配式围墙有透空围墙和板体围墙两种；全预制装配式透空围墙包括基桩（1）、承托钢环（2）、柱芯（3）、承托板（4）、开槽砌块（5）、围墙板（6）、柱体砌块（7）、栅栏和柱帽砌块（9），全预制装配式

板体围墙包括基桩（1）、钢环形牛腿（10）、柱芯（3）、承托板（4）、开槽砌块（5）、围墙板（6）、柱帽砌块（9）和压顶板（11）；本发明的全部构件工厂化预制，现场快速组装，临时用地少，施工工序少，工程周期短，表观质量好，抗震性能强，环保无污染。

# 五、十字形立体船闸暨水运互通立交

## （ZL 201610194865.5）

**(10) 授权公告号** CN 105780750 B  **(45) 授权公告日** 2017.08.01

**(22) 申请日** 2016.03.31

**(71) 申请人** 江苏省淮安市航道管理处

　　**地址** 223001 江苏省淮安市清河区漕运西路 96 号

**(72) 发明人** 张玉恒

**(74) 专利代理机构** 淮安市科翔专利商标事务所 32110

**(51) Int. Cl.**

　　E02C 1/00(2006.01)

**(54) 发明名称**

十字形立体船闸暨水运互通立交

**(57) 摘要**

本发明公开了十字形立体船闸暨水运互通立交，在具有一定的水位差的两条河流的十字交汇处，将两个单级船闸按照上下层十字交叉叠加的形式设置，两个单级船闸的上闸首、下闸首均设闸门，并通过引航道分别连接两条河流在十字交汇处的上、下游，使得位于下层的单级船闸的闸室顶与位于上层的单级船闸的闸室顶平齐，形成一个闸室相对比较深而另一个闸室相对比较浅的、复合式的、具有十字形闸室的新型立体船闸，通过输水廊道系统控制与调节十字形闸室里的水位上升或下降，使得船舶能够在十字形闸室中高水位时在交通信号灯的指示下通过自身的双螺旋桨调转航向，实现低水位或高水位河流中的船舶转向高水位或低水位河流中，使得各向船舶安全互通。

## （一）权利要求书

1. 十字形立体船闸暨水运互通立交，它的建造方法是：在具有一定的水位差的两条河流的十字交汇处，将两个单级船闸按照上下层十字交叉叠加的形式设置，两个单级船闸的上闸首、下闸首均设有闸门，并通过引航道分别连接两条河流在十字交汇处的上、下游，使得位于下层的单级船闸的闸室顶与位于上层的单级船闸的闸室顶平齐，形成一个闸室相对比较深而另一个闸室相对比较浅的、复合式的、具有十字形闸室的新型立体船闸，通过输水廊道系统控制与调节十字形闸室里的水位上升或下降，使得船舶能够在十字形闸室中高水位时在交通信号灯的指示下通过自身的双螺旋桨调转航向，或者通过安装在船头的首侧推装置转向，或者采取船头带缆船尾转向，或者综合采用前两种方法转向，从而实现低水位或高水位河流中的船舶转向高水位或低水位河流，使得各向船舶安全互通，畅通无阻。

2. 根据权利要求1所述的十字形立体船闸暨水运互通立交，它的具体建造方法是：在具有一定的水位差的两条河流的十字交汇处，将两个单级船闸按照上、下层十字交叉叠加的方法设置，两个单级船闸的上闸首、下闸首均设有闸门，分别为1号、2号、3号、4号闸门，并通过引航道分别连接两条河流在十字交汇处的上、下游，使得位于下层的单级船闸的闸室顶与位于上层的单级船闸的闸室顶平齐，从而形成一个闸室A相对比较深而另一个闸室B相对比较浅的、复合式的、具有十字形闸室的新型立体船闸，通过输水廊道系统控制与调节十字形闸室里的水位上升或下降，使得船舶能够在与高水位的河流水位一致的十字形闸室中高水位时，在交通信号灯的指示下通过自身的双螺旋桨调转航向，或者通过安装在船头的首侧推装置转向，或者采取船头带缆船尾转向，或者综合采用前两种方法转向，从而实现低水位或高水位河流中的船舶转向高水位或低水位河流，使得各向船舶安全互通，畅通无阻。

3. 根据权利要求2所述的十字形立体船闸暨水运互通立交，其特征是：它包括全直通式水运互通立交和半直通式水运互通立交两种结构类型；为了节约用水，前者在闸室A中的闸室A与闸室B的交会处设置5号、6号深水闸门，后者在闸室B中的闸室B与闸室A的交会处设置7号、8号浅水闸门。

4. 根据权利要求 2 所述的十字形立体船闸暨水运互通立交，其特征是：它还可以设置为 T 字形立体船闸的水运互通立交；它可以设置为单线或双线、单级或双级及其混合型的立体船闸的水运互通立交。

5. 根据权利要求 2 所述的十字形立体船闸暨水运互通立交，其特征是：其所使用的交通信号灯为上升、下降、左转、右转和直行的多相位水运互通立交交通信号灯；交通信号灯采取悬挂在水运互通立交中心的上空，或者分散安装在水运互通立交中心的周边闸室墙墙顶的适当位置；其上层闸室中的每两面闸室墙的墙壁相交处均采用具有一定曲率半径的圆弧形闸室墙面，以利于船舶转向行驶之安全。

6. 根据权利要求 2 所述的十字形立体船闸暨水运互通立交，其特征是：全直通式水运互通立交的下层闸室墙与上层闸室底板相交处均采用具有一定曲率半径的圆弧形连接面，以利于船舶过闸在闸室中上升或下降之安全。

7. 根据权利要求 2 所述的十字形立体船闸暨水运互通立交，其特征是：船舶是在十字形闸室中高水位时，也即与高水位的河流水位一致，通过排档与调度安排所有转向船舶转向时行驶最大轨迹半径，并在交通信号灯的指示下使用自身的双螺旋桨调转航向，或者通过安装在船头的首侧推装置转向，或者采取船头带缆船尾转向，或者综合采用前两种方法转向，从而实现低水位或高水位河流中的船舶转向高水位或低水位河流，使得各向船舶安全互通，畅通无阻。

8. 根据权利要求 2 所述的十字形立体船闸暨水运互通立交，其特征是：全直通式水运互通立交为了保证在低水位河流的船舶直行过闸时高水位河流的水流流通而不中断，在位于上层的单级船闸的闸室的两侧，结合输水廊道系统设置下穿位于下层的单级船闸的闸室底板而形成倒虹吸的过水通道，以平衡高水位闸室上、下游闸首外的水位；倒虹吸两端设置潜孔式平面钢质工作闸门和液压式启闭机。

9. 根据权利要求 2 所述的十字形立体船闸暨水运互通立交，其特征是：将交汇段闸室的建造空间在满足过闸船舶的转向需求的同时尽可能地缩小，以使得长期运营的立体型船闸能够节约用水，并提高船舶过闸效率。

10. 根据权利要求 2 所述的十字形立体船闸暨水运互通立交，其特征是：当两条相交河流的水位落差足够大时，该立体型船闸的水运立交则采用"上部渡槽+下部涵洞"式结构，上部渡槽为连续式"闸室"渡槽，下部涵洞为既能通行船舶又能泄水排洪的多个闸室并列的闸室式涵洞,从而形成"上槽下涵、涵闸合一"的、兼有水运通航和泄洪排水功能的、复合两用的水运水利共同体。

# (二)说 明 书

## 技术领域

[0001] 本发明属于水运交通基础设施建设的技术领域,具体涉及一种在两条具有一定的水位差的河流交汇处设置具有水运互通功能的十字形或T形立体船闸。

## 背景技术

[0002] **1. 船闸技术和升船机技术**

中国是建造船闸最早的国家。秦始皇33年(公元前214年)凿灵渠,设置陡门,又称斗门,今称闸门,用以调整陡门前后的水位差,使船舶能在有水位差的航道上通行。这种陡门构成单门船闸,简称单闸,又称半船闸。南朝宋景平年间(公元423~424年),在扬子津(今江苏省扬州市扬子桥)河段上建造了2座陡门,顺序启闭这两道陡门,控制两陡门间河段的水位,船舶就能克服水位落差上驶或下行。宋朝雍熙年间(公元984~987年)在西河(今江苏省淮安—淮阴间的运河)建造两个陡门,间距50步(约合76 m),陡门上设有输水设备,这就是中国历史上有名的西河闸,是现代船闸的雏形。

[0003] 在欧洲,单闸在12世纪首次出现于荷兰。1481年意大利开始建造船闸。20世纪后,在美国、苏联和西欧各国,由于河流的开发和航运的发展,船闸的数量逐渐增多,技术上也不断改进。

[0004] 船闸主要由闸室、闸首、引航道三个基本部分和输水系统、口门区、连接段、锚泊地、远方调度站、导航建筑物、靠船建筑物、闸阀门、启闭机械、电气控制设备和通信、助导航、运行管理等附属设施及生产、生活辅助建筑物等组成。

[0005] 船闸的种类很多,按其特征可分为不同的种类。按照船闸所处的地理位置和过闸船舶不同,可分为内河船闸与海船闸。根据船闸级数的不同,可分为单级船闸与多级船闸(如三峡五级船闸)。根据船闸线数,可分为单线船闸与多线船闸。

根据船闸使用的特点，在已建的船闸中还有广室船闸、省水船闸（如桂林春天湖船闸）、井式船闸等各种类型。

[0006] 根据《内河通航标准》（GB 50139—2014），船闸级别按通航的设计最大船舶吨位划分为 7 级，Ⅰ～Ⅶ级船闸对应的设计最大船舶吨位分别为 3 000 t 及以上、2 000 t、1 000 t、500 t、300 t、100 t、50 t。

[0007] 三峡船闸为双线五级连续船闸，规模举世无双，堪称世界上最大的船闸。它全长 6.40 km，其中船闸主体部分 1.60 km，引航道 4.80 km。五级船闸的总设计水头为 113 m，单级最大运行水头 45.20 m，单级闸室有效尺寸为 280 m×34 m×5 m（长×宽×槛上水深），是世界上级数最多、总水头最高的内河船闸。船闸共有 24 扇人字闸门，三分之二的人字门高 36.75 m（最大高度 38.50 m），宽 20.20 m，厚 3 m，重达 850 t，面积接近两个篮球场，其外形与重量均为世界之最，号称"天下第一门"。

[0008] 桂林春天湖船闸是目前国内首个单级、双线、省水船闸。

[0009] 江苏省盐城市境内的阜宁船闸建设期为 1972 年 11 月到 1974 年 10 月，1975 年 6 月投入使用。船闸工程按Ⅵ级航道标准、三级水工建筑物要求设计，采用一闸三首的"Y"形平面布置形式，三面闸室墙均为圆弧形，弧形闸室墙的最小半径约为 40 m。一个上闸首连通苏北灌溉总渠上游，两个下闸首分别连通苏北灌溉总渠下游和小中河航道，沟通了总渠、里下河航线。三个闸首宽度均为 10 m，闸室总长 135 m，设计过闸能力为每闸 1 500～2 000 t。

[0010] 目前，世界上线数最多的船闸是莱茵河上荷兰境内的福耳克拉克四线船闸；级数最多的多级船闸是苏联卡马河上的Ⅵ级船闸；水头最大的单级船闸是苏联额尔齐斯河上水头为 42 m 的乌斯季卡缅诺戈尔斯克船闸；巴拿马运河船闸闸室长 305 m，宽 33.50 m，船只在船闸中可以提升或降低 26 m。

[0011] 升船机和船闸是两种不同的船舶通航设施。升船机通航，俗称船舶"坐电梯"，即船舶进入升船机承船厢，升船机通过提升机构使承船厢和船舶整体提升，实现船舶或上或下的翻坝。

[0012] 升船机作为一种升降船舶的机械设施，主要有干运式升船机、水压式升船机、浮筒式升船机、斜面升船机、平衡重式垂直升船机几种类型。升船机比船闸节省水或几乎不耗水，在少水的河流或人工运河上，这是一个重要的优点。在高水

头的通航建筑物中，升船机的造价通常低于船闸。升船机最大的优点在于通航时间比船闸通航时间大大缩短。

[0013] 目前，全世界已不发展水压式升船机。浮筒式升船机，由于浮筒井的建造和维护比较困难，也未继续建造。斜面升船机多为纵向斜面的升船机，只有在水域和陆域的特殊情况下才建造横向斜面升船机。与垂直升船机相比，斜面升船机易于管理和维护，没有高空建筑产生的复杂技术问题和营运问题。主要缺点是在提升高度大的情况下，线路长，影响通过能力；变速行驶，影响厢内停泊的稳定性。干运只是在升船机发展的初期和船舶吨位不大的情况下使用，且多为小型斜面式。现代建造的数百吨以上船舶的升船机均为湿运。平衡重式垂直升船机，可以大幅度地降低系统的升船功率，维修方便，所以应用广泛。目前，世界上最大的平衡重式垂直升船机是德国易北河支运河的沙尔贝内克平衡重式垂直升船机，世界上最大的纵向斜面升船机是俄罗斯叶尼塞河的克拉斯诺亚尔斯克的纵向斜面升船机。英国苏格兰的福尔基克建有旋转升船机。

[0014] 我国现有升船机 60 多座，主要分布于浙江、湖南、湖北等 12 个省区，大多数为提升 50 t 以下船舶的小型斜面升船机，多用高低轮或高低轨来保持承船厢的水平位置。只有湖北清江隔河岩和福建水口两座升船机例外，它们都是作为三峡升船机的"试验机"建造的。

[0015] 三峡升船机采用齿轮齿条爬升方案技术，安全可靠。三峡升船机整体设施由上游引航道、上闸首、承船厢、下闸首和下游引航道组成。三峡升船机作为客轮和特种船只快速过坝通道，全线总长约 5 000 m，船厢室段塔柱建筑高度 146 m，最大提升高度 113 m，最大提升质量超过 1.55 万 t，上游通航水位变幅 30 m，下游通航水位变幅 11.80 m。其主体承船厢长 132 m、宽 23.40 m、高 10 m，提升 3 000 t 级的船舶过坝。它具有提升质量大、升程高、上下游通航水位变幅大、水位变率快以及通航条件受河流泥沙淤积、船闸充泄水和枢纽泄流影响的特点，是世界上规模最大、技术难度最高的升船机。

[0016] 三峡升船机于 2009 年 4 月开工，历经 6 年多的建设，2015 年 12 月 21 日实船实验成功，为这座世界上最大的"升船电梯"投入试运行奠定了基础。三峡升船机投入运行后，船舶过坝时间由原来的 3 h 以上缩短至 40 min 左右，预计每年增加 600 万 t 的过坝能力。

[0017] 德国建有世界上最长的通航渡槽,即马格德堡运河水立交桥。该水立交桥缺乏上下两条水道的航运互通功能。

[0018] 纵观世界船闸及升船机的建设历史,在古今中外已建的各类船闸中至今尚无立体交叉的互通式船闸,也没有具有水上运输互通功能的水运互通立交。

[0019] **2. 船型标准化**

为推进京杭运河、淮河水系运输船舶船型标准化工作,2012年12月25日,交通运输部发布了《关于公布京杭运河、淮河水系过闸运输船舶标准船型主尺度系列及有关规定的公告》(交通运输部公告2012年第73号),自2013年4月1日起施行《京杭运河、淮河水系过闸运输船舶标准船型主尺度系列》,要求有关从业者和相关管理单位按照主尺度系列建造船舶和实施好管理工作。除此以外,我国其他水系运输船舶船型标准化工作同样有章可循,在此不再赘述。

[0020] 《京杭运河、淮河水系过闸运输船舶标准船型主尺度系列》中1.3.2条规定:京杭运河、沙颍河-淮河干线过闸船舶主尺度应满足本尺度系列总长LOA、总宽BOA的有关规定,其中京杭运河、淮河干线过闸干散货船、液货船、过闸驳船及过闸集装箱船标准船型的最大船型主尺度分别摘录列于表1、表2、表3。

[0021]

表1 京杭运河、淮河干线过闸干散货船、液货船、标准船型主尺度系列

| 船型名称 | BOA/m | LOA/m | 参考设计吃水/m | 参考载货吨级/t | 适用航域 |
| --- | --- | --- | --- | --- | --- |
| 京淮货-10 | 13.8 | 63~68 | 3.0~3.3 | 2 000 | 京杭运河 |

表2 京杭运河、沙颍河-淮河干线过闸驳船标准船型主尺度系列

| 船型名称 | BOA/m | LOA/m | 参考设计吃水/m | 参考载货吨级/t | 适用航域 |
| --- | --- | --- | --- | --- | --- |
| 京淮驳-8 | 15.8 | 64~75 | 2.6~3.3 | 2 000~3 000 | 京杭运河 |

表3 京杭运河、沙颍河-淮河干线过闸集装箱船标准船型主尺度系列

| 船型名称 | BOA/m | LOA/m | 参考设计吃水/m | 参考载货吨级/t | 适用航域 |
| --- | --- | --- | --- | --- | --- |
| 京淮集-6 | 13.8 | 65~68 | 2.5~3.0 | 100 | 京杭运河 |

由此可知，京杭运河、淮河水系过闸运输船舶标准船型船宽最大尺寸为15.80 m，船长最大尺寸为75 m。

[0022] 京杭运河、淮河水系过闸运输船舶标准船型的船只均为双螺旋桨。从理论上讲，双螺旋桨的船只都能够原地回转。经过对江苏省船舶设计研究所有限公司和江苏省洪泽县航运有限责任公司等船舶设计、使用单位的调查了解得知，目前水运市场上实际使用的货运船只均为双螺旋桨推进器，有的货船还在船首加装了首侧推装置，使得货运船舶可以原地回转；实际上货运船舶通常还采取将船头在河中抛锚或将船首系在闸室的系船柱上而后转动船尾的方法来实现回转转向；因此，货运船舶在能够满足其船体转向的足够大的闸室内（即长和宽均大于船舶长度的闸室内）进行小半径转弯是没有问题的。

### [0023] 3. 淮河入海水道叠加二级航道

淮河入海水道与苏北灌溉总渠平行，紧靠其北侧，西起洪泽湖二河闸，东至滨海县扁担港注入黄海，经过江苏省淮安市的清浦区、淮安区和盐城市的阜宁县、滨海县，全长162.30 km，河道宽750 m，深约4.50 m，并分别在淮安区境内与京杭运河、在滨海县境内与通榆运河立体交叉，形成淮安枢纽（水立交）和滨海枢纽（水立交）。

[0024] 淮安枢纽（水立交）是亚洲同类工程规模最大的上槽下洞水上立交工程，位于江苏省淮安市淮安区城南、京杭运河与苏北灌溉总渠交汇处北侧的淮河入海水道里程桩号27K+890处，作用是满足淮河入海水道泄洪和京杭运河通航，下部涵洞按近期设计泄洪流量2 270 m³/s、强迫泄洪流量2 890 m³/s设计，共15孔，顺水流方向长108.604 m，垂直水流方向长122.40 m，单孔断面尺寸6.80 m×8.00 m，上部通航渡槽按Ⅱ—（3）通航标准设计，净宽80.00 m。一期工程设计防洪标准结合远期为300年一遇。该枢纽（水立交）由水利部批准，概算投资3.5亿元，2000年10月开工兴建，2003年10月建成通水。

[0025] 滨海枢纽（水立交）是一级水工建筑物，位于淮河入海水道111K+057处，也采用上槽下洞结构形式，它使入海水道与通榆运河立交，保证两水系独立，工程作用是满足淮河入海水道泄洪、排涝和通榆运河通航。下部为东西向箱涵，用作淮河入海水道的泄洪行水，使入海水道高水行洪以及偏泓涝水穿越通榆运河入海，下部涵洞按近期设计泄洪流量2 270 m³/s、强迫泄洪流量2 890 m³/s设计，涵洞底板

高程为－9.00 m（以废黄河零点为准），共23孔，单孔断面尺寸6.00 m×6.50 m。上部为南北向通航渡槽，按Ⅲ级通航标准设计，槽宽58.00 m。一期工程设计防洪标准结合远期为300年一遇。该枢纽（水立交）由水利部批准，概算投资2.8亿元，于2000年10月开工建设，2002年7月通过水下工程验收，2003年6月全面建成。

淮河入海水道京杭运河交叉口淮安枢纽（水立交）至连申线通榆运河交叉口滨海枢纽（水立交）段83 km为规划国省干线航道——淮河出海航道的重要组成部分，是长三角高等级航道网规划和全国内河航道与港口布局规划确定的高等级航道，也是纳入国务院批准的《江苏沿海地区发展规划》中的重要港口集疏运航道，原规划等级为Ⅲ级。

[0026] 根据国务院批准的《淮河流域综合规划（2012—2030）》和《淮河流域防洪规划》，洪泽湖入江入海设计泄洪能力需要提高到20 000～23 000 m³/s，洪泽湖防洪标准达到300年一遇，为此需实施淮河入海水道二期工程，将其行洪能力提高到7 000 m³/s。淮河入海水道河道总长162.30 km，现状河道京杭运河西（简称运西）为单泓，长27.89 km，京杭运河东（简称运东）为双泓，长134.41 km。规划河道二期工程规模为：运西段河底高程8.00～0.00 m，河底宽度500～784～280 m，运东段深泓河底高程0.00～－4.00 m，河底宽度280～230～350 m；设计堤顶高程17.27～6.10 m，设计洪水位15.95～3.60 m，淮安枢纽（水立交）设计防洪水位12.73 m（涵下），滨海枢纽（水立交）设计防洪水位8.16 m（闸下）；将淮安枢纽（水立交）地涵由原15孔扩建至45孔，将滨海枢纽（水立交）地涵由原23孔扩建至63孔。详见《淮河入海水道二期工程环境影响报告书（简本）》。

[0027] 2015年11月6日，交通运输部批复同意将淮河入海水道二期工程京杭运河以东段与通航相关的河道、桥梁和船闸工程按Ⅱ级航道标准实施。批复指出，利用淮河入海水道加快建设淮河出海航道，对于完善长江三角洲高等级航道网布局，促进流域经济发展具有重要作用，也符合水资源综合利用原则。

[0028] **4. 水运互通立交的提出**

在淮河入海水道上叠加Ⅱ级航道，其与京杭运河Ⅱ级航道、通榆运河Ⅲ级航道之间的水运转换问题亟待早日解决。目前，淮安枢纽（水立交）、滨海枢纽（水立交）的功能仅仅能够满足淮河入海水道泄洪和京杭运河通航及通榆运河通航，而不具备船舶在淮河入海水道、京杭运河、通榆运河之间的水运互通功能，那么在对现有淮安枢纽（水立交）、滨海枢纽（水立交）加以保留并充分利用的前提下，探索并解决这两处及其类似水域的水运互通的有关问题，值得我们进行研究设计和创新发明。

## 发明内容

[0029] 本发明的目的在于：设计一种十字形立体船闸暨水运互通立交，有效地解决两条具有一定水位落差的通航河流在其十字形或T形交汇处的水运互通，使具有一定水位落差的两条交叉且通航河流中的运输船舶能够便捷过闸，安全互通，畅通无阻。

[0030] 本发明的技术解决方案是：在具有一定的水位落差的两条河流的十字交汇处，将两个单级船闸按照上、下层十字交叉叠加的方式设置，两个单级船闸的上闸首、下闸首均设有闸门，并通过引航道分别连接两条河流在十字交汇处的上、下游，使得位于下层的单级船闸的闸室顶与位于上层的单级船闸的闸室顶平齐，从而形成一个闸室相对比较深而另一个闸室相对比较浅的、复合式的、具有十字形闸室的新式立体船闸，通过输水廊道系统控制与调节十字形闸室里的水位上升或下降，船舶在十字形闸室中高水位时（与高水位的河流水位一致）通过自身的双螺旋桨调转方向，或者通过安装在船头的首侧推装置转向，或者采取船头带缆固定而船尾转向，或综合采用前两种方法转向，实现低水位或高水位河流中的船舶向高水位或低水位河流的转向，使各向船舶能够安全互通，畅通无阻。

[0031] 该十字形立体船闸即为水运互通立交，具体分为全直通式水运互通立交，和半直通式水运互通立交；前者优先保证两条交叉河流的直线双向过闸船舶通航，转向过闸船舶通航为辅；后者优先保证一条交叉河流的直线双向过闸船舶通航，转向过闸船舶通航为辅。

[0032] 为了保证在低水位河流的船舶直行过闸时高水位河流的水流流通而不中断，在位于上层的单级船闸的闸室的两侧，设置输水廊道系统下穿位于下层的单级船闸的闸室而形成倒虹吸过水通道，以平衡高水位闸室上下游之水位；倒虹吸两端设置潜孔式平面钢质工作闸门和液压式启闭机。

[0033] 为了给在高水位时的十字形闸室内调转航向的船舶创造较大的转向空间,并避免船舶碰撞直角形闸室墙,将十字相交形成的上层闸室中的直角形闸室墙做成具有一定曲率半径的上层闸室圆弧形闸室墙。

[0034] 为了提升低水位或降落高水位河流中的船舶,在十字形全直通式立体船闸的上层闸室圆弧形闸室墙与下层闸室相交处及下层闸室的上、下闸首处,分别设置 4 道高水位差的人字闸门,其余设置为低水位差的人字闸门;而在十字形半直通式立体船闸的下层闸室的上、下闸首处,分别设置 2 道高水位差的人字闸门,其余设置为低水位差的人字闸门;所有闸门均采用人字形钢质闸门,其闸门的设置方式与常规船闸相同。

[0035] 将下层闸室墙与上层闸室底板的直角形交会角做成圆弧形交会面,以避免其直角交会处磕碰过闸船舶,利于过闸船舶安全通过。

[0036] 在两层闸室之间设有输水廊道系统,其输水系统采用短廊道形式、长廊道形式或 两者相结合的形式,根据水位落差实际情况的大小选用,以使得上、下两层闸室中的船舶随着闸室水位的升降变化来克服两条河流水位之差,实现两条河流中水运船舶的安全转换与互通。

[0037] 在上层闸室内与下层闸室内均设有多组浮式系船柱,其设置方式与常规船闸相同。

[0038] 在上层闸室与下层闸室的中心线交叉点的上方悬挂设置交通信号灯,或选择在闸室墙墙顶的适当位置分散设置,用于指挥过闸船舶的升降、直行与左右转向。

[0039] 当船队需要转向通过船闸时,将船队解体成单艘船只,以利于单艘船只转弯转向之安全,待全队船舶均转向后在引航道再次集结组队继续航行。

[0040] 除上述水运互通立交之船闸所涉及的创新结构外,该水运互通立交船闸的闸室、闸首、引航道和输水系统、口门区、连接段、锚泊地、远方调度站、导航建筑物、靠船建筑物、闸阀门、启闭机械、电气控制设备和通信、助导航、运行管理等附属设施及生产、生活辅助建筑物的组成、设置均与常规船闸相同。

[0041] 根据十字形立体船闸所处的两条交叉河流的航道等级、船舶过闸流量的不同需求,该十字形立体船闸具有多种具体的组合表现形式:单线单级船闸与单线单级船闸十字形交叉型的立体船闸、双线双级船闸与双线双级船闸十字形交叉型的

立体船闸、单线双级船闸与双线双级船闸十字形交叉型的立体船闸、单线单级船闸与双线双级船闸十字形交叉型的立体船闸。

[0042] 根据两条交叉河流的河流交叉形式不同，如T字形交叉，将十字形立体船闸简化为T字形立体船闸；同样，T字形立体船闸也具有多种表现形式：单线单级船闸与单线单级船闸T字形交叉型的立体船闸、双线双级船闸与双线单级船闸T字形交叉型的立体船闸、单线双级船闸与双线单级船闸十字形交叉型的立体船闸。

[0043] 当两条相交河流的水位落差足够大时，立体船闸的水运立交采用"上部渡槽+下部涵洞"式结构，上部渡槽为连续式"闸室"渡槽，下部涵洞为既能通行船舶又能泄水排洪的多个闸室并列的闸室式涵洞，形成"上槽下涵、涵闸合一"的、兼有水运通航和泄洪排水功能的、复合两用的水运水利共同体。

[0044] **本发明具有以下优点**：第一，首创水运互通立交。纵观我国船闸建设发展的历史，迄今为止我国已建的各类船闸中尚无立体交叉的水运互通式船闸，本发明首创了在两条具有一定水位差的十字形或T字形交叉的河流的交汇处设置立体交叉式水运互通船闸，即首创了水路运输互通立交，使得需要转到各个方向的船舶通过该水运互通立交能够实现便捷过闸，安全互通，畅通无阻。

[0045] 第二，统筹兼顾水利水运。该水运互通立交不仅具备克服两条河流的水位差实现水运船舶互通转换的功能，同时具备控制两条十字形或T字形交汇河流的闸首水位、将高位河水调向低位河流的功能，集控水调水与航运立交等多功能于一身。当处于防汛紧急时期，水运互通立交停止航运，开启相应闸室的有关闸门进行泄洪排涝。

[0046] 第三，技术方案合理可行。该水运互通立交的技术方案属于集成创新方案，系将两座常规的单级单线船闸进行上下叠加组合在两条十字形或T字形交叉的具有一定水位差的河流交汇点处。上层闸室的两侧闸室墙、闸室底板在与下层闸室的闸室墙的连接处都是中断的，而下层闸室的闸室墙底部立面和闸室底板平面是连续贯通的，下层闸室底板处于同一水平面上。当关闭上层闸室两端闸门时，能够满足低水位河流中的船舶直线双向快速过闸的需求；当关闭下层闸室两端闸门时，能够满足高水位河流中的船舶直线双向快速过闸的需求；当上层闸室向下层闸室降水时，能够满足高水位河流的船舶转向低水位河流的下降并转向的需求；当下层闸室向上层闸室升水时，能够满足低水位河流的船舶转向高水位河流的上升并转向的需

求；因此，其结构是合理的。而且，我国已建同等规模的多级单线（或复线）船闸的建设经验可资借鉴，如三峡船闸的大型闸门等技术，因此，其技术也是可行的。

[0047] 第四，具有旅游观光功能。该水运互通立交是一项集控水调水与航运互通立交等多功能于一身的大型基础设施工程，属于世界首创的水运互通立交，具有较大的旅游观光价值。

[0048] 第五，社会经济效益显著。该水运互通立交是由传统的水利枢纽的水立交和水运船闸组合集成的创新成果，它集控水调水与航运立交等多功能于一身，使得水立交和船闸共享了大型工程用地，共用了大型工程的基础部分，集约了大型水工结构工程，其经济效益是十分显著的；同时，该水运互通立交具有水利和水运及旅游观光的三重功能，其社会效益也将是十分可观的。

**附图说明**

[0049] 图1为十字形全直通式立体船闸暨全直通式水运互通立交平面示意图。

[0050] 图2为十字形半直通式立体船闸暨半直通式水运互通立交平面示意图。

[0051] 图3为京杭运河与淮河入海水道交叉处设置的水运互通立交示意图。（图中尺寸单位：cm）。

[0052] 图4为通榆运河与淮河入海水道交叉处设置的水运互通立交示意图。（图中尺寸单位：cm）。

[0053] 图5为江苏省阜宁船闸卫星地图截图平面图。

**具体实施方式**

[0054] 下面结合实施例进一步说明本发明的技术解决方案，实施例不能理解为是对技术方案的限制。

[0055] 实施例1：在具有一定的水位落差的两条河流的十字交汇处，将两个单级船闸按照上、下层十字交叉叠加的方式设置，两个单级船闸的上闸首、下闸首均设有闸门，并通过引航道分别连接两条河流在十字交汇处的上、下游，使得位于下层的单级船闸的闸室顶与位于上层的单级船闸的闸室顶平齐，形成一个闸室相对比较深而另一个闸室相对比较浅的、复合式的、具有十字形闸室的新型立体船闸，通过输水廊道系统控制与调节十字形闸室里的水位上升或下降，船舶能够在十字形闸

室中高水位时（与高水位的河流水位一致）通过自身的双螺旋桨调转方向，或者通过安装在船头的首侧推装置转向，或者采取船头带缆船尾转向，或综合采用前两种方法转向，实现低水位或高水位河流中的船舶转向高水位或低水位河流，使各向船舶能够安全互通，畅通无阻。

[0056] 该十字形立体船闸即为水运互通立交，具体分为全直通式水运互通立交（如图1所示），和半直通式水运互通立交（如图2所示）；前者优先保证两条交叉河流的直线双向通航过闸船舶，转向过闸船舶为辅；后者优先保证一条交叉河流的直线双向通航过闸船舶，转向过闸船舶为辅。

[0057] 实施例2：以在京杭运河与淮河入海水道交叉处设置水运互通立交为例，如图3所示。

[0058] 京杭运河与淮河入海水道相交处的淮河入海水道里程桩号为27K+890。

[0059] 淮河入海水道规划为Ⅱ级航道，其与京杭运河相交叉河段的河底高程为 0.00 m、涵上/涵下防洪水位为 13.33 m /12.73 m、最低通航水位为 3.00 m、最高通航水位为 6.00 m、北岸河堤顶高程约为 16.33～15.23 m、南岸河堤顶高程约为 14.70 m。

[0060] 京杭运河现为Ⅱ级航道，其与淮河入海水道相交叉河段的河底高程为 3.50 m、一般通航水位为 8.50～9.50 m、设计水位为 10.80 m、最高通航水位（即校核水位）为 11.20 m、两岸河堤顶设计高程为 14.70 m。

[0061] 京杭运河与淮河入海水道的最高通航水位相差+5.20 m。

[0062] 参照中华人民共和国国家标准《内河通航标准》（GB 50139—2014）之表4.1.4 船闸有效尺度，以上述两河平面交叉点为参照点，结合淮河入海水道二期工程对原淮安枢纽（水立交）的扩建规划，在其北侧选择合适的位置平行于淮河入海水道开挖其上、下游通航引航道，以该引航道与京杭运河的交叉点为中心，在京杭运河和淮河入海水道引航道这两条河流的上、下游各设置一座Ⅱ级双线船闸，共计8个闸室，每个闸室的规模均为长 280 m×宽 34 m×门槛水深 5 m，并在这 4 座船闸交会处设置长 128 m ×宽 128 m 的交会段闸室；位于淮河入海水道引航道上的 4 个闸室及交会段闸室的底板均在下层低水位闸室的同一水平面上，而位于京杭运河上的 4 个闸室的底板均在上层高水位闸室的同一水平面上；所有闸室的闸室顶平齐；将上层闸室墙与下层闸室墙相交形成的直角形闸室墙设置为具有一定半径（图3中选用 $R_1=15$ m）的圆弧形闸室墙，将交会段闸室墙与京杭运河闸室底板相交形成的

直角折面设置为具有一定半径的圆弧面；2号和6号、1号和5号闸门分别设置于京杭运河的上、下游闸首处，9号和13号、10号和14号闸门分别设置于淮河入海水道引航道的上、下游闸首处，3号和7号、4号和8号、11号和15号、12号和16号闸门分别设置于上层闸室中的圆弧形闸室墙与直线形闸室墙的相交处；同步设置廊道输水系统，如图中虚线所示；由船闸调度过闸船舶进入相应闸室，并按照图3所示交会段闸室中的转向轨迹获得较大的转弯半径（选用 $R_2 \geq 96$ m）以调转航向；交通信号灯没在图3中示出；在交会段闸室中，船舶实现转向的方法为通过自身的双螺旋桨调转方向，或者通过安装在船头的首侧推装置转向，或者采取船头带缆船尾转向，或综合采用前两种方法转向；这样，将上、下层两层船闸十字交叉叠加，便形成了一座十字形交叉的大型立体船闸即全直通式水运互通立交。

[0063] 下面结合图3详细叙述该全直通式水运互通立交的使用方法，其步骤如下：

1. 京杭运河上下行船舶直线航行：当关闭1号、2号、5号、6号和11号、12号、15号、16号闸门后，通过廊道输水系统向京杭运河闸室和交会段闸室内充水至与其上、下闸首闸门外的京杭运河水位平齐，再依次打开1号、2号、3号、4号、5号、6号、7号、8号闸门，让京杭运河中的上下行船舶直线航行过闸。

2. 京杭运河或淮河入海水道中的船舶同步转向淮河入海水道或京杭运河：当11号、12号、15号和16号闸门处于关闭状态时，将自京杭运河上行或下行并需要向左或向右转向行驶的船舶调入京杭运河闸室，关闭1号、2号、5号和6号闸门；同时，将自淮河入海水道上行或下行并需要向左或向右转向行驶的船舶调入淮河入海水道闸室，关闭9号、10号、13号和14号闸门，并通过廊道输水系统向淮河入海水道闸室内充水至与交会段闸室和京杭运河闸室内的水位平齐，再打开11号、12号、15号和16号闸门，让所有闸室中的需要转向行驶的船舶在交通信号灯的指挥下有序地转至相应闸室的适当位置；再关闭11号、12号、15号和16号闸门，通过廊道输水系统泄水降低淮河入海水道闸室中的水位至与其上下游引航道的水位平齐，打开9号、10号、13号和14号闸门，使淮河入海水道闸室中的已经转向并下降的船舶驶入淮河入海水道的上游或下游；同步打开1号、2号、5号和6号闸门，使京杭运河闸室中已经上升并转向的船舶驶入京杭运河的上游或下游。

3. 淮河入海水道上下行船舶直线航行：关闭 3 号、4 号、7 号和 8 号闸门，通过廊道输水系统泄水降低淮河入海水道闸室和交会段闸室中的水位至与淮河入海水道上、下闸首外的水位平齐，打开 9 号、10 号、11 号、12 号、13 号、14 号、15 号和 16 号闸门，让淮河入海水道上、下行船舶直线航行过闸。

4. 淮河入海水道中的船舶转向京杭运河：当 9 号、10 号、11 号、12 号、13 号、14 号、15 号、16 号闸门均处于开启状态，而 1 号、2 号、3 号、4 号、5 号、6 号、7 号、8 号闸门均处于关闭状态时，将自淮河入海水道上行或下行并需要向左或向右转向行驶的船舶调入淮河入海水道闸室，关闭 9 号、10 号、13 号和 14 号闸门，通过廊道输水系统向淮河入海水道闸室和交汇段闸室内充水至与京杭运河闸室内水位平齐，打开 3 号、4 号、7 号、8 号闸门，让淮河入海水道 4 个闸室中的需要转向行驶的船舶在交通信号灯的指挥下有序地转向至京杭运河闸室中的适当位置，再打开 1 号、2 号、5 号和 6 号闸门，使京杭运河闸室中已经转向的船舶驶入京杭运河的上游或下游。

5. 京杭运河中的船舶转向淮河入海水道：当 9 号、10 号、13 号、14 号闸门处于关闭状态而其他闸门都开启时，将自京杭运河上行或下行并需要向左或向右转行驶的船舶调入京杭运河闸室，关闭 1 号、2 号、5 号和 6 号闸门；将京杭运河闸室中的需要转向行驶的船舶在交通信号灯的指挥下有序地转至淮河入海水道闸室中的适当位置；再关闭 11 号、12 号、15 号和 16 号闸门，通过廊道输水系统泄水降低淮河入海水道闸室中的水位至与淮河入海水道上下游引航道的水位平齐，打开 9 号、10 号、13 号和 14 号闸门，使淮河入海水道闸室中已经转向并下降的船舶驶入淮河入海水道的上游或下游。

6. 视情况选择并重复上述步骤：根据需要，选择并重复上述步骤 1 或 2 或 3 或 4 或 5，以满足船舶的各个方向的过闸需求；在上述步骤 2、4、5 中，需要或左转、或右转的船舶必须按照图 3 中交会段闸室内所示的航行轨迹弧线（虚线）转向行驶，以获得较大的转弯半径（图 3 中最大转弯半径 $R_2 \geqslant 96\ m$），通过船闸调度船舶进入相应闸室能够实现；在交会段闸室中，船舶实现转向的方法为通过自身的双螺旋桨调转方向，或者通过安装在船头的首侧推装置转向，或者采取船头带缆船尾转向，或综合采用前两种方法转向。

[0064] 实施例3：以在通榆运河与淮河入海水道交叉处设置水运互通立交为例，如图4所示。

[0065] 通榆运河与淮河入海水道交叉处的入海水道里程桩号为111K+057。

[0066] 淮河入海水道规划为Ⅱ级航道，其与通榆运河相交叉河段的河底高程为－3.50 m～－4.50 m～－3.00 m（船闸下游引航道河底－4.50 m～船闸上游引航道河底－4.00 m～－3.00 m），涵上/涵下防洪水位为8.76 m/8.16 m，最低通航水位为1.00 m，最高通航水位为4.00 m。船闸上游引航道堤顶高程为11.20 m，船闸下游引航道堤顶高程为7.00 m。

[0067] 通榆运河为Ⅲ级航道，其与淮河入海水道相交叉河段的河底高程为－4.00 m，除涝水位为2.58 m，最低通航水位为－0.20 m，最高通航水位为2.00 m，正常水位1.00 m，两岸河堤顶高程为7.00 m。

[0068] 淮河入海水道与通榆运河的最高通航水位相差+2.00 m。

[0069] 根据有关规定，航行在Ⅲ级航道中的全部船舶均可以驶入Ⅱ级航道，而航行在Ⅱ级航道中的部分较大的船舶不可以驶入Ⅲ级航道；因此，在滨海枢纽（水立交）处设置水运互通立交应该按照Ⅲ级航道中的最大船舶考虑设计其在水运互通立交中的转弯半径。

[0070] 参照中华人民共和国国家标准《内河通航标准》（GB 50139—2014）之表4.1.4船闸有效尺度，以上述两河平面交叉点为参照点，结合淮河入海水道二期工程对原滨海枢纽（水立交）的扩建规划，在其北侧选择合适的位置平行于淮河入海水道开挖其上、下游通航引航道，以该引航道与通榆运河的交叉点为中心，在通榆运河的上、下游各设置一座Ⅲ级单线船闸，计2个闸室，每个闸室的规模均为长230 m×宽23 m×门槛水深5.00 m；在淮河入海水道引航道的上、下游各设置一座Ⅱ级双线船闸，计4个闸室，每个闸室的规模均为长280 m×宽34 m×门槛水深5.00 m，并在这4座船闸交会处设置长128 m×宽128 m的交会段闸室；位于淮河入海水道引航道上的4个闸室及交会段闸室的底板均在下层低水位闸室的同一水平面上，而位于通榆运河上的2个闸室的底板均在上层高水位闸室的同一水平面上；所有闸室的闸室顶平齐；将上层闸室墙与下层闸室墙相交形成的直角形闸室墙设置为具有一定半径（图4中选用$R_1$=47 m）的圆弧形闸室墙，将交会段闸室墙与通榆运河闸室底板相交形成的直角折面设置为具有一定半径

的圆弧面；1号和5号、2号和6号闸门分别设置于淮河入海水道引航道的上、下游闸首处，9号和10号闸门分别设置于通榆运河的上、下游闸首处，3号和7号、4号和8号、11号和12号闸门分别设置于圆弧形闸室墙与直线形闸室墙的相交处；同步设置输水廊道系统，如图中虚线所示。由船闸调度过闸船舶进入相应闸室，并按照图4所示交会段闸室中的转向轨迹获得较大的转弯半径（选用$R_2 \geq 64\,\mathrm{m}$）以调转航向。交通信号灯没在图4中示出。在交会段闸室中，船舶实现转向的方法为通过自身的双螺旋桨调转方向，或者通过安装在船头的首侧推装置转向，或者采取船头带缆船尾转向，或综合采用前两种方法转向；这样，将上、下层两层船闸十字交叉叠加，便形成了一座十字形交叉的大型立体船闸，全直通式水运互通立交。

[0071] 下面结合图4详细叙述该全直通式水运互通立交的使用方法，其步骤如下：

1. 通榆运河上、下行船舶直线航行：当3号、4号、7号、8号、9号、10号、11号、12号闸门处于关闭状态时，通过廊道输水系统向通榆运河闸室和交会段闸室内充水至与通榆运河的上、下游闸首外水位平齐，再依次打开9号、10号、11号、12号闸门，使通榆运河中的上、下行船舶直线航行过闸。

2. 通榆运河、淮河入海水道中的船舶同时转向淮河入海水道或通榆运河：当3号、4号、7号、8号闸门处于关闭状态时，将自通榆运河上行或下行并需要向左或向右转向行驶的船舶调入通榆运河闸室，关闭9号、10号闸门；同时，将自淮河入海水道上行或下行并需要向左或向右转向行驶的船舶调入淮河入海水道闸室，关闭1号、2号、5号、6号闸门，并通过廊道输水系统向淮河入海水道闸室内充水至与通榆运河闸室内和交会段闸室内水位平齐，再打开3号、4号、7号、8号、11号、12号闸门，淮河入海水道4个闸室中和通榆运河2个闸室中需要或左或右转向行驶的船舶在交通信号灯的指挥下有序地转至相应闸室的适当位置，打开9号、10号闸门，使通榆运河闸室中已经上升并转向的船舶驶入通榆运河的上游或下游；同步关闭3号、4号、7号、8号闸门，通过廊道输水系统泄水降低淮河入海水道闸室内的水位至与淮河入海水道引航道上、下游闸首外的水位平齐，打开1号、2号、5号、6号闸门，使淮河入海水道闸室中的已经转向并下降的船舶驶入淮河入海水道的上游或下游。

3. 淮河入海水道上下行船舶直线航行：当 11 号、12 号闸门处于关闭状态时，通过廊道输水系统泄水降低交会段闸室中和淮河入海水道闸室中的水位至与淮河入海水道引航道上下游闸首外的水位平齐，打开 1 号、2 号、3 号、4 号、5 号、6 号、7 号、8 号闸门，使淮河入海水道上、下行船舶直线航行过闸。

4. 淮河入海水道中的船舶转向通榆运河：当 11 号、12 号闸门处于关闭状态，而 1 号、2 号、3 号、4 号、5 号、6 号、7 号、8 号闸门处于开启状态时，将自淮河入海水道上行或下行并需要向左或向右转向行驶的船舶调入淮河入海水道闸室，关闭 1 号、2 号、5 号、6 号闸门，通过廊道输水系统向淮河入海水道闸室和交会段闸室内充水至与通榆运河闸室中的水位平齐，打开 11 号、12 号闸门，将淮河入海水道闸室中的需要左、右 2 个方向转向行驶的船舶在交通信号灯的指挥下有序地转至通榆运河闸室中，再让通榆运河闸室中的已经上升并转向的船舶驶入通榆运河的上游或下游。

5. 通榆运河中的船舶转向淮河入海水道：当 1 号、2 号、5 号、6 号闸门处于关闭状态，而 3 号、4 号、7 号、8 号、9 号、10 号、11 号、12 号闸门处于开启状态时，将自通榆运河上行或下行并需要向左或向右转向行驶的船舶调入通榆运河闸室，关闭 9 号、10 号闸门，使通榆运河闸室中需要左、右 2 个方向转向行驶的船舶在交通信号灯的指挥下有序地转至淮河入海水道闸室的适当位置，再关闭 3 号、4 号、7 号、8 号闸门，通过廊道输水系统泄水降低淮河入海水道闸室中的水位至与淮河入海水道引航道上、下游闸首外的水位平齐，打开 1 号、2 号、5 号、6 号闸门，让淮河入海水道闸室中的已经转向并下降的船舶驶入淮河入海水道的上游或下游。

6. 视情况选择并重复上述步骤：根据需要，选择并重复上述步骤 1 或 2 或 3 或 4 或 5，以满足船舶的各个方向的过闸需求；在上述步骤 2、4、5 中，需要左转或右转的船舶必须按照图 4 中交会段闸室内所示的航行轨迹弧线（虚线）转向行驶，以获得较大的转弯半径（图 4 中最大转弯半径 $R_2 \geq 64$ m），通过船闸调度船舶进入相应闸室能够实现；在交会段闸室中，船舶实现转向的方法为通过自身的双螺旋桨调转方向，或者通过安装在船头的首侧推装置转向，或者采取船头带缆船尾转向，或综合采用前两种方法转向。

# (三)说明书附图

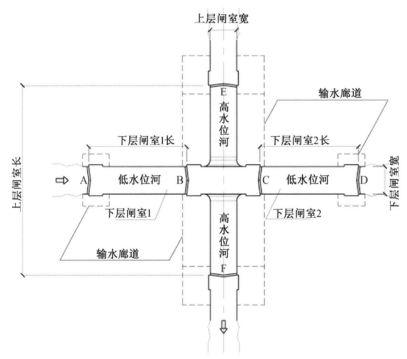

图1 十字形全直通式立体船闸暨全直通式水运互通立交平面示意图

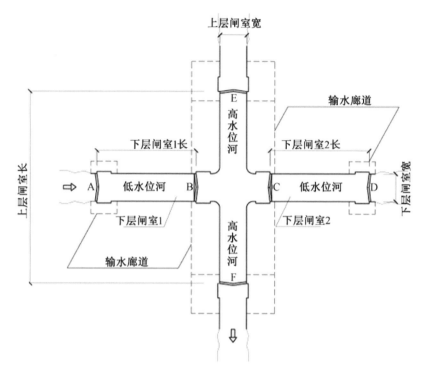

图 2　十字形半直通式立体船闸暨半直通式水运互通立交平面示意图

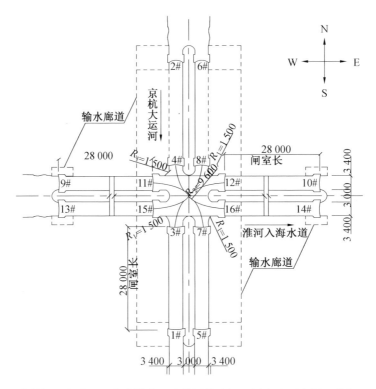

图 3 京杭运河与淮河入海水道交叉处设置的水运互通立交示意图（单位：cm）

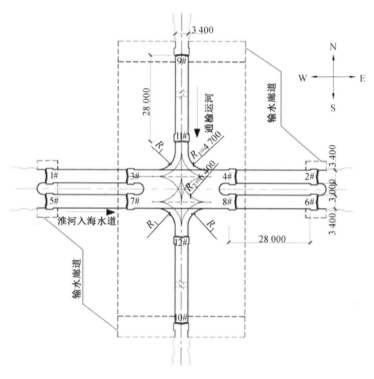

图 4　通榆运河与淮河入海水道交叉处设置的水运互通立交示意图（单位：cm）

图 5　江苏省阜宁船闸卫星地图截图平面图

# 六、内河"下桥涵上双槽"组合式水上立交

## （ZL 201910131212.6）

| (10) 授权公告号 CN 110184987 B | (45) 授权公告日 2021.04.06 |
| --- | --- |

(22) 申请日 2019.02.22

(65) 同一申请的已公布的文献号

申请公布号 CN 110184987 A

(43) 申请公布日 2019.08.30

(73) 专利权人 江苏省淮安市航道管理处

地址 223001 江苏省淮安市漕运西路 95 号

(72) 发明人 张玉恒

(74) 专利代理机构 淮安市科翔专利商标事务所 32110

(51) Int. Cl.

E02B 1/00(2006.01)

E01D 1/00(2006.01)

E02B 8/06(2006.01)

E02B 3/26 (2006.01)

(56) 对比文件

CN 105780750 A, 2016.07.20

GB 2197366 A, 1988.05.18

陈婷. 浅析淮河入海水道二期工程实施后通航可行性[J]. 规划与治理, 2013.

张廷皓, 等. 京杭运河水运、水利工程及其遗址特性讨论[J]. 中国名城, 2009.

---

(54) 发明名称

内河"下桥涵上双槽"组合式水上立交

(57) 摘要

本发明公开了一种内河"下桥涵上双槽"组合式水上立交，在紧靠淮安枢纽（水立交）的上游或下游比选确定"下桥上槽"式的半幅桥渡工程位置，使其两端顺接

京杭运河，新建永久性半幅桥渡工程并通航使用；再在淮安枢纽（水立交）一期工程的基础上扩建淮安枢纽（水立交）二期工程的"下涵上槽"的涵渡工程，使淮安枢纽（水立交）一、二期工程形成另半幅涵渡工程并通航使用；"下桥上槽"+"下涵上槽"组合而成的内河水上大型航运水利枢纽工程，即为内河"下桥涵上双槽"组合式水上立交。本发明将导流明渠的临时工程建成永久性半幅桥渡工程，边通航边施工不断航，排除防汛泄洪风险，为该渡槽航段船舶流量扩容、枢纽大修、交通战备以及应急处治等提供有力保障。

# （一）权利要求书

1. 内河"下桥涵上双槽"组合式水上立交，其特征是："下桥上槽"+"下涵上槽"并列组合而成的内河水上大型航运水利枢纽工程，即为内河"下桥涵上双槽"组合式水上立交；该组合式水上立交的施工方法是：在紧靠淮安水上立交的上游或下游比选确定"下桥上槽"式的半幅桥渡工程位置，使其两端顺接京杭运河，新建永久性半幅桥渡工程并通航使用；再在淮安水上立交一期工程的基础上扩建淮安水上立交二期工程的"下涵上槽"的涵渡工程，使淮安水上立交一、二期工程形成另半幅涵渡工程并通航使用；半幅永久性桥渡工程与另半幅扩建后形成的永久性涵渡工程是相对分离的；桥渡工程和涵渡工程的两端的内侧相连形成分水岭，其两端的外侧与京杭运河的两岸顺接；不论该桥渡工程选在淮安水上立交一期工程的上游或下游，其桥墩中心线应与涵洞洞墙身的中心线保持协调一致，以避免其阻碍涵洞的进水或出水；渡槽即航槽的两端应与京杭运河顺适连接，满足有关技术规范要求。

2. 根据权利要求1所述的内河"下桥涵上双槽"组合式水上立交，其特征是：半幅永久性桥渡工程采用桩柱式桥墩、经济型跨径，渡槽净宽在40～80 m内取值，最小通航水深不小于5.00 m。

3. 根据权利要求1所述的内河"下桥涵上双槽"组合式水上立交，其特征是：另半幅扩建的淮安水上立交二期工程的"下涵上槽"的永久性涵渡工程，其渡槽宽度与一期工程的渡槽的宽度保持一致，为80 m即可。

4. 根据权利要求1所述的内河"下桥涵上双槽"组合式水上立交，其特征是：所述分水岭建筑物应具有防撞功能。

5. 根据权利要求 1 所述的内河"下桥涵上双槽"组合式水上立交，其特征是：为了满足以后工程检修、渡槽分流、交通战备及其应急保障方面的使用需要，应分别在桥渡工程和涵渡工程的两端设置控制闸门，并在桥渡工程和涵渡工程的上方设置工作桥梁。

6. 根据权利要求 1 所述的内河"下桥涵上双槽"组合式水上立交，其特征是：在所有航槽的侧墙上均设置消浪、防撞设施，以避免航槽内的波浪影响船舶的安全通行和过往船舶对航槽侧墙的碰撞。

# （二）说 明 书

## 技术领域

[0001] 本发明属于水运交通基础设施建设的技术领域，具体涉及一种内河"下桥涵上双槽"组合式水上立交。

## 背景技术

[0002] **1. 淮河入海水道一期工程**

[0003] 淮河入海水道与苏北灌溉总渠平行，紧靠其北侧，西起洪泽湖二河闸，东至滨海县扁担港注入黄海，经过江苏省淮安市的清浦区、淮安区和盐城市的阜宁县、滨海县，全长 162.30 km，河道宽 750 m，深约 4.50 m，并分别在淮安境内与京杭运河、在滨海县境内与通榆运河立体交叉，形成淮安枢纽（水立交）和滨海枢纽（水立交）。淮河入海水道一期工程于 2014 年 6 月 28 日通过竣工验收。先后于 2014 年 7 月 4 日、2017 年夏季行洪使用过两次。

[0004] **2. 淮安枢纽（水立交）**

[0005] 淮安枢纽（水立交）是亚洲同类工程规模最大的上槽下洞水上立交工程，位于江苏省淮安市淮安区城南、京杭运河与苏北灌溉总渠交汇处北侧的淮河入海水道里程桩号 27K+890 处，作用是满足淮河入海水道泄洪和京杭运河通航，下部涵洞按近期设计泄洪流量 2 270 m³/s、强迫泄洪流量 2 890 m³/s 设计，共 15 孔，顺水流方向长 108.604 m，垂直水流方向长 122.40 m，单孔断面尺寸 6.80 m×8.00 m，上部

通航渡槽按Ⅱ—（3）通航标准设计，净宽 80.00 m。一期工程设计防洪标准结合远期为 300 年一遇。2000 年 10 月开工兴建，2003 年 10 月建成通水。

**[0006] 3. 淮河入海水道二期工程**

[0007] 洪泽湖入江入海设计泄洪能力需要提高到 20 000～23 000 m³/s，洪泽湖防洪标准达到 300 年一遇，为此需实施淮河入海水道二期工程，将其行洪能力提高到 7 000 m³/s。淮河入海水道河道总长 162.30 km，现状河道京杭运河西（简称"运西"）为单泓，长 27.89 km，京杭运河东（简称"运东"）为双泓，长 134.41 km。规划河道二期工程规模为：运西段河底高程 8.00～0.00 m，河底宽度 500～784～280 m，运东段深泓河底高程 0.00～4.00 m，河底宽度 280～230～350 m；设计堤顶高程 17.27～6.10 m，设计洪水位 15.95～3.60 m，淮安枢纽（水立交）设计防洪水位 12.73 m（涵下），滨海枢纽（水立交）设计防洪水位 8.16 m（闸下）；将淮安枢纽（水立交）地涵由原 15 孔扩建至 45 孔，将滨海枢纽（水立交）地涵由原 23 孔扩建至 63 孔。详见《淮河入海水道二期工程环境影响报告书（简本）》。

**[0008] 4. 淮河入海水道叠加二级航道**

[0009] 淮河入海水道京杭运河交叉口淮安枢纽（水立交）至连申线通榆运河交叉口滨海枢纽（水立交）段 83 km 为规划国省干线航道——淮河出海航道的重要组成部分，是长三角高等级航道网规划。

[0010] 淮河入海水道二期工程京杭运河以东段与通航相关的河道、桥梁和船闸工程按Ⅱ级航道标准实施。利用淮河入海水道加快建设淮河出海航道，对于完善长江三角洲高等级航道网布局，促进流域经济发展具有重要作用，也符合水资源综合利用原则。

**[0011] 5. 淮安枢纽（水立交）扩建工程**

[0012] 淮安枢纽（水立交）扩建工程属于淮河入海水道二期工程的一部分。淮安枢纽（水立交）扩建工程将淮安枢纽（水立交）地涵由原 15 孔扩建至 45 孔，扩建加长部分的航槽宽度由原宽 80 m 增加至宽 90 m。为了扩建期间保证京杭运河正常通航，设计采取在紧靠淮安枢纽（水立交）的下游设置临时导流明渠的施工通航方案，临时航道长约 800 m，设计水深 4.00 m，设计底宽 75 m，与京杭运河连接段的设计弯曲半径 600 m，基本满足通航要求。洪泽湖入湖洪水超过 50 年一遇时，入海水道服从防汛的要求，开启入海水道防洪，同步拆除京杭运河施工围堰，恢复京

杭运河通航，尽量减少断航影响。详见《淮河入海水道二期工程通航条件影响报告书（简本）》。

[0013] **6. 京杭大运河**

[0014] 淮安枢纽（水立交）所在区段是京杭大运河最繁忙的航道段，年货运量在 2 亿 t 以上，现状航道等级为 II 级。

[0015] 众所周知，作为 II 级航道的京杭运河，因其水运繁忙堪称"黄金水道"。淮安枢纽（水立交）二期扩建工程设计采用在紧靠其下游设置临时导流明渠的施工通航方案，不仅要投入建设与拆除临时导流明渠工程的一笔可观的临时工程费用，而且还要兼顾洪泽湖入湖洪水超过 50 年一遇时，入海水道必须服从防汛的要求，开启入海水道防洪，并影响京杭运河通航的风险。加之京杭运河船舶流量日趋增大，淮安枢纽（水立交）一期工程渡槽宽度仅 80 m，淮安枢纽（水立交）二期工程渡槽宽度设计加宽至 90 m，京杭运河淮安枢纽（水立交）航段将成为"自古华山一条道"，它还将面临枢纽大修、交通战备以及应急保障等问题。

## 发明内容

[0016] **本发明的目的在于：**设计一种内河"下桥涵上双槽"组合式水上立交，在扩建"下涵上槽"的基础上，与其并列新建"下桥上槽"形成组合式水上立交，充分利用临时工程费用将临时导流明渠的临时工程建成永久性半幅桥渡工程，保证边通航边施工不断航，排除防汛泄洪的风险，为该渡槽航段船舶流量扩容、枢纽大修、交通战备，以及应急处治等提供有力保障。

[0017] **本发明的设计原理是：**统筹考虑充分利用临时通航工程费用，先将临时导流明渠的临时工程升级建成永久性半幅桥渡工程，再扩建淮安枢纽（水立交）二期工程的另半幅涵渡工程，从而建成内河"下桥涵上双槽"组合式水上立交。

[0018] **本发明的技术解决方案是：**在紧靠淮安枢纽（水立交）的上游或下游比选确定"下桥上槽"式的半幅桥渡工程位置，使其两端顺接京杭运河，新建永久性半幅桥渡工程并通航使用；再在淮安枢纽（水立交）一期工程的基础上扩建淮安枢纽（水立交）二期工程的"下涵上槽"的涵渡工程，使淮安枢纽（水立交）一、二期工程形成另半幅涵渡工程并通航使用；这种"下桥上槽"+"下涵上槽"组合而成的内河水上大型航运水利枢纽工程，即为内河"下桥涵上双槽"组合式水上立交。

[0019] 半幅永久性桥渡工程采用桩柱式桥墩、经济型跨径,渡槽净宽以40~80 m为宜,最小通航水深不小于5.00 m;不论该桥渡工程选在淮安枢纽(水立交)一期工程的上游还是下游,其桥墩中心线应与涵洞洞墙身的中心线协调一致,以避免阻碍涵洞的进水或出水;渡槽即航槽的两端应与京杭运河顺适连接,满足有关技术规范要求。

[0020] 另半幅扩建的淮安枢纽(水立交)二期工程的"下涵上槽"的永久性涵渡工程,其渡槽(即航槽)宽度与一期工程的渡槽(即航槽)的宽度保持一致(80 m)即可。

[0021] 半幅永久性桥渡工程与另半幅扩建后形成的永久性涵渡工程是相对分离的;桥渡工程和涵渡工程的两端的内侧相连形成分水岭,其两端的外侧与京杭运河的两岸顺接;分水岭建筑物应具有防撞功能。

[0022] 为了满足以后工程检修、河槽(航槽)分流、交通战备及其应急保障等方面的使用需要,应分别在桥渡工程和涵渡工程的两端设置控制闸门,并在桥渡工程和涵渡工程的上方设置工作桥梁。

[0023] 在所有航槽的侧墙上均设置消浪、防撞设施,以避免航槽内的波浪影响船舶的安全通行和过往船舶对航槽侧墙的碰撞。

[0024] **本发明具有以下优点(功能或特点):**

[0025] 1. 半幅桥渡并列半幅涵渡,倍增航槽断面。在繁忙的京杭运河与淮河入海水道交叉处这样的重要内河水利水运枢纽,增建桥渡工程与扩建涵渡工程并列形成水利水运工程综合体,将成倍地增大航槽断面,为京杭运河提供水运交通储备。因此,增建桥渡工程与扩建涵渡工程是十分必要的,具有重要的现实意义和深远的历史意义。

[0026] 2. 新建桥渡后再加长涵渡,具备分流功能。新建桥渡工程,既可以保证扩建涵渡工程施工期间京杭运河的导流通航,又可以将新建桥渡工程永久使用,使其具有应急分流的保障作用。

[0027] 3. 临时航道升格主体渡槽,节省工程投资。将原计划用于扩建涵渡工程的临时工程——导流明渠工程升格建成桥渡工程,作为半幅主体渡槽的永久工程,将极大地减少临时征地、拆迁与恢复的工作量,节省工程投资。

[0028] 4. 边通航边施工扩建涵渡,保障航道畅通。先行建成桥渡工程交付通航使用,然后扩建涵渡工程,这种边通航边施工的建设方案,能够有效地保障京杭运河航道不中断,畅通无阻。

[0029] 5. 首创桥渡与涵渡综合体,具备旅游功能。这种先新建桥渡工程使用、后扩建涵渡工程的边通航边施工的建设方案,及增建桥渡工程与扩建涵渡工程共同形成的水利水运工程综合体均属于国内首创,集新颖性、创造性和实用性于一体,具备旅游观光功能。

[0030] 6. 大型行洪排涝通航枢纽,综合效益显著。该水利水运工程综合体将是国内内河中具备行洪、排涝、通航和观光功能的一处大型枢纽。其建设期间,可以保证边通航边施工不断航,并能够有效应对防汛泄洪的风险;其运营期间,可以为该渡槽航段船舶流量扩容,并为枢纽大修、交通战备以及应急处治等提供有力保障。因此,其社会经济效益将是十分显著的。

**附图说明**

[0031] 图1为内河"下桥涵上双槽"组合式水上立交平面示意图(图中尺寸单位:cm)。

**具体实施方式**

[0032] 下面结合实施例进一步说明本发明的技术解决方案,实施例不能理解为是对技术方案的限制。

[0033] 实施例:淮安枢纽(水立交)扩建工程属于淮河入海水道二期工程的一部分。淮安枢纽(水立交)扩建工程将淮安枢纽(水立交)地涵由原15孔扩建至45孔,扩建加长部分的航槽宽度由原宽80 m增加至宽90 m,水深5.00 m。为了保证扩建期间京杭运河正常通航,设计采取在紧靠淮安枢纽(水立交)的下游设置临时导流明渠的施工通航方案,临时导航段按Ⅱ级航道标准建设,导航段长约800 m,航道底宽为75 m,航深为4.00 m,与京杭运河连接段的设计弯曲半径为600 m,基本满足通航要求。淮安枢纽(水立交)扩建期间,如果洪泽湖入湖洪水超过50年一遇,即临时导航期内若入海水道被迫行洪,必须服从国家防汛的要求,开启入海水道防洪通道,同步拆除京杭运河施工围堰,恢复京杭运河通航,尽量减少断航影响。

[0034] 经过比选确定，先行建设的"下桥上槽"式的半幅桥渡工程，其位置在紧靠淮安枢纽（水立交）的上游，使其两端顺接京杭运河，先建成半幅永久性的桥渡工程并通航使用；再在淮安枢纽（水立交）一期工程的基础上扩建淮安枢纽（水立交）二期工程的"下涵上槽"的涵渡工程，由原15孔扩建至45孔，使淮安枢纽（水立交）一、二期工程形成另半幅涵渡工程并通航使用；这种"下桥上槽"+"下涵上槽"组合而成的内河水上大型航运水利枢纽工程，即为内河"下桥涵上双槽"组合式水上立交。

[0035] 半幅永久性桥渡工程采用桩柱式桥墩，比选采用16 m或24 m或32 m中的经济跨径，渡槽净宽为80 m，最小通航水深5.00 m；其桥墩中心线与涵洞洞墙身的中心线协调一致，以避免其阻碍涵洞的进水；渡槽即航槽的两端与京杭运河顺适连接，满足有关技术规范要求。

[0036] 另半幅扩建的淮安枢纽（水立交）二期工程的"下涵上槽"的永久性涵渡工程，其渡槽（即航槽）宽度与一期工程的渡槽（即航槽）的宽度保持一致（为80 m）。

[0037] 半幅永久性桥渡工程与另半幅扩建后形成的永久性涵渡工程相对分离；桥渡工程和涵渡工程的两端的内侧相连形成分水岭，其两端的外侧与京杭运河的两岸顺接。分水岭建筑物具有防止船舶撞击的功能。

[0038] 为了满足以后工程检修、河槽（航槽）分流、交通战备及其应急保障等方面的使用需要，分别在桥渡工程和涵渡工程的两端设置控制闸门，并在桥渡工程和涵渡工程的上方设置防汛工作桥梁，该桥梁桥下净空尺度满足京杭运河Ⅱ级通航标准要求。

[0039] 在所有航槽的侧墙上均设置消浪、防撞设施——防波消能钢格栅，以避免航槽内的波浪影响船舶的安全通行和过往船舶对航槽侧墙的碰撞。

# （三）说明书附图

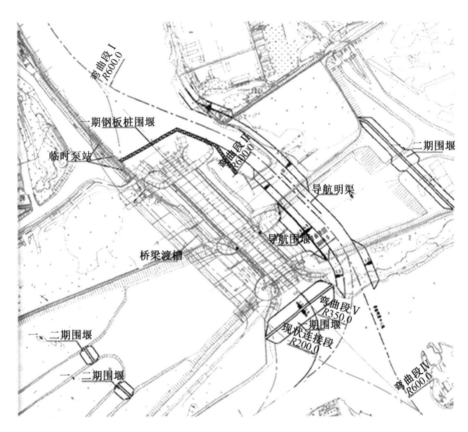

图 1　内河"下桥涵上双槽"组合式水上立交平面示意图（单位：cm）

# 七、自锚式斜拉系杆拱桥

(202010239704.X)

(10) 申请公布号 CN 111335142 A　　(43) 申请公布日 2020.06.26

(22) 申请日 2020.03.31

(71) 申请人 淮安市公路事业发展中心

　　地址 223001 江苏省淮安市清江浦区淮海北路 75 号、北京北路 175 号

(72) 发明人 张玉恒

(74) 专利代理机构 淮安市科翔专利商标事务所 32110

(51) Int. Cl.

E01D 12/00(2006.01)

E01D 19/00(2006.01)

E01D 19/16(2006.01)

E01D 19/14(2006.01)

E01D 21/10(2006.01)

E01D 21/00(2006.01)

(54) 发明名称

自锚式斜拉系杆拱桥

(57) 摘要

本发明公开了一种自锚式斜拉系杆拱桥（图1），它是一种主跨采用下承式的、刚性拱肋刚性系杆的、尼尔森体系柔性拉索的、主跨与边跨为3跨连续的、边跨连续梁与拱肋之间斜拉自锚的单肋拱、双肋拱或多肋拱与加劲梁组合的梁、拱、索新型组合体系桥梁，且双肋拱之间、多肋拱之间通过横梁和风撑进行横向刚性连接为单幅、双幅或多幅桥梁。该桥采用梁拱同步逐段悬浇或悬拼的施工新方法。该新型桥梁跨越能力大，承载能力强，施工方法新，建设成本低，梁拱自平衡，安全无风险，梁拱索组合桥型外观美，适用性较强，应用范围广。它将使系杆拱桥重新焕发

新的生命力,并进一步提升组合体系桥梁的跨越能力,值得在我国公路、铁路、城市及乡村等桥梁工程中推广应用。

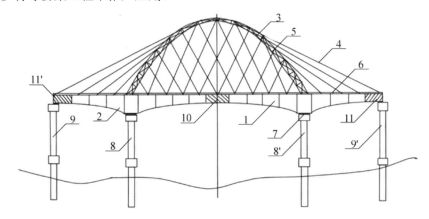

图1 自锚式斜拉系杆拱桥(系杆为变截面连续梁)

1—主跨系杆;2—边跨连续梁;3—拱肋;4—斜拉索;5—钢锚箱或索鞍;6—桥面系;7—支座;8—桥墩8和8′;9—桥墩9和9′;10—主跨合拢段;11—边跨合拢段11和11′

# 八、公路路面的装配式建造与修复结构及其快速施工方法

（202110188682.3）

| | |
|---|---|
| (10) 申请公布号 CN 112695582 A | (43) 申请公布日 2021.04.23 |

(22) 申请日 2021.02.19

(71) 申请人 淮安市公路事业发展中心

地址 223001 江苏省淮安市清江浦区淮海北路 75 号、北京北路 175 号

(72) 发明人 张玉恒

(74) 专利代理机构 淮安市科翔专利商标事务所 32110

(51) Int. Cl.

E01C 5/08(2006.01)

E01C 5/12(2006.01)

E01C 7/18(2006.01)

E01C 11/14(2006.01)

E01C 11/18(2006.01)

E01C 11/22(2006.01)

E01C 23/09(2006.01)

**(54) 发明名称**

公路路面的装配式建造与修复结构及其快速施工方法

**(57) 摘要**

本发明公开了公路路面的装配式建造与修复结构及其快速施工方法,对公路路面进行新建时,将公路路面面层设计为装配式结构而直接拼装使用;对公路路面进行快速修补时,将路面基层或上基层、路面面层设计为装配式结构而对其进行拼装使用;所述装配式结构主要包括预制水泥混凝土系列标准板块和高黏度改性沥青的装配式薄板;本发明应用装配式预制水泥混凝土板块直接拼装为路面面层或基层,

使得建造公路路面施工速度快、工期短、效率高，或能够及时消除路面病害及其所造成的安全隐患，迅速恢复公路交通安全畅通，它具有有序处治基层、有效稳定路面、有效缩短工期、有力保护环境、有利交通安全、有益社会经济等突出特点，值得进一步推广应用。

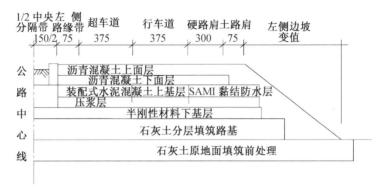

图1　装配式水泥混凝土基层的公路横断面（单位：cm）

# 第五部分 实用新型专利

## 一、适合中小桥梁伸缩缝单缝伸缩装置

（ZL 96247207.7）

**(11) 授权公告号** CN 2268723Y　　　　**(45) 授权公告日** 1997.11.26

**(21) 申请号** 96247207.7

**(22) 申请日** 1996.12.17

**(24) 颁证日** 1997.10.11

**(73) 专利权人** 张玉恒

　　　地址 223001 江苏省淮阴市淮海北路 75 号

**(72) 设计人** 张玉恒

**(74) 专利代理机构** 淮阴市专利事务所

---

**(54) 实用新型名称**

适合中小桥梁伸缩缝单缝伸缩装置

**(57) 摘要**

一种适合中小桥梁伸缩缝的单缝伸缩装置，它采用 G 形型钢槽口中间嵌入胶带，并用胶条压紧在 G 形型钢槽口内，在型钢槽口外侧焊接数根锚环和锚筋，将该装置埋入桥梁伸缩缝处，浇筑钢纤维混凝土就成为一种简单、实用的桥梁伸缩缝，它维修方便、使用寿命长、施工简单，适合在我国中小桥梁中推广使用。

## （一）权利要求书

1.一种中小桥梁伸缩缝单缝伸缩装置，其特征在于：两 G 形型钢 1 的槽口处嵌入胶带 2，胶条 3 压入槽口隙缝，G 形型钢 1 的槽口外侧焊有锚环 4 和锚筋 5，G 形型钢 1 的间隙按要求调整与桥面连接处浇筑钢纤维混凝土 7。

## （二）说 明 书

本实用新型涉及桥梁领域，特别是用于桥梁伸缩缝的一种单缝伸缩结构。

近十年来，随着我国桥梁建设事业的飞速发展，各行业对各类桥梁伸缩装置的要求也在不断提高。长期以来一直处理不好的桥梁伸缩缝结构的问题愈显突出。在我国公路桥梁中，中小型桥梁占绝大多数，且多采用浅薄式的刚性桥面混凝土铺装层，最小厚度仅 8 cm。其伸缩装置大多仍沿用着 U 形锌铁皮沥青伸缩缝、条式或板式橡胶伸缩缝、钢板搭接式伸缩缝、角钢伸缩缝等构造形式，远不能满足今天桥梁建设和维修工作的需要。近年来虽然引进了一批质量可靠、寿命较长的欧美产品，如西德毛勒公司产品、美国沃特森·波曼公司产品等，但其价格昂贵，且不适合中小桥梁安装使用。

**本实用新型的目的在于**：设计一种较为理想的、经济实用的、适合中小桥梁使用的单缝桥梁伸缩缝装置，以取代进口产品。

**本实用新型的技术方案是**：在两 G 形型钢槽中间嵌入橡胶带，在嵌入处镶入胶条，在两 G 形型钢外侧焊接数根锚环和锚筋，按照伸缩系数要求调整两 G 形型钢的间隔，将其放入桥梁预留的伸缩缝处，浇筑钢纤维混凝土就成为一种单缝式的桥梁伸缩缝伸缩装置。

本技术方案主要材料为型钢和橡胶，用料少、工艺简单，价格仅为同类进口产品的 1/3。型钢与橡胶件的特殊设计组合，使得结构简单合理、经济实用。伸缩量可达 0～80 mm，建筑高度仅 50 mm，适于 8 cm 厚桥面混凝土铺装层内锚固，安全可靠，舒适耐久，专为浅层刚性桥面混凝土铺装而设计，安装与维修十分方便，可广泛用于公路和城市桥梁的旧桥伸缩缝改造维修及新建桥梁工程。

**附图 1 为本实用新型结构示意图。**

下面结合附图进一步介绍本实用新型的实施方法：

G 形型钢 1 槽口处嵌入胶带 2，在胶带与型钢槽口处镶入胶条 3，型钢槽口处的另一侧焊接数根锚环 4 和锚筋 5，为增加强度，在锚筋上可再焊接分布钢筋 6，调整两 G 形型钢间隙，将其埋入预留的桥梁伸缩缝处，浇筑钢纤维混凝土，使混凝土与 G 形型钢处于同一平面上，即成为一坚固耐久的桥梁伸缩缝。

**本实用新型技术指标为：**

1. 设计荷载：汽车—20 级，挂车—100。
2. 使用环境温度：$-10 \sim 50$ ℃。
3. 伸缩量：$0 \sim 80$ mm。
4. 单位质量：43 kg／延米。
5. 设计使用年限：10 年。

**本实用新型有以下优点及效果：**

1. 施工简单，常规操作。
2. 非破坏安装。分段或整体安装，现场调整横坡及缝宽。
3. 车辆振动小，噪声小。
4. 开放交通快，一天即可开放交通。
5. 建筑高度低，适于浅层刚性桥面混凝土铺装内安装锚固。
6. 造价便宜。
7. 可用于新建工程或养护工程。
8. 养护维修极为方便，胶条、胶带易于更换。
9. 使用寿命长。

# （三）说明书附图

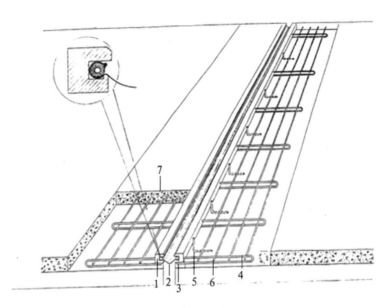

图1　适合中小桥梁伸缩缝伸缩装置

1—型钢；2—胶带；3—胶条；4—锚环；5—锚筋；6—分布钢筋；7—钢纤维混凝土

# 二、新型桥面伸缩缝伸缩装置

## （ZL 96231641.5）

**(11) 授权公告号**　CN 2293588Y　　　　**(45) 授权公告日**　1998.10.07

**(21) 申请号**　96231641.5

**(22) 申请日**　1996.4.11

**(24) 颁证日**　1998.8.8

**(73) 专利权人**　张玉恒

　　**地址**　223001 江苏省淮阴市淮海北路 75 号

**(72) 设计人**　张玉恒

**(74) 专利代理机构**　淮阴市专利事务所

---

**(54) 实用新型名称**

新型桥面伸缩缝伸缩装置

**(57) 摘要**

新型桥面伸缩缝伸缩装置由边梁和中梁组成，在边梁和中梁之间嵌入一弹性密封体（W形带状密封胶条），边梁和中梁由若干组支撑箱体支承，边梁支承并焊接于支撑箱前部顶端，支撑箱借助于焊接其上的锚栓与桥梁梁体主钢筋焊接锚定，中梁支承并焊接于支承梁的中部顶面，支承梁的两端伸入缝两侧的支撑箱内，由安装在支撑箱内U形上、下橡胶支座所支承，镶在支承梁两端表面的上、下不锈钢板与U形橡胶支座内表面的聚四氟乙烯组成滑动支承面，U形橡胶支座被支撑箱限位块及边梁限位，安装在支承梁两端的控制弹簧被焊接在支撑箱尾部的弹簧套筒所约束，这种结构防水防尘性能好，便于维护保养，易于安装施工，特别是结构安装高度低，可广泛用于桥面连续混凝土铺装厚度不小于 10 cm 的浅层刚性锚固的公路与城市桥梁的伸缩缝。

# （一）权利要求书

1. 新型桥面伸缩缝伸缩装置，其特征是：异型断面钢质边状体组成边梁1、中梁2，在边梁1和中梁2之间嵌入一弹性密封体W形带状密封胶条16，边梁1和中梁2由若干支撑箱体12支承，边梁1支承并焊接于支撑箱12的前部顶端。

2. 根据权利要求1的新型桥面伸缩缝伸缩装置，其特征是：支撑箱12内的U形橡胶下支座6，U形橡胶上支座7所支承镶在支承梁3两端表面的下不锈钢板4，上不锈钢板5内表层的聚四氟乙烯组成滑动支撑面。

3. 根据权利要求1或2的新型桥面伸缩缝伸缩装置，其特征是：U形橡胶上支座7、下支座6分别被固定在支撑箱12内的限位块8、9、10、边梁1所限位。

4. 根据权利要求1或2或3的新型桥面伸缩缝伸缩装置，其特征是：支承梁3两端部的控制弹簧11被焊接在支撑箱12尾部的弹簧套筒13所约束。

# （二）说　明　书

本实用新型涉及桥梁领域，特别适用于公路桥梁的伸缩缝伸缩装置。

随着交通运输行业的发展，我国一级公路、高速公路、高架道路及城市立交桥大量涌现，交通量逐年增大，车辆载重量越来越大，行车速度越来越快，车辆对通过道路与桥梁"安全舒适"的要求越来越高。影响行车舒适性的桥梁伸缩装置便越来越引起人们的重视。

目前，较为常用的桥梁伸缩缝有以下几种类型：锌铁皮伸缩缝、角钢伸缩缝、橡胶伸缩缝、组合伸缩缝等。锌铁皮伸缩缝是一种简易的伸缩装置，适用于中小跨径的装配式简支梁，其伸缩变形量为20～40 mm，短期使用极易损坏。角钢伸缩缝也较简易，变形量为20～40 mm，不防水，不防尘。滑板式钢板伸缩缝，伸缩变形量为40～70 mm，用钢量多、噪声大。梳齿形钢板伸缩缝伸缩变形量可达400 mm以上，但极易漏水，且梳齿形钢板易疲劳脆断，其结构安装高度也较高。橡胶带伸缩缝虽满足变形与防水的要求，构造简单，使用方便，但仅用于伸缩变形量为20～60 mm时。橡胶板伸缩缝最大变形量可达200 mm，其结构安装高度低，$H_{max}$=120 mm，但系锚栓锚固,易松脱破损,耐久性差。组合伸缩缝单缝结构伸缩变形量在 100 mm 以内,安全可靠耐久。组合伸缩缝多缝结构变形伸缩量可达 2 000 mm,锚固安装高度较高,结构复杂,适用于大型桥梁的大伸缩量,如毛勒系列产品、万宝系列产品及 XF 系列产品等。综上所述,锌铁皮伸缩缝、角钢伸缩缝、滑板式钢板伸缩缝、橡胶带伸缩缝、悬臂式梳齿形钢板伸缩缝等类型结构安装高度 $H \leqslant 100$ mm,伸缩变形量在 20~70 mm,毛勒等组合单缝结构类型伸缩缝安装高度 $H < 100$ m,伸缩变形量在 80~100 mm,支承式梳齿形钢板伸缩缝结构安装高度 $H > 100$ m,伸缩量可达 400 mm 以上;毛勒等组合双缝及多缝结构类型伸缩缝安装高度 $H \geqslant 274$ mm,伸缩变形量为 160~200 mm。在诸多结构类型的伸缩缝中,结构安装高度在 100 mm 以下,伸缩变形量在 100 mm 以上,使用寿命较长的伸缩装置仍为空白。

作为桥梁简支结构的普通混凝土及预应力混凝土的 T 梁、板梁及工字形组合梁已在我国公路大中小型桥梁中广泛应用。由于此种结构跨径为 5~50 m,因此,桥面伸缩缝数量较多,影响行车的舒适性,桥面连续铺装混凝土能有效地减少桥面伸缩缝数量,改善行车舒适性。但铺装层混凝土厚度太薄,仅为 8 cm。针对这种情况,如选用国产或进口的单缝结构的伸缩装置,则不能满足桥面连续铺装混凝土的较大伸缩量;如选用国产或进口的双缝结构的伸缩装置,因其结构安装高度为 $H_{min}=27.4$ cm,因而无法安装使用。

**本实用新型的任务在于**:研制一种新型伸缩装置,结构安装高度低($H_{min}=10$ cm),而且结构伸缩量较大(0~140 mm)以填补相应的研究空白。满足桥面连续铺装混凝土较薄,伸缩量较大的桥梁结构伸缩缝的使用要求,改善行车的舒适性。

**本实用新型的技术方案为:**

伸缩装置用两种异型断面的钢质边状体组成边梁和中梁,在边梁和中梁之间嵌入一弹性密封体 W 形带状密封胶条,边梁和中梁由若干组支撑箱体支承,边梁支承并焊接于支撑箱前部顶端,支撑箱借助于焊接其上的锚栓与桥梁梁体主钢筋焊接锚定,中梁支承并焊接于支承梁的中部顶面,支承梁的两端伸入缝两侧的支撑箱内,由安装在支撑箱内 U 形上、下橡胶支座所支承,镶在支承梁两端表面的上、下不锈钢板与 U 形橡胶支座内表面的聚四氟乙烯组成滑动支承面,U 形橡胶支座被支撑箱限位块及边梁限位,安装在支承梁两端的控制弹簧被焊接在支撑箱尾部的弹簧套筒所约束,钢面板与边梁一侧间断焊接,然后在桥面混凝土工作槽内浇筑钢纤维混凝土，使其与桥面连成整体。

**图1**为本实用新型结构示意图，图中：1－边梁；2－中梁；3－支承梁；4－下不锈钢滑板；5－上不锈钢滑板；6－U形橡胶下支座；7－U形橡胶上支座；8、9、10－限位块；11－控制弹簧；12－支撑箱；13－弹簧套筒；14－锚栓；15－钢面板；16－W形带状密封条；17－钢纤维混凝土。

下面结合图1进一步介绍本实用新型的技术内容及实施方法：

异型断面的钢质边状体组成边梁1、中梁2，在边梁1和中梁2之间嵌入一弹性密封体W形带状密封胶条16，边梁1和中梁2由若干组支撑箱体支撑。边梁1支承并焊接于支撑箱12的前部顶端。支撑箱12借助于焊接其上的锚栓14与桥梁梁体主钢筋焊接锚定。中梁2支承并焊接于支承梁3的中部顶面。支承梁3的两端伸入缝两侧的支撑箱12内，由安装在支撑箱12内的U形橡胶下支座6、U形橡胶上支座7所支承。镶在支承梁两端表面的下不锈钢滑板4和上不锈钢滑板5与U形橡胶下支座6、U形橡胶上支座7内表层的聚四氟乙烯组成滑动支承面。U形橡胶下支座6、U形橡胶上支座7分别被固定在支撑箱内的限位块8、9、10及边梁1所限位。安装在支承梁3两端部的控制弹簧11被焊接在支撑箱12尾部的弹簧套筒13所约束。钢面板15与边梁1的一侧间断焊接，同时亦焊接固定在若干组支撑箱12上。在桥面混凝土工作槽内现浇钢纤维混凝土17使之与桥面连续混凝土连成整体，平顺一致。

车辆荷载通过桥面伸缩缝时，直接作用在伸缩缝装置的边梁1和中梁2上。中梁2通过与支承梁3的焊接连接将其所受荷载传递到支承梁3上，从这里经由U形橡胶支座6、7把垂直脉动荷载转换到支撑箱体12上，经由控制弹簧把水平荷载转换到弹簧套筒13上，进而传递到构造物的实体中去。对于荷载被偏离地传递到中梁2上而产生的倾覆力矩，则通过中梁2与支承梁3的刚性连接及支承梁3两端的U形橡胶支座6、7安全转换并传递到构造物的实体中去。边梁1通过与支撑箱12焊接的刚性连接将其所受荷载传递到支撑箱体12上，再通过锚栓14传递到桥梁梁体中。W形密封胶条采用机械定位原理安装就位；其"W"断面能满足低高度的水平伸缩变形。U形橡胶支座6、7成组支承着支承梁3，加之控制弹簧成组约束着支承梁构成弹性支承系统，可缓冲制动冲击力、吸收振动力、消除响声、约束支承梁3竖向及横向位移、减小传向锚固部件和基础部件的压力。控制弹簧成组约束着支承梁 3，还可限制中梁 2 居中移动，使整个伸缩缝的位移量均匀地分布到两组缝隙中，达到等距控制的原则。

**本实用新型的设计达到以下技术指标：**

1. 设计荷载：汽车—20 级，验算荷载：挂车—100。
2. 使用环境温度：－10～50 ℃。
3. 伸缩范围：20～160 mm。

**该伸缩装置具有以下特点：**

1. 结构安装高度低。该伸缩装置广泛适用于桥面连续混凝土铺装厚度不小于 10 cm 的浅层刚性锚固的公路与城市桥梁。
2. 制作运输方便。该伸缩装置可在工厂定型生产，制作成型装配成整体后，由汽车运至现场安装，简单易行。
3. 易于安装施工。该伸缩装置可分段安装，可调整横坡，可根据安装时的环境温度调整初期压缩量而确定定位尺寸。
4. 便于养护维修。W 形带状密封胶条可更换，U 形橡胶下支座亦可更换。
5. 防水防尘性能佳。W 形带状密封胶条能有效地将桥面积水沿桥横向排出桥外，并防止水污、尘土砂粒落入墩台帽侵蚀桥梁支座。
6. 结构设计合理，整体性能好，伸缩量较大，强度高。
7. 耐磨、抗滑、抗老化能力强，使用寿命长。
8. 无振动、无噪声，表面美观平整，安全经济可靠。

本实用新型适用于直桥、斜桥、坡桥等公路和城市桥梁的旧桥伸缩缝改造及新建桥梁的伸缩缝。特别适合桥面连续铺装层混凝土较薄的桥梁伸缩缝使用。

# (三)说明书附图

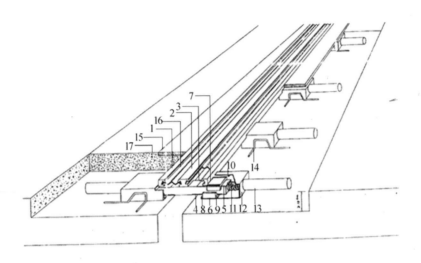

图1 新型桥面伸缩缝伸缩装置结构示意图

1—梁；2—中梁；3—支承梁；4—下不锈钢滑板；5—上不锈钢滑板；6—U形橡胶下支座；
7—U形橡胶上支座；8、9、10—限位块；11—控制弹簧；12—支撑箱；13—弹簧套筒；14—锚栓；
15—钢面板；16—W形带状密封条；17—钢纤维混凝土

# 三、钢板组合式桥梁伸缩缝装置

## （ZL 98227049.6）

**(11) 授权公告号** CN 2320657Y　　　　**(45) 授权公告日** 1999.05.26

**(21) 申请号** 97236565.6

**(22) 申请日** 1997.7.11

**(24) 颁证日** 1999.4.8

**(73) 专利权人** 张玉恒

　　　地址　223001 江苏省淮阴市公路管理处

**(72) 设计人** 张玉恒

**(74) 专利代理机构** 淮阴市专利事务所

---

**(54) 实用新型名称**

钢板组合式桥梁伸缩缝装置

**(57) 摘要**

钢板组合式桥梁伸缩缝装置以桥面伸缩缝为中心，将简支钢板置于伸缩缝之上，W 形胶条嵌入简支钢板两侧的 C 形型钢槽中，简支钢板下有若干组聚四氟乙烯橡胶支座、支座下的限位架和钢垫板与伸缩缝两端的梁端主钢筋焊接锚固，橡胶支座上连接一组平行四边形的钢缀板用于调节伸缩缝大小。该装置结构简单、受力均匀、整体性好、吸收振动、降低噪音、整体结构高度为 80 mm，是国内中小桥梁浅薄式桥面理想的伸缩缝装置，有着十分广阔的推广应用前景。

# （一）权利要求书

1. 一种钢板组合式桥梁伸缩缝装置，其特征是：以桥面伸缩缝为中心的简支钢板 2 置于桥面伸缩缝之上，简支钢板 2 两侧连接 C 形型钢 1、W 形橡胶条 4，分别嵌入简支钢板 2 两侧 C 形型钢 1 和伸缩缝两侧 C 形型钢槽内，简支钢板 2 置于若干组聚四氟乙烯橡胶支座 5 上，整体高度不大于 80 mm。

2. 根据权利要求 1 的一种钢板组合式桥梁伸缩缝装置，其特征是：聚四氟乙烯橡胶支座 5 下部连接限位架 6 和钢垫板 7，钢质缀板 8 位于伸缩缝内，钢质缀板 8 两臂分别与限位架 6 连接。

3. 根据权利要求 2 的一种钢板组合式桥梁伸缩缝装置，其特征是：钢质缀板 8 为钢质平行四边形结构，其上有活块 11 与简支钢板 2 焊接形成一体。

## （二）说 明 书

本实用新型涉及桥梁领域，特别是适用于公路与城市桥梁的桥面伸缩缝结构。

根据桥梁的结构和使用条件，有针对性地开拓设计新型的伸缩缝结构，不断改善和提高其使用品质，是国内外桥梁科研设计、建设、养护等部门长期以来的一项重要课题。在国外，如德国、美国、日本等，对桥梁伸缩缝装置的研制和应用起步较早，至今已拥有 30 多年的经验及其成熟可靠的系列产品，且各具特点，其技术水平处于国际领先水平。在国内，众多大中小型公路桥梁的伸缩缝装置依然沿用着诸如 U 形锌铁皮伸缩缝装置、条式或板式橡胶伸缩缝装置、钢板搭接式伸缩缝装置、角钢及其组合式伸缩缝装置等传统的构造形式。这些装置不但伸缩量小，而且使用寿命短，远不能满足我国公路与城市桥梁建设和养护工作的需要。近年来，我国虽然引进一批质量好、寿命长的产品，如德国毛勒公司产品、美国沃特森·波曼公司产品等，但其价格昂贵，结构高度较大，不甚适合我国国情。目前，我国对进口产品及相应技术处于引进、消化与吸收阶段，对伸缩缝装置产品也处于开发研究、试验完善阶段，可以说至今尚未找到较为合理的结构形式，还未能实现标准化。

简支梁（板）桥在我国公路与城市桥梁中占绝大多数，由于它具有构造简单、施工方便等优点而被广泛使用，但也存在因其跨径短而设置伸缩缝道数较多的缺点，因为伸缩缝设置的多少与处理的好坏直接影响着行车的安全与舒适，尤其在高等级公路上更为人们所关注。为了解决简支梁（板）桥具有较多伸缩缝的问题，通常采用桥面连续铺装的办法来减少伸缩缝的道数，能有效地改善行车的舒适性。但是桥面连续铺装一定长度后的伸缩缝则需要设置伸缩量较大的、结构厚度较薄的伸缩缝装置。毛勒 D－160、万宝 SD－160、XF－160、GQF－160 等产品结构厚度大（$H_{min}$=274 mm），无法在简支梁（板）桥上直接安装使用。

**本实用新型的目的在于**：设计一种钢板组合式桥梁伸缩缝装置，它既能满足在简支梁（板）桥浅薄式刚性混凝土铺装层内锚固安装的要求，又能满足简支（板）桥因桥面铺装连续较长而具有较大伸缩量的要求。

**本实用新型的技术方案为**：

以桥面伸缩缝为中心，将简支钢板置于桥面伸缩缝缝隙之上，简支钢板两侧连接C形型钢，W形橡胶条分别嵌入简支钢板两侧的C形型钢槽和伸缩缝两侧C形型钢槽内，简支钢板置于若干组聚四氯乙烯橡胶支座上，在橡胶支座下部连接限位架，在限位架底部有钢板垫，平行四边形结构的钢质锻板位于伸缩缝内，钢质缀板的两臂分别与限位架连接，钢质锻板上的活块与简支钢板焊接为一体，使伸缩缝的伸缩量等分到两道单缝中，达到双缝结构伸缩缝装置的等距控制，其安装高度不大于 80 mm。

图 1 为本实用新型结构示意图，图中：1—C字形型钢；2—组合式简支钢板；3—不锈钢板；4—W形带状密封橡胶条；5—聚四氟乙烯板式橡胶支座；6—限位架；7—钢垫板；8—钢质缀板；9—角钢；10—钢纤维混凝土；11—缀板活动块。

**下面结合图介绍本实用新型的技术内容和实施方法**：

钢板组合式桥梁伸缩缝装置由C形型钢1、组合式简支钢板2、聚四氟乙烯板式橡胶支座5、钢质锻板8、W形带状密封橡胶条4等主要部件组合成桥梁伸缩缝装置中的双缝结构。由C形型钢1组成边梁，用C形型钢1和热轧厚钢板拼焊成组合式简支钢板2，在边梁与组合式简支钢板2之间嵌入一弹性密封体W形带状密封橡胶条4，组合式简支钢板2由若干组聚四氟乙烯板式橡胶支座5支承，并由镶贴在组合式简支钢板2底部且与每组聚四氟乙烯板式橡胶支座5相对应的不锈钢板3、聚四氟乙烯板式橡胶支座5表面的聚四氟乙烯滑板形成摩擦系数极小的滑动接触支承面。每组聚四氟乙烯板式橡胶支座5，通过与边梁相连接的限位架6被固定支承于桥梁伸缩缝两侧的梁端钢纤维混凝土10上。边梁借助于焊接其上的锚栓与桥梁梁体主钢筋焊接锚固。钢质缀板8置于组合式简支钢板2下面的伸缩缝缝隙中，其中心顶端通过缀板活动块11与组合式简支钢板2底面的中心处相焊接，而钢质锻板8的两侧分别与桥梁伸缩缝两侧的梁端主钢筋及边梁连接锚固，从而使得该结构能有机地组合成整体，形成新型的伸缩缝装置。然后在桥面混凝土工作槽内浇筑高强度钢纤维混凝土10，使其与桥面铺装层连成整体。

# (三)说明书附图

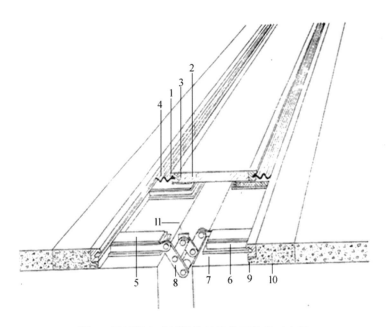

图 1　钢板组合式桥梁伸缩缝装置结构示意图

1—C 字形型钢；2—组合式简支钢板；3—不锈钢板；4—W 形带状密封橡胶条；5—聚四氟乙烯板式橡胶支座；6—限位架；7—钢垫板；8—钢质缀板；9—角钢；10—钢纤维混凝土；11—缀板活动块

# 四、叠合式简支钢板桥梁伸缩缝装置

## （ZL 98227049.6）

**(11) 授权公告号** CN 2337184Y  　　　**(45) 授权公告日** 1999.09.08

**(21) 申请号** 98227049.6

**(22) 申请日** 1998.6.10

**(24) 颁证日** 1999.6.19

**(73) 专利权人** 张玉恒
　　　**地址** 223001 江苏省淮阴市公路管理处

**(72) 设计人** 张玉恒

**(74) 专利代理机构** 淮阴市专利事务所

---

**(54) 实用新型名称**

叠合式简支钢板桥梁伸缩缝装置

**(57) 摘要**

叠合式简支钢板桥梁伸缩缝装置在桥面伸缩缝处，设计断面尺寸为上宽下窄的双层混凝土工作槽，在下层槽内用支座简支一块下层钢板，在下层钢板与上层工作槽内再设置支座简支两块上层钢板，使之成为四缝结构，下层用滑旋板，上层用齿杆齿轮调节伸缩量，使之成为结构牢固、伸缩量大、安装高度低、造价节省的新型伸缩结构，适合我国建造大跨径桥梁及连续式长桥使用。

# （一）权利要求书

1. 叠合式简支钢板桥梁伸缩缝装置，其特征是：伸缩缝处有断面上宽下窄的双层砼工作槽 15，下层工作槽内有若干组聚四氯乙烯橡胶支座 12 支起的与伸缩缝等长的下层钢板 6，使桥面伸缩缝一分为二，在相邻橡胶支座 12 间有一组椭圆形平面轨道，钢质滑旋板 9 两端的定位卡伸入轨道中，其中部上端的定位销套在下层钢板 6 上，使上层混凝土工作槽为等宽的两工作面，在此工作面上再分别以缝为中心叠置两块上层钢板7,其长度与伸缩缝等长,在上层钢板7的下面各自用若干组聚四氟乙烯橡胶支座12简支,在相邻两组支座12之间有连接伸缩缝的齿杆16,两齿杆16间有与之配合的齿轮18,齿轮轴17套入上层钢板下面的对应孔中,两块上层钢板7与桥面持平,在两块钢板7之间拼接两根Z形型钢3与下层钢板6顶面对中焊接固定与两上层钢板7对应的两侧工作面焊接C形型钢1,在C形与Z形型钢1、3的槽内嵌入W形橡胶条2,使之成为四缝结构叠合式简支钢板伸缩缝。

2. 根据权利要求1的叠合式简支钢板桥梁伸缩缝装置,其特征是:在上层钢板7、下层钢板6的下面支座处连接有不锈钢板5。

3. 根据权利要求1的叠合式简支钢板桥梁伸缩缝装置,其特征是:聚四氟乙烯支座12由支座定位连板11、支座钢垫板14、支座限位架13组合而成。

## (二) 说 明 书

本实用新型涉及桥梁领域,特别适合于公路与城市的大中型或特大型桥梁的桥面伸缩缝结构。

桥梁伸缩缝装置是桥梁结构的重要组成部分,但由于所占的工程费用不多往往被人们所忽视,长期以来没有很大改进和创新。因伸缩装置遭破坏或伸缩装置结构不当而影响桥梁正常运营的情况也时有发生。随着我国社会主义建设事业的发展,尤其实行改革开放以来建造的大跨径桥梁和连续式长桥越来越多,伸缩装置的问题就显得更加突出。由于我国自己不能提供结构合理、经久耐用,尤其适应大变位要求的伸缩装置,许多大中型或特大型桥梁工程不得不选用国外产品,如德国毛勒公司产品、美国沃特森·波曼公司产品、瑞士玛格巴公司产品等,以满足工程建设需要。国外产品虽质量可靠,耐久性好,但其价格昂贵,需花费大量外汇,不甚适合我国国情。这种状况要求国内公路桥梁科技界迅速加以改变。因此,探求实用新型的桥梁伸缩装置,替代进口产品,已成为我们的一项十分迫切的任务。

**本实用新型的目的在于**:设计一种叠合式简支钢板桥梁伸缩缝装置,适合大跨径桥梁和连续式长桥使用。

本实用新型是在"钢板组合式桥梁伸缩缝装置"研究成果的基础上,针对大跨径桥梁和连续式长桥的大伸缩量的伸缩缝开发设计的大伸缩量模数式桥梁伸缩装置，属 4 条缝结构，具有伸缩量大（0~320 mm）、安装高度低（不大于 280 mm）、成本低（500 kg／延米）、检修拆装方便等突出特点。

**本实用新型的技术方案为：**

在桥面伸缩缝处，设置断面为上宽下窄的双层混凝土工作槽，混凝土工作槽长度与伸缩缝等长。在下层混凝土工作槽内用若干组聚四氟乙烯橡胶支座简支起一块与伸缩缝等长的钢板，在顶面与上层工作槽下面持平，并使桥面伸缩缝的缝宽一分为二。在简支钢板下的相邻两组支座之间，采用设置一组椭圆形平面导轨，其上装配钢质旋滑板，使简支钢板相对居中，从而使上层混凝土工作槽下面形成双缝等宽的工作面。在此工作面上再分别以缝为中心，并列叠置两块钢块，钢板长度与伸缩缝等长，各自用若干组聚四氟乙烯橡胶支座简支，相邻两组支座之间设置齿轮与齿杆连动装置，使两块简支钢板相对居中。两块简支钢板顶面与桥面持平。再在两块钢板之间组拼 2 根 Z 形型钢与下层钢板顶面对中焊接固定，每块简支铜板的两侧焊接 C 形型钢，分别在 C 形型钢与 Z 形型钢或 C 形型钢的侧面钢槽内嵌入 W 形橡胶条，形成具有 4 条缝结构的叠合式简支钢板桥梁伸缩缝装置。

图 1 为本实用新型结构示意图，图中：1—C 形型钢；2—W 形胶条；3—Z 形型钢；4—连接钢板；5—不锈钢板；6—下层钢板；7—上层钢板；8—钢垫板；9—钢质滑旋板；10—椭圆轨钢板；11—支座定位连板；12—F$_4$ 橡胶支座；13—支座限位架；14—支座钢垫板；15—钢纤维混凝土；16—齿杆；17—齿轮轴；18—齿轮。

**下面结合图 1 进一步介绍本实用新型专利的技术内容和实施方法：**

叠合式简支钢板桥梁伸缩缝装置由 C 形型钢 1、W 形胶条 2、Z 形型钢 3、下层钢板 6、上层钢板 7、滑旋板居中装置 9 和 10、F$_4$ 橡胶支座 12、齿杆与齿轮居中装置 16、17 及 18 等主要部件组合成桥梁伸缩缝装置中的 4 条缝结构。

由 C 形型钢 1 组成伸缩缝两侧的边梁，边梁通过锚筋（图中未示出）被钢纤维混凝土锚固。用 C 形型钢 1、热轧钢板 7、钢垫板 8 和不锈钢板 5 拼焊成上层简支钢板 7′。用 Z 形型钢 3、热轧钢板 6、连接钢板 4 和不锈钢板 5 拼焊成下层简支钢板 6′。分别在 C 形型钢与 C 形型钢或 C 形型钢与 Z 形型钢之间嵌入一弹性密封体 W 形带状密封胶条 2。将支座钢垫板 14 锚入钢纤维混凝土 15，其上（或在下层钢板 6 顶面两侧）焊固支座限位架 13，并放入 F$_4$ 橡胶支座构成上层弹性支承体。以同样的方法构成下层弹性支承体。上、下层弹性支承体通过支座定位连板 11 相连后，再与边梁 C 形型钢 1 焊接固定。上（下）层简支钢板分别由若干组上（下）层弹性支承体（沿缝长方向均布）所支承。镶贴在支座表层的聚四氟乙烯与焊贴在上（下）层钢板底面的不锈钢板形成摩擦系数极小的滑动支承面。

椭圆轨钢板 10 在下层每两组支座之间对角设置，并与支座钢垫板 14 焊接，锚入钢纤维混凝土中。相邻两组椭圆轨钢板 10 以其间一组支座为中心对称设置。钢质滑旋板 9 的底面两端均设有轴和套筒，以便沿椭圆轨钢板 10 的滑槽滑动与旋转。其顶面中心处设有固定轴，与下层钢板 6 的底面中心所设的轴孔相吻合，构成滑旋板居中装置。若干组这样的居中装置沿缝长方向分布在下层工作槽内的两组支座之间，使下层简支钢板 6 相对居中，将梁端间的缝宽一分为二。

齿杆 16 分别被焊在边梁 C 形型钢 1 和中梁 Z 形型钢 3 的内侧底部，成组地控制着齿轮 18。齿轮轴 17 被焊接在上层钢板 7 的底面中心线上。齿轮 18 套在齿轮轴 17 上随着齿杆 16 的往复直线运动而做顺时针方向或逆时针方向的转动，齿轮轴始终相对不动，从而构成一组齿杆与齿轮居中装置。若干组这样的居中装置沿缝长方向分布在上层工作槽内的每两组支座之间，使两块上层简支钢板 7 相对其下面的缝宽而居中，使得该装置的 4 条缝宽达到了等距控制。

**本实用新型的设计达到下列技术指标：**

1. 设计荷载：汽车－20 级，验算荷载：挂车－120。
2. 使用环境温度：－15～50 ℃。
3. 伸缩量：0～320 mm。
4. 单位质量：520 kg / 延米。
5. 设计使用年限：10 年。

**本实用新型具有以下优点及效果：**

1. 结构安装高度低：同类型产品中最小安装高度，国内首创。
2. 生产运输方便：工厂定型生产与装配，整体或分段汽运至工程现场。
3. 易于安装施工：常规操作，分段或整体安装，现场调整横块及缝宽。
4. 检修拆装方便：简支钢板可以现场逐层打开或重装，便于检修内部结构。
5. 防水防尘性能佳：W 形胶条能有效排除积水，防落尘，防污水侵蚀桥梁支座。
6. 振动小，噪声低，经济可靠。

本实用新型特别适用于大跨径桥梁和连续长桥的大伸缩量的伸缩缝安装，适用于公路与城市桥梁中大型桥梁的旧桥伸缩缝改造和新建桥梁工程。

## （三）说明书附图

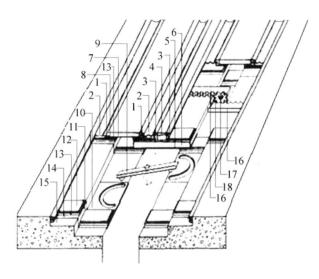

图 1　叠合式简支钢板桥梁伸缩缝装置结构示意图

1—C 形型钢；2—W 形胶条；3—Z 形型钢；4—连接钢板；5—不锈钢板；6—下层钢板；7—上层钢板；8—钢垫板；9—钢质滑旋板；10—椭圆轨钢板；11—支座定位连板；12—$F_4$ 橡胶支座；13—支座限位架；14—支座钢垫板；15—钢纤维砼；16—齿杆；17—齿轮轴；18—齿轮

# 五、一种带橡胶支座的装配式公路钢桥

## （ZL 00221168.8）

**(11) 授权公告号**　CN 2436546Y　　　　**(45) 授权公告日**　2001.06.27

**(21) 申请号**　00221168.8

**(22) 申请日**　2000.7.25

**(24) 颁证日**　2001.4.19

**(73) 专利权人**　江苏省淮阴市公路管理处

　　**地址**　223001 江苏省淮阴市淮海北路 75 号

**(72) 设计人**　张玉恒

**(74) 专利代理机构**　淮阴市专利事务所

---

**(54) 实用新型名称**

一种带橡胶支座的装配式公路钢桥

**(57) 摘要**

本实用新型公开了一种带橡胶支座的装配式公路钢桥，在横梁顶面的纵梁支承处设置若干组限位卡，每组限位卡内分别镶入开口向下的凹形橡胶支座，使其卡在横梁工字钢顶面上；另外在桁架下弦杆横梁垫板位置处也设置凹形橡胶支座，开口向下，卡在桁架下弦杆上并用 U 形螺栓夹紧，从而使得纵梁与横梁、横梁与桁架下弦杆之间的刚性支承变为弹性支承，缓解荷载冲击，延长使用寿命，降低冲击噪声，减少环境污染，使装配式公路钢桥的安全舒适性得到进一步提高和保障。

## （一）权利要求书

1. 一种带橡胶支座的装配式公路钢桥，其特征为：横梁顶面的纵梁支承 7 处连接若干组限位卡 8，橡胶支座 1 开口向下镶入限位卡卡在横梁上；橡胶支座 1 开口向下，卡在桁架下弦杆的横梁垫板 6 处。

2. 根据权利要求 1 所述的一种带橡胶支座的装配式公路钢桥，其特征为：所述的凹形橡胶支座1外层为氯丁橡胶层2，内部分层填充热轧薄钢板3。

# （二）说 明 书

本实用新型属于桥梁工程配件，具体涉及一种带橡胶支座的装配式公路钢桥的结构。

装配式公路钢桥，简称"321"型钢桥，它是在原英制贝雷桁架桥的基础上，结合我国国情和实际情况研制而成的快速组装桥梁，亦称贝雷钢桥，属临时性桥梁结构。该桥具有结构性能好、构造简单、互换性能强、便于快速组装、适应性强、用途广泛、经济实用的特点。随着国民经济的发展，装配式公路钢桥亦越来越广泛地转为民用，如民用架式吊桥、过街人行桥、简支梁公路桥或多跨连续梁公路桥等半永久性桥梁；或用于各种架桥设备，如架桥机、门式起重机、起重吊装机和挂篮；或用于拼装承重柱或承重支架等，尤其是在公路桥梁改建工程、危桥加固以及抢险救灾等应急交通保障中发挥了突出的作用。然而，当装配式公路钢桥用于国省干线公路上架设半永久性汽车钢便桥时，由于当代的交通运输量、重型车辆及其行车速度不断增加，对装配式公路钢桥造成的影响也越来越大。其突出表现为装配式公路钢桥的纵梁、横梁均为刚性支承，在行车荷载的作用下，结构支承传力不均，易产生较大的冲击作用，影响结构安全和使用寿命；同时，产生很大的冲击噪声，造成环境污染。

**本实用新型的目的在于：** 设计一种带橡胶支座的装配式公路钢桥，改善桥的结构受力，解决结构支承传力不均问题，缓解荷载冲击，降低冲击噪声，进一步提高装配式公路钢桥的安全舒适性。

**本实用新型的目的是这样实现的：** 橡胶支座外层为凹形的氯丁橡胶层，内部分层填充热轧薄钢板；橡胶支座安装在横梁顶面的纵梁支承处，横梁的桁架下弦杆处也连接橡胶支座；使得纵梁与横梁之间，横梁与桁架下弦杆之间的钢与钢的刚性支承变为弹性支承。

图1为本实用新型横梁安装示意图；图2为本实用新型纵梁安装示意图；图3为本实用新型橡胶支座外观示意图；图4为本实用新型橡胶支座剖视图。图中：1—橡胶支座；2—氯丁橡胶层；3—热轧薄钢板；4—桁架；5—下弦杆；6—横梁垫板；7—纵

梁支承；8—限位卡。

下面结合图1~4介绍本实用新型的实施方法：

如图3所示，橡胶支座1的外层为凹形氯丁橡胶层2，内部分层填充热轧薄钢板3。

如图2所示，在横梁顶面的纵梁支承7处设置若干组限位卡8，在每组限位卡内分别镶入凹形橡胶支座1，橡胶支座取开口向下地卡在横梁工字钢顶面上；另外，如图1所示在桁架4的下弦杆5处的横梁垫板6位置，设置橡胶支座1，开口向下卡在下弦杆上，并用U形螺栓夹紧。

**本实用新型具有以下优点：**

1. 钢桥结构支承条件改善，缓解荷载冲击，延长结构使用寿命，降低冲击产生的噪声，减小环境污染，进一步提高了钢桥的安全舒适性。

2. 耐冲击，耐疲劳，耐老化，使用寿命长。

# （三）说明书附图

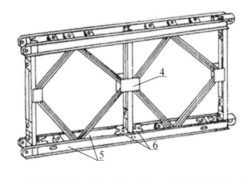

图1 一种带橡胶支座的装配式公路钢桥的横梁安装示意图

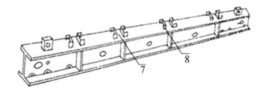

图2 一种带橡胶支座的装配式公路钢桥的纵梁安装示意图

图3 一种带橡胶支座的装配式公路钢桥的橡胶支座外观安装示意图

图4 一种带橡胶支座的装配式公路钢桥的橡胶支座剖视图

图1~4中：1—橡胶支座；2—氯丁橡胶层；3—热轧薄钢板；4—桁架；5—下弦杆；6—横梁垫板；7—纵梁支承；8—限位卡

# 六、公路封闭防水型中央分隔带

## （ZL 201020633382.9）

(10) 授权公告号　CN201865023U　　　　(45) 授权公告日　2011.06.15

(21) 申请号　201020633382.9

(22) 申请日　2010.11.30

(73) 专利权人　江苏省淮安市公路管理处

　　　地址　223001 江苏省淮安市清河区淮海北路 75 号

(72) 发明人　张玉恒

(74) 专利代理机构　淮安市科翔专利商标事务所 32110

(51) Int. Cl.

E01C 11/00(2006.01)

E01C 11/22(2006.01)

(54) 实用新型名称

公路封闭防水型中央分隔带

(57) 摘要

本实用新型公开公路封闭防水型中央分隔带，路面从下向上由路面基层底 1、基层 2 和面层 3 构成，在路面中间设中央分隔带，中央分隔带包括隔水墙 4、防渗层 5 和防水层 6，下半部分路缘石 7 其上连接上半部分路缘石 8 形成隔水墙 4，在两道隔水墙之间的路面的底基层 1 上铺设防渗层 5，在隔水墙 4 内侧面和防渗层 5 表面喷涂乳化沥青形成防水层 6，整体形成中央分隔带。本实用新型增强中央分隔带的整体防水效能，不仅加强中央分隔带的横向防水功能，而且解决路面中部基层边缘的松散问题，同时也为中央分隔带内拓展绿化填土空间。

## （一）权利要求书

公路封闭防水型中央分隔带，路面从下向上由路面基层底1、基层2和面层3构成，在路面中间设中央分隔带，中央分隔带包括隔水墙4、防渗层5和防水层6，下半部分路缘石7其上连接上半部分路缘石8形成隔水墙4，在两道隔水墙之间的路面的底基层1上铺设防渗层5，在隔水墙4内侧面和防渗层5表面喷涂乳化沥青形成防水层6，整体形成中央分隔带。

## （二）说 明 书

### 技术领域

[0001] 本实用新型属于公路交通基础设施建设的技术领域，具体涉及一种公路封闭防水型中央分隔带。

### 背景技术

[0002] 高速公路、一级公路的路基横断面多采用整体式断面。一般路基标准横断面如图1所示。

[0003] 《公路工程技术标准》（JTG B01—2003）第3.0.4条规定"高速公路、一级公路整体式断面必须设置中间带。中间带由两条路缘带和中央分隔带组成"。中央分隔带系由两侧路缘石、防撞护栏、防水排水系统及其中间填土组成。通常采用凸起形或浅蝶形，其表面种草绿化并植树防眩。

[0004] 中央分隔带在构造上起到分隔对向交通的作用。路缘带提供了安全行车所必需的侧向余宽，并能引导驾驶员的视线。如不设中间带无法保证行车安全，也难以达到相应公路等级的要求。而防水排水系统则是减少路面水损害，避免或减轻路基水毁，保护沿线环境的重要技术措施。

[0005] 凸起形中央分隔带：一般凸起形中央分隔带宽度小于等于3.00 m，其表面设置倾向两侧的横坡，以使表面水通过漫流到路面排除。同时，为减免雨水及绿化灌溉水下渗，阻止渗入其内的水进一步渗入路面结构层及路基内，通常根据其宽

度和实际条件采用不同的防水排水方式：盲沟排水系统或封闭防水系统。

[0006] 浅蝶形中央分隔带：中央分隔带宽度大于 3.00 m 或雨量丰富的地区宜采用浅蝶形中央分隔带，多采取防水与排水相结合的防排水系统，即通过在中央分隔带内按一定的纵向距离设置集水井及横向排水管将水排出路基，以防止水流下渗危害路基，侧渗危害路面。

[0007] 采用盲沟排水系统的中央分隔带：中央分隔带宽度较大、雨量丰富的地区或设置凹型竖曲线的路段多采用盲沟排水系统，即在中央分隔带底部设置纵向碎石盲沟和按一定距离设置横向排水管，将水及时排出路基，以防止水流下渗危害路基、侧渗危害路面。目前我国高速公路的中央分隔带多采用这种防水排水方式，如图 2 所示。采用盲沟排水系统的中央分隔带的缺点是施工工序较多，且先进行防水构造施工后打入防撞护栏立柱，工序不顺使之存在漏（渗）水问题；工程造价相对较高；盲沟排水系统年久易于淤塞，会逐渐失去排水作用。

[0008] 采用封闭防水系统的中央分隔带：中央分隔带宽度较小、雨量不大的地区或直接在旧路面上设置中央分隔带的路段常采用封闭防水系统，即在中央分隔带底部及路面结构层边部，采用整体现浇 2 cm 厚的 10 号水泥砂浆作为防水层，然后再在其上喷（涂）一层乳化沥青，并铺设一层防水土工布，以阻止水流下渗危害路基、侧渗危害路面。近年来，江苏省干线公路建设工程多采用这种只防水而不排水的防水方式，如图 3 所示。采用封闭防水系统的中央分隔带的缺点是施工防水砂浆前必须对路面基层内侧边部进行整坡，且路面基层内侧边部存在松散问题；在施工工艺上通过喷洒乳化沥青难以实现使防水土工布与防水砂浆紧密贴合，且防水土工布的接头处、其与防撞护栏立柱的接缝处亦难以做到防止渗水的效果；施工工序也较多，且先进行防水构造施工后打入防撞护栏立柱，工序不顺使之存在漏（渗）水问题。

## 发明内容

[0009] 本实用新型的目的在于：本实用新型为公路封闭防水型中央分隔带，其断面图如图 4 所示，提供一种公路封闭防水型中央分隔带，增强中央分隔带的整体防水效能，不仅加强中央分隔带的横向防水功能，而且解决路面中部基层边缘的松散问题，同时也为中央分隔带内拓展绿化填土空间。

[0010] 本实用新型的技术解决方案是：路面从下向上由路面基层底、基层和面层构成，在路面中间设中央分隔带，中央分隔带包括隔水墙、防渗层和防水层，下半部分路缘石其上连接上半部分路缘石形成隔水墙，在两道隔水墙之间的路面的底基层上铺设防渗层，在隔水墙内侧面和防渗层表面喷涂乳化沥青形成防水层，整体形成中央分隔带。

[0011] 首先，中央分隔带两侧的水泥混凝土路缘石向下加深至路面基层底，在路面基层、面层与中央分隔带中的填土之间纵向形成两道防水混凝土隔水墙；其次，在两道防水混凝土隔水墙之间的路面底基层顶浇 3 cm 厚的 C20 小石子防水混凝土作为防渗层；最后，在两道防水混凝土隔水墙内侧面和小石子防水混凝土防渗层表面整体喷涂乳化沥青形成防水层。

[0012] 本实用新型具有以下优点：

[0013] 1. 统筹考虑中央分隔带横断面设计，加深路缘石至路面基层底面，不仅加强了中央分隔带横向防水功能，而且解决了路面中间部分的路面基层边部的松散问题，也为中央分隔带内拓展了绿化填土空间。

[0014] 2. 先立模现浇路缘石下半部分，再施工路面基层，不仅为后续基层的施工节省了内侧支挡模板，而且为保证基层内侧边部的压实质量创造了有利条件。

[0015] 3. 采用现浇 3 cm 厚的 C20 小石子防水混凝土取代现浇 2 cm 厚的 10 号水泥砂浆作为防渗层，提高了防渗层的整体强度及防渗性能；同时，取消了在中央分隔带中通常采用的防水土工布，节省了一道施工工序及相应的材料，从而可以缩短工期、降低工程成本。

[0016] 4. 理顺了中央分隔带的施工工序，先打入防撞护栏立柱后浇筑防渗混凝土，彻底解决了后打入防撞护栏立柱破坏防渗混凝土层和乳化沥青防水层而存在的漏（渗）水问题。

[0017] 5. 路缘石采用现浇与滑模相结合的二步施工方法，先现浇防水混凝土路缘石下半部分，后滑模现浇防水混凝土路缘石上半部分，有效提高防水混凝土路缘石的外观质量，提升公路使用品质。

[0018] 6. 巧妙利用路缘石形成具有封闭防水功能的高速公路或一级公路中央分隔带，工序合理，工艺先进，提高了工程质量水平，提升了工程精细化水平，造价经济，值得推广。

## 附图说明

[0019] 图1为高速公路、一级公路路基标准横断面。

[0020] 图2为采用盲沟排水系统的中央分隔带断面图。

[0021] 图3为采用封闭防水系统的中央分隔带断面图。

[0022] 图4为公路封闭防水型中央分隔带断面图。

[0023] 图4中：1—基层底；2—基层；3—面层；4—隔水墙；5—防渗层；6—防水层；7—下半部分路缘石；8—上半部分路缘石。

## 具体实施方式

[0024] 如图4所示，路面从下向上由基层底1、基层2和面层3构成，在路面中间设中央分隔带，中央分隔带包括隔水墙4、防渗层5和防水层6，下半部分路缘石7其上连接上半部分路缘石8形成隔水墙4，在两道隔水墙之间的路面的基底层1上铺设防渗层5，在隔水墙4内侧面和防渗层5表面喷涂乳化沥青形成防水层6，整体形成中央分隔带。

[0025] 按以下具体施工步骤制作中央分隔带：

[0026] 1. 在路面底基层上，按照施工图设计打入中央分隔带防撞护栏立柱。

[0027] 2. 利用立柱作为支撑立路缘石下半部分的模板，采用立模现浇法，现浇防水混凝土路缘石下半部分至基层顶高度并完成其养生，同步设置纵向缩缝。

[0028] 3. 在中央分隔带两边的现浇防水混凝土路缘石之间的路面底基层顶现浇3cm厚的C20小石子防水混凝土作为防渗层，与两侧的路缘石对应设置纵向缩缝。

[0029] 4. 完成水泥稳定碎石基层施工。

[0030] 5. 二次压缝，即防水混凝土路缘石下半部分与基层之间的竖向接缝。

[0031] 6. 采用滑模现浇法，滑膜现浇防水混凝土路缘石上半部分并完成其养生，与下半部分路缘石对应设置纵向缩缝。

[0032] 7. 在中央分隔带两边的现浇防水混凝土路缘石内侧面和小石子防水混凝土防渗层表面喷涂乳化沥青形成防水层。

[0033] 8. 在中央分隔带中填土并种草和植树，以绿化、防眩、防水溢流污染路面。

[0034] 9. 完成面层施工。

[0035] 封闭防水型中央分隔带与采用盲沟排水系统的中央分隔带、现行封闭防水系统的中央分隔带每延米工程数量及造价对比表见表1。

[0036] 表1为3种中央分隔带每延米工程数量及造价对比表。

[0037]

表1  3种中央分隔带每延米工程数量及造价对比表

| 序号 | 工程项目 | 单位 | 盲沟排水方案数量 | 封闭防水方案数量 | 实用新型方案数量 |
|---|---|---|---|---|---|
| 1 | C20分隔带缘石防水混凝土 | m³/延米 | 0.094 | 0.094 | 0.198 |
| 2 | C10水泥防渗砂浆 | m³/延米 | 1.75 | 1.69 | — |
| 3 | C20小石子防水混凝土 | m²/延米 | — | — | 1.24 |
| 4 | 乳化沥青 | kg/延米 | — | 1.98 | — |
| 5 | 防水土工布 | m³/延米 | — | 1.98 | — |
| 6 | 路缘石下基层边缘水稳碎石 | M²/延米 | 0.346 | 0.346 | — |
| 7 | 填种植土 | m³/延米 | 0.744 | 0.758 | 0.937 |
| 8 | 铺草皮 | m²/延米 | 1.61 | 1.61 | 1.61 |
| 9 | 透水土工布 | m²/延米 | 0.50 | — | — |
| 10 | 盲沟碎石 | m³/延米 | 0.06 | — | — |
| 11 | 塑料排水管 | m/延米 | 0.28 | — | — |
| 12 | 中（粗）砂 | m³/延米 | 0.136 | — | — |
| 13 | 每延米长造价 | 元/延米 | 240.85 | 198.57 | 203.57 |

[0038] 说明:为了便于 3 种方案比较,中央分隔带宽度均以 2.00 m 计,沥青混凝土面层厚度以 12 cm 计,水泥稳定碎石基层厚度以 34 cm 计,石灰土底基层以 20 cm 计,路缘石宽度以 20 cm 且高于路面 13 cm 计。

# (三)说明书附图

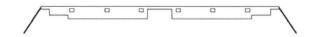

图 1　高速公路、一级公路路基标准横断面

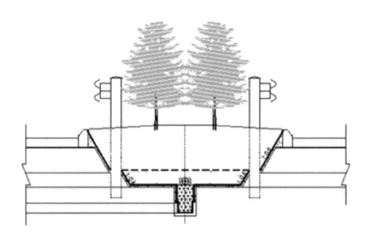

图 2　采用盲沟排水系统的中央分隔带断面图

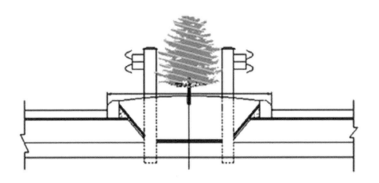

图 3 采用封闭防水系统的中央分隔带断面图

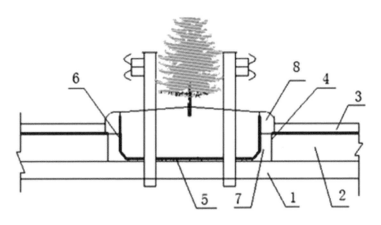

图 4 公路封闭防水型中央分隔带断面图

1—基层底；2—基层；3—面层；4—隔水墙；5—防渗层；6—防水层；7—下半部分路缘石；
8—上半部分路缘石

# 七、公路打入式热镀锌喷塑百米桩

## （ZL 201220096996.7）

**(10) 授权公告号** CN 202500100 U　　　**(45) 授权公告日** 2012.10.24

**(21) 申请号** 201220096996.7

**(22) 申请日** 2012.03.15

**(73) 专利权人** 江苏省淮安市公路管理处

　　　**地址** 223001 江苏省淮安市清河区淮海北路 75 号

**(72) 发明人** 张玉恒

**(74) 专利代理机构** 淮安市科翔专利商标事务所 32110

**(51) Int. Cl.**

E01F 9/011(2006.01)

---

**(54) 实用新型名称**

公路打入式热镀锌喷塑百米桩

**(57) 摘要**

本实用新型公开了公路打入式热镀锌喷塑百米桩，该百米桩包括 V 形或△形断面的桩体，桩体全长 200 cm，桩体全长的 3/5 覆喷塑防腐层。本实用新型选择坚固耐用的材料和防腐处理制作百米桩，采取打入式施工的快速安装方式，实现施工简便、安装快速、便于维护、经久耐用的路用性能，达到减少施工工序、提高安装效率、减少道路污染、抗拔防倾防盗、防腐耐用美观、易于养护维修。

# （一）权利要求书

1. 公路打入式热镀锌喷塑百米桩包括 V 形或△形断面的桩体，其特征在于：桩体全长 200 cm，桩体全长的 3/5 覆喷塑防腐层。

2. 根据权利要求 1 所述的公路打入式热镀锌喷塑百米桩，其特征是：其中，桩体的顶端为斜面。

## (二) 说 明 书

### 技术领域

[0001] 本实用新型属于公路交通技术领域,具体涉及一种公路附属设施,即公路打入式热镀锌喷塑百米桩。

### 背景技术

[0002] 按照中华人民共和国国家标准《道路交通标志和标线》(GB 5768—1999)的要求,公路沿线必须按照规定设置百米桩。

[0003] 百米桩是表示公路百米距离的桩,其外形是V字形或△形断面的异型反光交通标志,其地面以上部分为白色,字的颜色和里程碑上字的颜色一致,其材质为玻璃钢或铸铁,其高度为120 cm,高出路面80 cm,埋入地面深度为40 cm,采用现浇水泥混凝土基础固定,以标示公路的距离与位置,现有埋入式玻璃钢或铸铁百米桩结构图如图1所示。

[0004] 百米桩设置的位置:设在公路右侧各里程碑之间,每100 m设一个。

[0005] 百米桩设置的方法:通常采用在路肩上开挖基坑、现浇水泥混凝土基础的埋入法安装。

[0006] 材质为玻璃钢的百米桩易受外力碰撞而损坏,材质为铸铁的百米桩易因生锈剥落而损坏,致使其日常养护与维修工作成本增加。目前,我国公路上所使用埋入法安装方法要经过测量放样—开挖基坑—桩柱定位—现浇水泥混凝土—洒水养生—覆土清场共6道工序,工期一般为7~15 d,不仅施工工序多、施工工期长、工程成本高、易于污染道路,而且使用过程中易因受外力碰撞或雨水冲刷其基础造成百米桩倾斜、移位甚至丢失,影响其路用功能。

### 发明内容

[0007] 本实用新型的目的在于:提供一种公路打入式热镀锌喷塑百米桩,选择坚固耐用的材料和防腐工艺处理制作百米桩,采取打入式施工的快速安装方式,实现施工简便、安装快速、便于维护、经久耐用的路用性能,达到减少施工工序、提

高安装效率、减少道路污染、抗拔防倾防盗、防腐耐用美观、易于养护维修的目的。

[0008] 本实用新型的技术解决方案是：该百米桩包括V形或△形断面的桩体，其特征在于：桩体全长 200 cm，桩体全长的 3/5 覆喷塑防腐层。

[0009] 其中，桩体的顶端为斜面。

[0010] 打入式热镀锌喷塑百米桩施工示意图如图2所示。施工时，将百米桩逐根定位，在桩体的顶端套上送桩帽，使用公路护栏打桩机将百米桩打入并嵌固在道路路肩的石灰土结构层内，桩体地面以上留有 100 cm。

[0011] 本实用新型具有如下优点：

[0012] 1. 施工工序少：施工工序仅有测量放样—桩柱定位—机械打入共3道工序。

[0013] 2. 安装速度快：选用公路护栏打桩机打入桩柱，施工安装效率高；由于减少了传统埋入式施工法的开挖基坑—现浇水泥混凝土—洒水养生—覆土清场这4道工序，大大地缩短了施工周期。

[0014] 3. 环境污染小：除使用公路护栏打桩机打入桩柱时会造成一定的空气污染外，可以避免开挖基坑、现浇水泥混凝土及其养生可能对道路造成的临时性施工污染，并且能够彻底根除现浇水泥混凝土对公路用地的永久性污染。

[0015] 4. 路用性能优：选用热轧镀锌异型钢材作为百米桩的原材料，并对其表面进行喷塑防腐处理，经久耐用，外表美观，易于维护，其下部嵌入道路石灰土结构层内，稳固防倾、抗拔防盗效果好。

**附图说明**

[0016] 图1为现有埋入式玻璃钢或铸铁百米桩结构图。

[0017] 图2为打入式热镀锌喷塑百米桩施工示意图，图中：

[0018] 1—桩体；2—喷塑防腐层；3—送桩帽；4—打桩机；5—石灰土结构层。

**具体实施方式**

[0019] 如图2所示，该百米桩包括V形或△断面的桩体1，其特征是：桩体1全长 200 cm，桩体1全长的 3/5 覆喷塑防腐层2。

[0020] 其中，桩体1的顶端为斜面。

[0021] 施工时,将百米桩逐根定位,在桩体1的顶端套上送桩帽3,使用公路护栏打桩机4将百米桩打入并嵌固在道路路肩的石灰土结构层5内,桩体1地面以上留有100 cm。

# (三)说明书附图

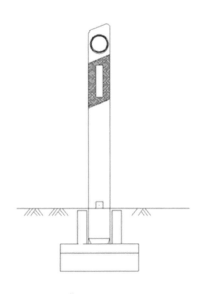 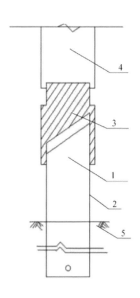

图1 现有埋入式玻璃钢或铸铁百米桩结构示意图　　图2 打入式热镀锌喷塑百米桩施工示意图

1—桩体;2—喷塑防腐层;
3—送桩帽;4—打桩机;
5—石灰土结构层

# 八、全预制装配式围墙

## （ZL 201420617533.X）

**(10) 授权公告号** CN 204152303 U　　　**(45) 授权公告日** 2015.02.11

**(21) 申请号** 201420617533.X

**(22) 申请日** 2014.10.24

**(73) 专利权人** 张玉恒

　　**地址** 223001 江苏省淮安市清河区漕运西路 96 号

**(72) 发明人** 张玉恒

**(74) 专利代理机构** 淮安市科翔专利商标事务所 32110

**(51) Int. Cl.**

　E04H 17/14(2006.01)

　E04H 17/16(2006.01)

　E04H 17/20(2006.01)

**(ESM)** 同样的发明创造已同日申请发明专利

---

**(54) 实用新型名称**

全预制装配式围墙

**(57) 摘要**

本实用新型公开了全预制装配式围墙（图1），该全预制装配式围墙有透空围墙和板体围墙两种。全预制装配式透空围墙包括基桩（1）、承托钢环（2）、柱芯（3）、承托板（4）、开槽砌块（5）、围墙板（6）、柱体砌块（7）、栅栏（8）和柱帽砌块（9）；全预制装配式板体围墙包括基桩（1）、钢环形牛腿（10）、柱芯（3）、承托板（4）、开槽砌块（5）、围墙板（6）、柱帽砌块（9）和压顶板（11）。本实用新型的全部构件工厂化预制，现场快速组装，临时用地少，施工工序少，工程周期短，表观质量好，抗震性能强，环保无污染。

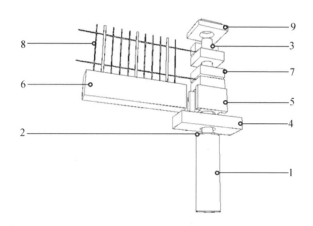

图 1 全预制装配式围墙

1—基桩；2—承托钢环；3—柱芯；4—承托板；5—开槽砌块；6—围墙板；7—柱体砌块；8—栅栏；9—柱帽砌块

# 九、基于预应力混凝土空心方桩技术的全预制装配式围墙

## （ZL 201920266712.6）

(10) 授权公告号　CN 210685594U　　　(45) 授权公告日　2020.06.05

(21) 申请号　201920266712.6

(22) 申请日　2019.03.04

(73) 专利权人　张玉恒

　　地址　223001 江苏省淮安市清河区淮海北路 133 号

(72) 发明人　张玉恒

(74) 专利代理机构　淮安市科翔专利商标事务所 32110

(51) Int. Cl.

E04H 17/16(2006.01)

E04H 17/22(2006.01)

---

(54) 实用新型名称

基于预应力混凝土空心方桩技术的全预制装配式围墙

(57) 摘要

本实用新型公开了基于预应力混凝土空心方桩技术的全预制装配式围墙（图1），有透空围墙和板体围墙两种；所述围墙由若干基本单元相互连接构成，以相邻立柱中心间距为透空围墙的一个基本单元，而板体围墙的一个基本单元的相邻立柱中心间距根据市售的轻质高强水泥基挤塑成型围墙板的长度来确定；本实用新型采用预应力混凝土空心方桩的商品桩，经过简单加工组装，无须现场电焊、无须现场开挖基坑土方、无须现场浇筑混凝土，通过常规施工机械即实现现场快速组装，使用寿命长，抗震性能强，表观质量好，外观造型多，临时用地少，施工工序少，工程周期短，环保无污染。

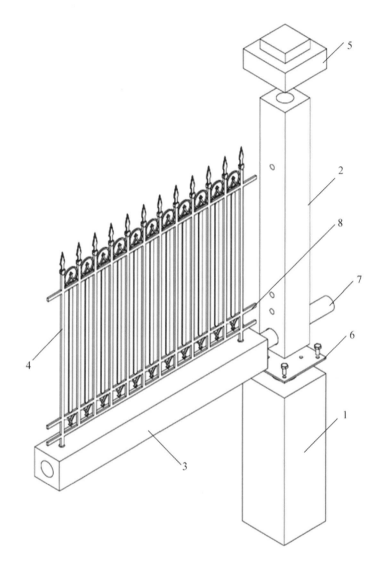

图1 基于(高强)预应力混凝土空心方桩技术的全预制装配式透空围墙结构简图

1—围墙基桩;2—围墙立柱;3—围墙地梁;4—围墙花栏;5—立柱顶帽;6—桩柱连接件;
7—梁柱连接件;8—花板连接件

# 第六部分  专利应用实例

## 一、《适合中小桥梁伸缩缝单缝伸缩装置》应用实例

《适合中小桥梁伸缩缝单缝伸缩装置》应用实例见表1。

表1 《适合中小桥梁伸缩缝单缝伸缩装置》应用实例一览表

（2021年4～5月调查与统计）

| 序号 | 桥梁名称 | 桥面伸缩缝长度/m | 使用起止日期 | 使用情况 |
|---|---|---|---|---|
| 1 | 江苏省连云港市海连西路蔷薇河大桥 | 10 m/道×6 道 | 2001年12月~至今在用 | 已使用19年多，情况良好 |
| 2 | 204国道（烟沪线）江苏省连云港市富安桥 | 10 m/道×6 道 | 2001年12月~至今在用 | 已使用19年多，情况良好 |
| 3 | 江苏省淮安市淮海北路黄河大桥 | 10 m/道×2 道 | 1997年6月~2016年2月该桥重建 | 已使用18年多，情况良好 |
| 4 | 江苏省淮安市承德北路盐河大桥 | 14 m/道×2 道 | 1997年12月~2015年5月该桥重建 | 已使用18年，情况良好 |
| 5 | 江苏省121省道淮阴市盱眙淮河大桥 | 9 m/道×15 道 | 2002年10月~2020年8月该桥重建 | 已使用18年，情况良好 |
| 6 | 江苏省121省道淮阴市盱眙溜子河大桥 | 9 m/道×11 道 | 2002年10月~至今在用 | 已使用19年，情况良好 |
| 7 | 江苏省宁连一级公路淮安南绕城段三道河桥 | 11.40 m/道×4 道 | 2003年12月~至今在用 | 已使用18年，情况良好 |
| 8 | 江苏省宁连一级公路淮安南绕城段柴米河桥 | 11.90 m/道×4 道 | 2003年12月~至今在用 | 已使用18年，情况良好 |
| 9 | 江苏省宁连一级公路淮安南绕城段灌溉干渠桥 | 11.90 m/道×4 道 | 2003年12月~至今在用 | 已使用18年，情况良好 |
| 10 | 江苏省连云港港区某枢纽立交桥匝道桥 | 多道缝长计约60 m | 2015年6月~至今在用 | 已使用6年，情况良好 |

## （一）应用实例——蔷薇河大桥现场照片（图1～6）

图1　蔷薇河大桥侧立面（2021年5月9日拍照）

图2　蔷薇河大桥桥面车流1（2021年5月9日拍照）

图 3　蔷薇河大桥墩顶处桥面伸缩缝 1（2021 年 5 月 9 日拍照）

图 4　蔷薇河大桥墩顶处桥面伸缩缝 2（2021 年 5 月 9 日拍照）

图 5 蔷薇河大桥桥面车流 2（2021 年 5 月 9 日拍照）

图 6 蔷薇河大桥桥面车流 3（2021 年 5 月 9 日拍照）

## （二）应用实例——富安桥现场照片（图7~12）

图7　富安桥桥名牌（2021年5月9日拍照）

图8　富安桥侧立面（2021年5月9日拍照）

图 9　富安桥桥面正面（2021 年 5 月 9 日拍照）

图 10　富安桥墩顶处桥面伸缩缝（2021 年 5 月 9 日拍照）

图 11 富安桥桥台处桥面伸缩缝（2021 年 5 月 9 日拍照）

图 12 富安桥桥台处桥面伸缩缝特写（2021 年 5 月 9 日拍照）

## （三）应用实例——宁连公路淮安南绕城段小桥现场照片（图 13～14）

图 13  宁连公路淮安南绕城段柴米河桥桥面伸缩缝照片（2021 年 4 月 8 日拍照）

图 14  宁连公路淮安南绕城段三道河桥桥面伸缩缝照片（2021 年 5 月 12 日拍照）

## (四)应用实例——溜子河大桥现场照片(图 15~16)

图 15 溜子河大桥墩顶处桥面伸缩缝(2021 年 5 月 10 日拍照)

图 16 溜子河大桥桥台处桥面伸缩缝(2021 年 5 月 10 日拍照)

# 二、《钢板组合式桥梁伸缩缝装置》应用实例

## 《钢板组合式桥梁伸缩缝伸缩装置》应用证明

沭阳新沂河大桥位于 205 国道江苏省沭阳县城区西北，紧靠沭阳县城，由北向南跨越新沂河。该桥始建于 1967 年 5 月，1969 年 6 月竣工，桥梁下部结构为钻孔灌注桩基础的浆砌块石墩台，上部结构为双曲拱形式，共 39 孔，每孔跨径 30m，桥梁全长 1269.26m，桥面总宽 8.50m，其中：行车道净宽——7.00m，两边人行道宽为 0.75m，设计载重为汽车——13t，挂车——60t。该桥工程总造价为 264 万余元。

由于车流量逐年增加，原桥面较窄，已远远不能适应经济不断发展的需求，1988 年国家交通部批准新建沭阳新沂河大桥复线桥，该桥在原桥西侧 3 米处，为钻孔灌注桩基础的双柱式墩台、预应力简支 T 梁桥，全桥 39 孔，全长 1259.20m，载重标准为汽车——20 级，挂车——100，桥面宽度为净——14.00+2×0.50m，全桥共用混凝土和钢筋混凝土计 19080m³，砌石 557m³，此桥由原淮阴市公路管理处负责建设，交通部第二公路勘察设计院设计，江苏省交通工程第三工程处和原淮阴市公路管理处桥梁工程队施工，全桥于 1991 年 12 月 30 日建成通车。

1995 年 3 月~6 月，江苏省淮阴市公路管理处对沭阳新沂河大桥复线桥桥面破损的橡胶板式伸缩缝伸缩装置进行处治改造，采用《钢板组合式桥梁伸缩缝伸缩装置》实用新型专利技术，为该桥试制并安装了 1 道 14.00m 长的桥面伸缩缝试验装置，一直使用至 2005 年 5 月，因江苏省宿迁市公路管理处对沭阳新沂河大桥复线桥实施桥面铺装改造工程时才将其拆除，共使用 10 年多，使用状况良好。该"钢板组合式桥梁伸缩缝伸缩装置"专利于 1997 年 8 月，荣获第六届中国专利新技术新产品博览会（辽宁大连）金奖。

特此证明

淮安市公路事业发展中心
2021 年 6 月 16 日

# 三、《实用新型桥梁伸缩缝装置》应用实例

## 《新型桥梁伸缩缝伸缩装置》应用证明

沭阳新沂河大桥位于 205 国道江苏省沭阳县城区西北,紧靠沭阳县城,由北向南跨越新沂河。该桥始建于 1967 年 5 月,1969 年 6 月竣工,桥梁下部结构为钻孔灌注桩基础的浆砌块石墩台,上部结构为双曲拱形式,共 39 孔,每孔跨径 30m,桥梁全长 1269.26m,桥面总宽 8.50m,其中:行车道净宽—7.00m、两边人行道宽为 0.75m,设计载重为汽车—13t,挂车—60t。该桥工程总造价为 264 万余元。

由于车流量逐年增加,原桥面较窄,已远远不能适应经济不断发展的需求,1988 年国家交通部批准新建沭阳新沂河大桥复线桥,该桥在原桥西侧 3 米处,为钻孔灌注桩基础的双柱式墩台、预应力简支 T 梁桥,全桥 39 孔,全长 1259.20m,载重标准为汽车—20 级,挂车—100,桥面宽度为净—14.00+2×0.50m,全桥共用混凝土和钢筋混凝土计 19080m³,砌石 557m³。此桥由原淮阴市公路管理处负责建设,交通部第二公路勘察设计院设计,江苏省交通工程第三工程处和原淮阴市公路管理处桥梁工程队施工,全桥于 1991 年 12 月 30 日建成通车。

1994 年春,江苏省淮阴市公路管理处对沭阳新沂河大桥复线桥桥面破损的橡胶板式伸缩缝伸缩装置进行处治改造,采用《新型桥梁伸缩缝伸缩装置》实用新型专利技术,为该桥试制并安装了 1 道 14.00m 长的桥面伸缩缝试验装置,一直使用至 2005 年 5 月,因江苏省宿迁市公路管理处对沭阳新沂河大桥复线桥实施桥面铺装改造工程时才将其拆除,共使用 10 年多,使用状况良好。该"实用新型桥梁伸缩缝伸缩装置"专利于 1996 年 9 月,荣获 1996 年中国专利与新产品博览会(江苏常州)金奖。

特此证明

淮安市公路事业发展中心
2021 年 6 月 16 日

## 第六部分 专利应用实例

《实用新型桥梁伸缩缝装置》应用实例如图17~20所示。

图17 实用新型桥梁伸缩缝装置

图18 205国道江苏省沭阳县新奇河大桥原板式橡胶伸缩缝拆除改造照片

图 19　205 国道江苏省沭阳县新奇河大桥安装实用新型桥梁伸缩缝装置试验缝

图 20　205 国道江苏省沭阳县新奇河大桥采取半幅施工另半幅通行安装试验缝

# 四、《公路地基表层处理的隔离防水填筑法》应用实例

**《公路地基表层处理的隔离防水填筑法》**
**专利技术应用证明**

327省道涟水涟城至石湖段干线公路建设工程，起点位于淮涟一级公路终点处，经大东镇、黄营乡、唐集镇、石湖镇，终点与327省道滨海相接。工程沿线以农田为主，地势平坦，地貌属黄泛冲积平原。道路全长34.973公里，按照双向4车道一级公路标准建设，路基宽24.5米，设计速度为80公里/小时，概算总投资7.06亿元。该工程于2009年月开工建设，至2011年10月完工，2011年12月通过交工验收，工程质量合格。

2009年9月，我局在327省道涟城至石湖段一级公路建设工程中采用了国家发明专利技术——《公路地基表层处理的隔离防水填筑法》，具体对0K+000－3K+200老路单侧拓宽路段路侧原边沟、5K+000－8K+000新建路段全幅路基宽度范围内的较高地下水位的粉土地基和12K+800－13K+000新建路段内的大水塘等部位有效地进行了路基的填前处治，累计处治地面积为141000平方米，不仅加快了工程工期，而且节约工程投资338.4万元，取得了显著的经济效益和社会效益。

另外，2011年5月，我局还在329省道涟水城区炎黄大道改建工程中采用了《公路地基表层处理的隔离防水填筑法》，具体对老路拓宽段的30米宽、4050米长的路侧边沟有效地进行了路基的填前处治，累计处治地基面积为121500平方米，大大地

加快了工程工期,同时节约工程投资291.6万元,经济效益和社会效益十分显著。

该方法具有工艺简单、基底质优、工期短、造价低等显著特点,是一种简易、有效、快速、经济的施工好方法,值得在公路和其它道路建设工程中进一步推广应用。

附:应用《公路地基表层处理的隔离防水填筑法》的工程项目节省经费计算表

| 序号 | 工程项目名称 | 路基填前处治路段 | 填前处治内容 | 处治地基面积（平方米） | 备注 |
|---|---|---|---|---|---|
| 1 | 327省道涟城至石湖段一级公路建设工程 | 0K+000~3K+200 | 老路南侧路倒原边沟清淤后处治 | 3200*15=48000 | |
| | | 5K+000~8K+000 | 新建段全幅路基宽度内的粉土地基处治 | 3000*30=90000 | 地下水位较高 |
| | | 12K+800~13K+000 | 新建段内的大水塘清淤后处治 | 200*15=3000 | |
| 2 | 329省道涟水城区炎黄大道改建工程 | 老路拓宽段的30米宽,4050米长的路侧边沟 | 老路拓宽段路侧原边沟清淤后处治 | 4050*30=121500 | |
| 合计 | 24元/平方米*（48000+90000+3000+121500）平方米=630万元 | | | | |

说明:采用《公路地基表层处理的隔离防水填筑法》专利技术方案比原工程施工图设计使用碎砖石建筑垃圾填筑处治方案的差价是24元/平方米。

# 五、《公路封闭防水型中央分隔带》应用实例

**公路封闭防水型中央分隔带专利技术**
**在205国道后六塘河至丁集段暨325省道淮安段建设工程中**
**的应用证明**

205国道后六塘河至丁集段暨325省道淮安段建设工程,按双向四车道(集镇段六车道)一级公路标准建设,全长43.521公里(含特大型桥梁和大型互通立交桥梁各1座),路基宽26米,采用沥青混凝土路面,设计行车速度100公里/小时,总投资12.6亿元。2008年9月18日开工建设,2010年7月15日主体建成通车,工程质量优良,没有发生安全责任事故。该工程被淮安市委市政府评为大交通建设"优秀交通工程项目"、被淮安市纪委评为全市工程建设"五大样板工程"之一。

该工程共有41.156公里路段(除桥梁、中分带开口外)采用了《公路封闭防水型中央分隔带》专利技术实施了中央分隔带,由于先打入防撞护栏立柱再做中分带防水层,且路缘石采用滑模施工,不仅提高了中分带防渗质量水平,增加了道路使用的耐久性,而且进一步提升了公路外观质量品质,还加大了中分带绿化种植土的厚度,更加有利于绿化植物的生长。该技术成果具有经济、实用、环保、美观等特点,社会和经济效益显著。

该专利技术成果推广应用潜力巨大,可广泛地应用于高速公路、国省干线公路、城市道路等道路工程,建议今后进一步推广应用。

## 公路封闭防水型中央分隔带专利技术
## 在205国道后六塘河至丁集段暨325省道淮安段建设工程中应用的经济效益证明

205国道后六塘河至丁集段暨325省道淮安段建设工程,按双向四车道(集镇段六车道)一级公路标准建设,全长43.521公里(含特大型桥梁和大型互通立交桥梁各1座),路基宽26米,采用沥青混凝土路面,设计行车速度100公里/小时,总投资12.6亿元。2008年9月18日开工建设,2010年7月15日主体建成通车,工程质量优良,没有发生安全责任事故。该工程被淮安市委市政府评为大交通建设"优秀交通工程项目"、被淮安市纪委评为全市工程建设"五大样板工程"之一。

该工程共有41.156公里路段(除桥梁、中分带开口外)采用了《公路封闭防水型中央分隔带》专利技术实施了中央分隔带。经测算国内高速公路常用的盲沟排水型中央分隔带与封闭防水型中央分隔带的工程造价的差价为240.85-203.57=37.28(元/每延米),因此,该工程共节约工程投资153.43万元(37.28元/每延米*41.156公里*1000米/公里),取得了较好的经济效益。

特此证明。

附件:公路中央分隔带工程方案每延米造价对比表

2013年5月15日

附件：公路中央分隔带工程方案每延米造价对比表

| 序号 | 工程项目 | 单位 | 盲沟排水方案 | 简单防水方案 | 封闭防水方案 |
|---|---|---|---|---|---|
| 1 | C20 分隔带缘石防水混凝土 | $m^3/m$ | 0.094 | 0.094 | 0.198 |
| 2 | C10 水泥防渗砂浆 | $m^3/m$ | 1.75 | 1.69 | / |
| 3 | C20 小石子防水混凝土 | $m^2/m$ | / | / | 1.24 |
| 4 | 乳化沥青 | kg/m | / | 1.98 | / |
| 5 | 防水土工布 | $m^2/m$ | / | 1.98 | / |
| 6 | 缘石下基层边部水稳碎石 | $m^3/m$ | 0.346 | 0.346 | / |
| 7 | 填种植土 | $m^3/m$ | 0.744 | 0.758 | 0.937 |
| 8 | 铺草皮 | $m^2/m$ | 1.61 | 1.61 | 1.61 |
| 9 | 透水土工布 | $m^2/m$ | 0.50 | / | / |
| 10 | 盲沟碎石 | $m^3/m$ | 0.06 | / | / |
| 11 | 塑料排水管 | m/m | 0.28 | / | / |
| 12 | 中（粗）形 | $m^3/m$ | 0.136 | / | / |
| 13 | 每延米造价 | 元/m | 240.85 | 198.57 | 203.57 |

# 六、《双拼式矮塔斜拉桥》应用实例

## 《双拼式矮塔斜拉桥》国家发明专利技术应用证明

2014年度，江苏省淮安市淮阴区承德北路盐河大桥改建工程采用国家发明专利技术《双拼式矮塔斜拉桥》的科研成果，对其主桥采用"双箱梁+横梁"结构方案进行设计，按照单位面积造价计算，与我市淮海北路盐河大桥相比节约48.8万元，与我市北京北路盐河大桥相比节约382.5万元，经济效益是十分显著的。

特此证明

2015年3月2日

附：淮阴区承德北路盐河大桥与淮海北路盐河大桥和北京路盐河大桥造价比较表

| 序号 | 1 | 2 | 3 |
|---|---|---|---|
| 桥梁名称 | 承德北路盐河大桥 | 淮海北路盐河大桥 | 北京北路盐河大桥 |
| 桥梁全长（米） | 228.74 | 258.54 | 212.60 |
| 桥梁全宽（米） | 32.50 | 46.60 | 35.00 |
| 桥梁总面积（平米） | 7434.05 | 12047.96 | 7441.00 |
| 主桥结构分类 | 双拼式矮塔斜拉桥 | 并列式矮塔斜拉桥 | 宽幅式矮塔斜拉桥 |
| 主桥主梁结构 | 双箱梁+横梁 | 并列两座单箱三室箱梁 | 单箱五室箱梁 |
| 主桥跨径（米） | 105.00 | 80.00 | 97.00 |
| 主桥面积（平米） | 3412.50 | 3728.00 | 3395 |
| 桥梁概算总造价（万元）及单位面积造价（万元/平米） | 6000/0.8071 | 9896/0.8214 | 6840/0.9192 |
| 说明 | 按照桥梁单位面积造价计算，采用《双拼式矮塔斜拉桥》发明专利技术方案设计的桥1主桥与桥2主桥相比节约48.8万元，与桥3主桥相比节约382.5万元。 | | |

## 第六部分 专利应用实例

附：淮阴区承德北路盐河大桥与淮海北路盐河大桥和北京路盐河大桥造价比较表

| 序号 | 1 | 2 | 3 |
|---|---|---|---|
| 桥梁名称 | 承德北路盐河大桥 | 淮海北路盐河大桥 | 北京北路盐河大桥 |
| 桥梁全长/m | 228.74 | 258.54 | 212.60 |
| 桥梁全宽/m | 32.50 | 46.60 | 35.00 |
| 桥梁总面积/m² | 7 434.05 | 12 047.96 | 7 441.00 |
| 主桥结构分类 | 双拼式矮塔斜拉桥 | 并列式矮塔斜拉桥 | 宽幅式矮塔斜拉桥 |
| 主桥主梁结构 | 双箱梁+横梁 | 并列两座单箱三室箱梁 | 单箱五室箱梁 |
| 主桥跨径/m | 105.00 | 80.00 | 97.00 |
| 主桥面积/m² | 3 412.50 | 3 728 | 3395 |
| 桥梁概算总造价（万元）及单位面积造价（万元/m²） | 6 000/<br>0.8071 | 9 896/<br>0.8214 | 6 840/<br>0.9192 |
| 说明 | 按照桥梁单位面积造价计算，采用《双拼式矮塔斜拉桥》发明专利技术方案设计的桥1主桥与桥2主桥相比节约48.8万元，与桥3主桥相比节约382.5万元。 | | |

# 附　　录

## 附录一　科研获奖项目

（一）《公路地基表层处理的隔离防水填筑法》荣获淮安市 2011 年度优秀发明专利奖

### 淮安市人才工作领导小组办公室

淮人才办〔2012〕9 号

### 关于奖励 2011 年度优秀发明专利的决定

各县（区）人才工作领导小组，市各有关单位：

根据《淮安市发明专利择优奖励暂行办法》（淮办发〔2007〕55 号）的规定，经过组织专家组严格评审，市人才工作领导小组办公室决定对"园艺长效缓释秸秆营养土和营养土基质的制备及使用方法"等 21 项 2011 年度优秀发明专利进行奖励。

附件：淮安市 2011 年度优秀发明专利一览表

淮安市人才工作领导小组办公室
2012 年 7 月 16 日

附件:

## 淮安市 2011 年度优秀发明专利一览表

| 序号 | 姓名 | 工作单位 | 发明专利的名称 |
|---|---|---|---|
| 1 | 李伯奎 | 淮阴工学院 | 园艺长效缓释秸秆营养土和营养土基质的制备及使用方法 |
| 2 | 卓荣明 | 淮阴工学院 | 快速更换磨损部位的反击式破碎机组合板锤及其制造方法 |
| 3 | 张 恒 | 淮阴工学院 | 红外光谱非线性建模定量分析方法 |
| 4 | 顾立众 | 淮阴食品学院 | 液体动态表面发酵塔 |
| 5 | 张银生 | 淮钢特钢股份有限公司 | 一种利用开坯机轧制大圆钢的方法 |
| 6 | 张玉恒 | 淮安市公路管理处 | 公路地基表层处理的隔离防水填筑法 |
| 7 | 王 连 | 淮安市苏通市政机械有限公司 | 沼气池清秸秆出料车 |
| 8 | 褚效中 | 淮阴师范学院 | 以岩盐为原料生产氯化氢与硫酸氢钠晶体的方法 |
| 9 | 徐建明 | 淮阴师范学院 | 速效有机硼肥 |
| 10 | 仲 慧 | 淮阴师范学院 | 一种温敏和生物可降解性原位凝胶的合成方法 |
| 11 | 姜 澄 | 淮安市康达饲料有限公司 | 克氏原螯虾颗粒饲料（龙虾饲料） |
| 12 | 张锦萍 | 淮安信息职业技术学院 | 印刷播种机 |
| 13 | 董玉国 | 江苏驰翰科技有限公司 | 多功能一体化阀门泵 |
| 14 | 林 祥 | 淮安万邦香料工业有限公司 | 一种提高二氢茉莉酮酸甲酯中顺式体含量的方法 |
| 15 | 朱占元 | 江苏天士力帝益药业有限公司 | 一种水飞蓟宾的提取方法 |
| 16 | 孙 丽 | 淮阴工学院 | 一种用机械仿真分析软件 ADAMS 求解板簧刚度的方法 |

| 17 | 许庆华 | 盱眙澳图科技开发服务有限公司 | 凹凸棒快速化冰融雪剂的生产方法 |
|---|---|---|---|
| 18 | 高为鑫 | 江苏天一超细金属粉末有限公司 | 一种测量羰基铁粉硬度的方法 |
| 19 | 王明泉 | 江苏爱吉斯海珠机械有限公司 | 大型船舶发动机缸套超低温氮化方法 |
| 20 | 朱惠琴 | 淮阴师范学院 | 4-硝基-1,8-萘二甲酸的制备方法 |
| 21 | 吴洁 | 淮阴工学院 | 一种苯扎贝特的制备方法 |

主题词：发明专利　　奖励　　决定

淮安市人才工作领导小组办公室　　　　2012年7月16日印发

（共印:50份）

(二)《公路地基表层处理的隔离防水填筑法》荣获 2012 年度淮安市科技进步二等奖

(三)《ISAC 防治半刚性基层沥青路面反射裂缝应用技术研究》荣获淮安市 2012 年度科技进步三等奖

（四）《公路封闭防水型中央分隔带的开发与应用》荣获淮安市 2013 年度科技进步三等奖

（五）《双拼式矮塔斜拉桥的研发与应用》荣获淮安市 2015 年科技进步三等奖

（六）《新型桥梁伸缩缝伸缩装置》荣获 1996 中国专利及新产品博览会金奖

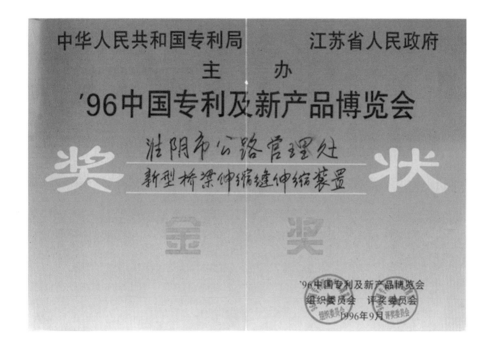

（七）《钢板组合式桥梁伸缩缝伸缩装置》荣获第六届中国专利新技术新产品博览会金奖

(八)《双拼式矮塔斜拉桥》荣获第九届国际发明展览会"发明创业·项目奖"银奖

项目编号：F103　　　　　　　　证书编号：2502334

发 明 者：张玉柱

完成单位：江苏省淮安市航道管理处

项目名称：双拼式矮塔斜拉桥

该项目在第九届国际发明展览会上荣获"发明创业奖·项目奖" **银** 奖，特颁此证予以表彰。

中国发明协会
2016年11月

# 附录二  新闻报道

## 一、从工作中捕获创新灵感

中国交通报/2015年6月24日/第003版民生

驻江苏首席记者 施科/通讯员 杨海飞

创客：张玉恒

职务：江苏省淮安市航道处高级工程师

"这次申请的专利实用性很强，相信一定能得到很好的推广。"6月4日，江苏省淮安市航道处高级工程师张玉恒申报的发明专利《装配式卷（板）材结构的高黏度改性沥青薄层路面》被国家知识产权局专利局授予发明专利权。谈及这项专利的推广应用，张玉恒充满信心。

**推广应用让创新有了坚持的动力**

在江苏省交通运输行业，张玉恒算得上是一名创新达人。自1981年参加工作至今，张玉恒已经先后获得11项国家专利，绝大部分专利与发明成果都在行业建设发展中得到了推广应用，并取得显著效益。

谈及踏上创新之路的契机，张玉恒说，这还要追溯到20世纪90年代初。"当时，我们在道路管养工作中，面临着公路桥梁伸缩缝破损的难题，轻则影响行车体验，重则引发交通安全事故。"为了解决这一问题，张玉恒花了两三年的时间研究解决方案，中间也经过了反复的试验，最后提出了4套解决方案。"系列桥梁伸缩缝专利技术"提交申报后，被授予国家实用新型专利。"在这4套方案中，还有两套得到了很好的推广应用，这对于一个热衷于发明创造的人来说是极大的鼓舞，更让我有了坚持下去的动力。"张玉恒说。

而在不断创新的过程中,张玉恒也遇到了一些问题,目前最困扰他的就是人们对创新成果向应用生产的转化还不够重视。"从理论、概念到应用、操作,这是一个从定性到定量的转变,需要结合工程项目,通过实践不断检验修正,而现在获得这种平台的机会并不多。"张玉恒说,"我感觉这是一个普遍意识的问题,不过从今年开始,创新的概念越来越深入人心,相信在不久的未来,将会有更多的专利和发明得到重视。"

**创新源于对难点的观察和思考**

张玉恒在向记者讲解此次获得发明专利权的新技术时说,"装配式卷(板)材结构的高黏度改性沥青薄层路面"的技术重在快捷便利,可以通过工厂化集约生产成既便于储存与运输,又能快速装配安装的、具有良好弹柔性能的新型薄层路面卷材产品,是施工方法上的一种创新。这项专利填补了我国装配式卷(板)材结构沥青路面的一项空白,使铺筑沥青薄层路面将像铺地毯一样快捷便利。

采访中,记者了解到,开展该项研究的初衷,与张玉恒2011年赴德国进修学习的经历有关。当时一位德国的大学教授对德国未来的高速公路发展做了展望,他设想未来德国的道路施工是装配式的,建设材料能像零部件一样运到现场快速施工装配。"这位教授的想法给了我启发。在我看来,现在国内的道路面临更多的养护问题,尤其是在北京、上海、广州这样交通繁忙的大城市,道路的紧急抢修可能更多需要在凌晨进行,施工时间很短,如果能够引入这种装配式的施工方法,就能事半功倍。"

而对于创新发明,张玉恒也有自己的想法:"专利研发不是科技部门、技术人员的'专利',普通人往往更容易捕获灵感。"在张玉恒看来,这些发明创造来源于工作中对难点问题的用心观察和思考。

## 二、勇立潮头竞风流

淮水安澜/2013年2月1日
大律师网转载/2018年6月25日
淮安市交通运输局

在淮安公路建设的战线上，有这么一位同志，他30多年苦心钻研业务，潜心发明研究，成为淮安公路科技创新的一名尖兵。他先后获得9项国家专利、1项淮安市优秀发明专利奖、2项市科技进步奖，多项专利与发明成果在公路建设中得到积极推广应用，取得了显著效益，为推动淮安公路交通科技进步和发展转型做出了突出贡献。近5年来，他还在省级以上专业期刊上发表第一作者专业学术论文3篇、第二作者专业学术论文2篇。他就是现任市公路处副处长、高级工程师、高级项目管理师张玉恒。

### 扎根一线出成果

自1981年参加工作以来，张玉恒从原淮阴市公路处桥工队一名技术员干起，一步一个脚印，认真做好本职工作，把钻研业务作为一种追求，在反复研究中总结经验，在实践中检验科研成果，取得了显著业绩。同时，他本人也由一名普通技术员成长为淮阴市公路管理处桥工队副队长、队长和淮安市公路管理处工程科科长、工程计划科科长、副处长。长期的一线工作使他积累了丰富的工程建设与管理经验，激发了科技创新的热情，锤炼出了发现问题、处理问题的高超本领。年复一年，经历了无数的失败与挫折；天道酬勤，苦心钻研换来了一大批科技成果问世。

20世纪90年代初，针对公路桥梁伸缩缝破损问题，他进行了专项研究，先后提出4种技术解决方案，并申报获得了4项国家实用新型专利。"系列桥梁伸缩缝专利技术"有效解决了桥梁伸缩缝易于破损的难题，在保障公路桥梁运输安全、降低桥梁养护成本、提高行车舒适性等方面起到重要作用。"公路地基表层处理的隔离防水填筑法""新型桥面伸缩缝伸缩装置""钢板组合式桥梁伸缩缝装置"分别获得淮安市2012年度优秀发明专利奖、1996年中国专利及新产品博览会金奖和第六届中国专利新技术新产品博览会金奖。

2010年,他总结发现,以往一级公路建设中,由于设计统筹不到位,中央分隔带的绿化、安保工程的总体设计还存在细化优化空间,且施工工序不合理,施工中往往造成中央分隔带的防水层破损,公路建成运行后,雨水易于渗入路面,甚至破坏路面基层与底基层,影响公路使用寿命。针对这一情况,他积极研究解决问题的技术措施,提出了一种"公路封闭防水型中央分隔带"新技术,优化了设计方案与施工工序,并在205国道淮阴区段建设工程中推行,取得良好的应用效果。这一科研成果再一次获得国家实用新型专利。

**潜心研究促发展**

科研工作的清苦与艰难是一般人难以想象的。2008~2011年,经过3年的潜心研究,由他负责组织完成的江苏省交通科学研究计划项目顺利通过了江苏省交通运输厅组织的科技成果鉴定,其研究成果达到了国内领先水平,荣获2012年度淮安市科技进步三等奖。

他的多项科研成果相继在干线公路建设工程中得到推广应用,尤其是发明专利技术"公路地基表层处理的隔离防水填筑法"于2010~2011年应用在327省道涟水涟城至石湖段、329省道涟水县城区延伸段等公路建设工程中,解决了高含水率粉性土路基的填前处治问题,保证了路基的整体稳定性,缩短了工程建设工期,为工程建设直接节省经费达600多万元,经济社会效益非常显著。该成果申报并获得国家发明专利,还荣获了2012年度淮安市优秀发明专利奖。这一技术方法与传统公路建设路基防水时的填前处治方法相比,具有施工工艺简单、施工工期短、工程造价低、可提高路基的整体性和防水性等特点,推广应用潜力巨大,可广泛应用于高速公路、国省干线公路、农村公路及城市道路特殊路段的路基施工。

**科技花开香千里**

2004年以来,张玉恒一直负责全市干线公路工程建设与行业管理工作。他长期吃住在干线公路建设工地,常年奔走于公路施工现场,风里来雨里去,在炎炎的烈日下,在飞扬的尘土中,从宁连公路淮海南路连接线建设工程到翔宇大道二期、三期建设工程,再到205国道后六塘河至丁集段、325省道淮安区段一级公路建设工程，他总是工作抢在前、想在先，团结、带领工程建设管理技术人员认真抓好工程建设质量、安全、进度监控，保障了工程建设任务的圆满完成。为了保证205国道后六塘河至丁集段、325省道淮安区段一级公路早日建成通车，2008年10月～2010年7月，他与工程建设管理技术人员一道连续600多天坚守在工地，狠抓质量、进度与安全管理，保证了工程任务按期完成。

多年来，他先后6次受到淮安市委、市政府表彰，2次受到江苏省交通运输厅表彰，多次受到江苏省公路局、淮安市交通运输局的表彰，也为淮安公路交通行业争得了荣誉。近5年来，淮安市干线公路建设共完成通车里程490多km，所有工程项目全部保持质量优良，无安全责任事故，按期建成通车。特别是2008年，331、332省道金宝南线金湖绕城段建设工程被江苏省交通运输厅评为全省交通建设工程精细优质典型工程，327省道涟水涟城至石湖段建设工程位列2010年度全省干线公路建设工程质量考评第3名。2012年，淮安市公路管理处被江苏省交通运输厅授予"十一五"全省交通工程混凝土质量通病治理和"两创三比"活动先进集体。

2012年下半年，他又向国家知识产权局申报了一项发明专利，即"装配式卷材结构的高黏度沥青薄层路面"，目前已被国家知识产权局公开。我们相信在不久的将来，随着这一技术的深入研究与推广应用，公路高黏度沥青薄层路面施工将实现工厂集成化生产、现场装配式安装，黑色沥青路面的摊铺和修补会更加快捷、环保，将有力助推淮安公路交通加快实现基本现代化。